# 掘金ST

## ST股票风险防控
## 与投资技巧

张宗国◎著

中国财富出版社有限公司

**图书在版编目（CIP）数据**

掘金 ST：ST 股票风险防控与投资技巧 / 张宗国著 . —北京：中国财富出版社有限公司，2023.12

ISBN 978-7-5047-8065-2

Ⅰ.①掘⋯　Ⅱ.①张⋯　Ⅲ.①股票投资—基本知识　Ⅳ.① F830.91

中国国家版本馆 CIP 数据核字（2024）第 017626 号

| | | | | | | | |
|---|---|---|---|---|---|---|---|
| **策划编辑** | 郑晓雯 | **责任编辑** | 敬　东　张思怡 | | **版权编辑** | 李　洋 | |
| **责任印制** | 尚立业 | **责任校对** | 张营营 | | **责任发行** | 董　倩 | |

**出版发行**　中国财富出版社有限公司

**社　　址**　北京市丰台区南四环西路 188 号 5 区 20 楼　　**邮政编码**　100070

**电　　话**　010-52227588 转 2098（发行部）　　　　010-52227588 转 321（总编室）
　　　　　　010-52227566（24 小时读者服务）　　　010-52227588 转 305（质检部）

**网　　址**　http：//www.cfpress.com.cn　　**排　　版**　宝蕾元

**经　　销**　新华书店　　　　　　　　　　　　**印　　刷**　宝蕾元仁浩（天津）印刷有限公司

**书　　号**　ISBN 978-7-5047-8065-2/F・3648

**开　　本**　710mm×1000mm　1/16　　　　　**版　　次**　2024 年 6 月第 1 版

**印　　张**　18.25　　　　　　　　　　　　　　**印　　次**　2024 年 6 月第 1 次印刷

**字　　数**　289 千字　　　　　　　　　　　　**定　　价**　68.00 元

# 序 言

　　人生的风景像大海的潮涌，有涨有落。得意的时候，"一日看尽长安花"，"莫使金樽空对月"，"兼济天下"；落魄的时候，我选择的是埋头写作。《掘金ST》这本书正是在我人生处于低谷，无以聊寂之时写出来的。从这点出发，我要感谢人生的窘迫和无奈，它给了我一个思考的时间窗口，使我踔厉奋发、勇毅前行。

　　多年来，我用少量闲置资金在股海里荡漾，虽然收益不多，但也还是小有收获，其秘诀就是热衷于投资ST股。因此萌发了写一本关于投资ST股的书的想法，希望能帮助大家另辟蹊径，换一个思路炒股。现在我将自己投资ST股的方法、心得进行总结、整理、归纳，写成《掘金ST》一书，但这本书能否被大家接受，忐忑不安之心，无以言表。

　　炒股要认真研读党的二十大报告。党的二十大报告擘画了全面建成社会主义现代化强国的宏伟蓝图和战略路径：从二〇二〇年到二〇三五年基本实现社会主义现代化；从二〇三五年到本世纪中叶，把我国建成富强民主文明和谐美丽的社会主义现代化强国。党的二十大报告对资本市场表述虽然不多，"健全资本市场功能，提高直接融资比重"，但含金量极高。它指明了我国资本市场今后的发展方向和路径，要充分发挥多层次资本市场功能，更好地服务实体经济；增加直接融资，以资本市场的高质量发展，为全面建设社会主义现代化国家、全面推进中华民族伟大复兴贡献力量。可以想象，我国资本市场将进入多层次、全功能、大繁荣、高质量的发展新时代。我们在对我国资本市场坚定信心的同时，也要像党的二十大报告中所表述的一样，保持清醒头脑。"我国发展进入战略机遇和风险挑战并存、不确定难预料因素增多的时期，各种'黑天鹅''灰犀牛'事件随时可能发生。我们必须增强忧患意识，坚持底线思维，做到居安思危、未雨绸缪，准备经受风高浪急甚至惊涛骇浪的重大考验。"我们唯有不断加强学习，与时俱进，才能做到勇立潮头，适者生存。因此，我希望以书会友，与股民朋友多多交流学习，共同提高。

本书于2022年年底成稿，在出版过程中，遇到交易所多次调整股票上市规则，为确保该书与新的股票上市规则一致，我作了多次修改完善。由于时间匆促，本人水平有限，对新的股票上市规则可能理解得不透彻，错误难免，请股民朋友多提宝贵意见，不对之处予以批评指正。

最后，我要感谢我的家人对我的鼓励与支持，感谢在本书写作和出版过程中给我提供过帮助的人，写作过程中帮助过我的胡波、李冬冬、丁勇、陈艳娇、闵娇，在出版过程中帮助过我的张玲，还有为本书出版付出艰辛劳动的编辑、校对、质检等人员，谢谢你们。

张宗国

2024 年 5 月 8 日

# 目 录
CONTENTS

## 第四章 掘金 ST 股：选股

## 第五章 掘金 ST 股：操盘

## 🔍 第六章 掘金 ST 股：技术分析

## 🔍 第七章 掘金 ST 股：退市案例分析

## 🔍 第八章 掘金 ST 股：上岸案例分析

# 1

# 认识 ST 股

投资必须是理性的。如果你不能理解它，就不要做。

——巴菲特

ST股票（简称ST股）是证券市场特别的股票，它们与大多数股票的不同之处就在于它们前面"戴"有一顶"帽子"，甚至还加有一颗"星"。我们要认识ST股，最好的办法就是充分认识、充分理解、充分熟知证券交易所针对这类股票制定的交易规则。只有充分了解其特殊的交易规则后，才能很好地规避这类股票的风险，挖掘出真正具有投资价值的ST股。

# 第一节　何为ST股

ST股是股市中"特别处理"（Special Treatment）的股票的简称，在股票简称前冠以ST，表明该股出现财务状况或其他异常状况，存在需要投资者特别注意的情形。

## 一、ST股的含义和分类

### 1. ST股的含义

上市公司出现财务状况或者其他异常状况，导致公司股票存在退市风险，或者投资者难以判断公司前景，其投资权益可能受到损害，存在其他重大风险，证券交易所就要对该上市公司的股票进行风险警示，在其股票简称前冠以*ST或ST，提示投资者注意投资风险。俗称"戴星戴帽"或"戴帽"。

ST股有两层含义：一是提示股票存在强制退市风险的风险警示；二是提示股票存在其他投资风险的风险警示。

### 2. ST股的分类

ST股主要分为两类，我们可以把这理解为一个递进关系：一是交易所警示公司股票存在其他投资风险的，在股票简称前冠以ST；二是交易所警示公司股票存在强制退市风险或者同时存在强制退市风险警示和其他风险警示情形的，在股票简称前冠以*ST。后者的强制退市风险要比前者大得多。

ST股退市也主要分为两类：强制退市和主动退市。其中，ST股强制退市主要分为四类：交易类强制退市、财务类强制退市、规范类强制退市和重大违法类强制退市。

## 二、ST股退市与退市撤销

### 1. ST股退市

如果上市公司触及证券交易所规定的强制退市情形之一，证券交易所将在规定期限内向上市公司发出拟终止其股票上市的事先告知书。如果上市公司同时出现两项以上强制退市风险警示、终止上市情形，证券交易所将按照先触及先适用的原则对其股票交易实施强制退市风险警示，并终止其股票上市交易。

上市公司可以在收到或者证券交易所公告送达终止上市事先告知书之日起五个交易日内，以书面形式向证券交易所提出听证要求，并载明具体事项及理由。

如果上市公司对终止上市有异议的，可以在收到或者证券交易所公告终止上市事先告知书之日起十个交易日内，向证券交易所提交相关书面陈述和申辩，并提供相关文件。

证券交易所上市委员会对上市公司股票终止上市事宜进行审议，作出独立的专业判断并形成审核意见。

上市公司在规定期限内提出听证要求的，由证券交易所上市委员会按照有关规定组织召开听证会，并在听证程序结束后十五个交易日内就是否终止公司股票上市事宜形成审核意见。

上市公司未在规定期限内提出听证申请，证券交易所上市委员会在陈述和申辩提交期限届满后十五个交易日内，就是否终止公司股票上市事宜形成审核意见。

证券交易所根据上市委员会的意见，作出是否终止股票上市的决定。

证券交易所在作出终止上市公司股票上市决定之日起两个交易日内，通知上市公司并以证券交易所公告形式发布相关决定，同时报中国证监会备案。

《深圳证券交易所股票上市规则（2024 年修订）》第 9.1.13 条规定："公司应当在收到本所关于终止其股票上市的决定后，及时披露股票终止上市公告。股票终止上市公告应当包括终止上市股票的种类、简称、证券代码以及终止上市的日期；终止上市决定的主要内容；终止上市后其股票登记、转让、管理事宜；终止上市后公司的联系人、联系地址、电话和其他通讯方式等。"

我们要记住：如果上市公司股票被终止上市，其发行的可转换公司债券及其他衍生品种将同时被终止上市。

上市公司股票被交易所强制退市后有十五个交易日的退市整理期，但因触及交易类强制退市情形而终止上市的除外（交易类强制退市股票没有退市整理期，直接退市）。

上市公司股票被证券交易所强制退市摘牌后，并不是说一退了之，没有地方交易了。《深圳证券交易所股票上市规则（2024 年修订）》第 9.1.16 条规定："强制退市公司应当在本所作出终止其股票上市决定后立即安排股票转入全国中小企业股份转让系统等证券交易场所转让的相关事宜，保证公司股票在摘牌之日起四十五个交易日内可以转让。"

"强制退市公司在股票被摘牌前，应当与符合规定条件的证券公司（以下简称主办券商）签订协议，聘请该机构在公司股票被终止上市后为公司提供股份转让服务，并授权其办理证券交易所市场登记结算系统的股份退出登记、股份重新确认及登记结算等事宜。"

"强制退市公司未聘请主办券商的，本所可以为其协调确定主办券商，并通知公司和该机构。"

这些安排都是为了保护投资者的利益。

### 2. ST 股退市撤销

《深圳证券交易所股票上市规则（2024 年修订）》第 9.1.6 条规定："公司同时存在两项以上退市风险警示情形，其中一项退市风险警示情形已符合撤销条件的，公司应当在规定期限内申请撤销相关退市风险警示情形，经本所审核同意的，不再适用该情形对应的终止上市程序。"

只有上市公司符合全部退市风险警示情形的所有撤销条件，且不存在新增退市风险警示情形，才可撤销退市风险警示，俗称"摘星"。

还有一种特殊情形。如果上市公司触及退市风险警示情形后，被证券交易所拟终止股票上市，但上市公司及时依法依规进行申诉，证券交易所最终决定撤销对上市公司股票实施的退市风险警示，不对上市公司股票实施终止上市。

注意：虽然上市公司股票被撤销退市风险警示，但如果还存在应实施其他风险警示情形，证券交易所仍将对其股票交易实施其他风险警示，俗称"摘星不摘帽"。

## 三、ST股其他风险警示与消除

### 1. ST股其他风险警示

如果上市公司触及证券交易所规定的其他风险警示情形之一，将会被证券交易所实施其他风险警示，在其股票简称前冠以ST，俗称"戴帽"。

上市公司在"戴帽"期间，应当至少每月披露一次进展情况，直至相应情形消除。上市公司没有采取措施或者相关工作没有进展的，也应当披露并说明具体原因。

### 2. ST股其他风险警示消除

如果上市公司通过自查，认为本公司出现的其他风险警示情形已经消除，应当及时公告，并向证券交易所申请撤销相关其他风险警示。

只有上市公司全部其他风险警示情形均符合撤销条件，且不存在新增其他风险警示情形的，才能撤销其他风险警示，俗称"摘帽"。

注意：如果上市公司股票撤销其他风险警示，但还存在应实施退市风险警示情形的，证券交易所仍将对其股票交易实施退市风险警示，俗称"摘帽不摘星"。

## 四、ST股风险警示与撤销

### 1. ST股风险警示

如果上市公司股票存在证券交易所规定的退市风险警示情形或其他重

大风险警示情形，就会被实施风险警示，在其股票简称前冠以"*ST"或"ST"。

上市公司股票存在终止上市或者被实施风险警示，按照证券交易所股票上市规则的有关规定，上市公司应当披露风险提示公告。

《深圳证券交易所股票上市规则（2024年修订）》第9.1.5条规定："上市公司出现股票交易被实施风险警示情形的，应当披露公司股票交易被实施风险警示公告，公司股票于公告后停牌一个交易日，自复牌之日起，本所对其股票交易实施风险警示。公司股票交易被实施风险警示的公告应当包括股票的种类、简称、证券代码以及实施风险警示的起始日、触及情形；实施风险警示的主要原因；董事会关于争取撤销风险警示的意见及具体措施；股票可能被终止上市的风险提示（如适用）；实施风险警示期间公司接受投资者咨询的主要方式等。"

**2. ST股风险警示撤销**

只有上市公司全部退市风险警示情形和其他风险警示情形均符合撤销条件，且不存在新增退市风险警示情形和其他风险警示情形，才能撤销其全部风险警示，俗称"摘星摘帽"。

撤销风险警示由上市公司提出申请，并向证券交易所提交相关文件资料。

证券交易所在作出是否撤销风险警示、终止股票上市决定、撤销对上市公司股票终止上市的决定前，可以要求上市公司提供补充材料，公司应当在证券交易所要求期限内提供有关材料，补充材料期间不计入证券交易所作出有关决定的期限。

证券交易所在作出是否撤销风险警示、终止股票上市决定、撤销对上市公司股票终止上市的决定前，可以自行或者委托相关单位就公司有关情况进行调查核实，调查核实期间不计入证券交易所作出有关决定的期限。

强制退市分为交易类强制退市、财务类强制退市、规范类强制退市和重大违法强制退市四类，下节开始将为大家逐一进行讲解、分析。

**【本节重点提示】**

（1）ST股可以理解为存在其他投资风险警示和存在强制退市风险警示两大类。ST股与 *ST股的区别：一是代表含义不同，ST股是代表其他投资风险警示的股票，*ST股是代表强制退市风险警示的股票；二是警示意义不同，ST股更偏重于警示投资者注意其他投资风险，*ST股更偏重于警示投资者注意强制退市风险；三是风险不同，ST股的风险小于*ST股。

（2）股票退市分为强制退市和主动退市两大类。强制退市分为交易类强制退市、财务类强制退市、规范类强制退市和重大违法强制退市四类。

（3）上市公司被实施风险警示、撤销风险警示、强制退市等必须按规定及时公告，ST股掘金者务必予以特别关注，早知晓早决策。

# 第二节　何为交易类强制退市

交易类强制退市是指上市公司触及证券交易所规定的交易类退市情形而被证券交易所决定强制退市。交易类强制退市情形是上市公司股票交易过程中形成的既定事实。

沪深主板、科创板、创业板交易类强制退市情形虽不尽相同，但大同小异，科创板、创业板交易类强制退市在股票累计成交量、股东数量、市值、扣除营业收入等要求上低于主板。我们主要分析讲解深交所主板、创业板交易类强制退市，这样上交所、科创板交易类强制退市可以触类旁通。

## 一、交易类强制退市情形

根据《深圳证券交易所股票上市规则（2024年修订）》的规定，交易类强制退市主要有以下九种情形：

（1）在交易所仅发行A股股票的公司，通过交易所交易系统连续一百二十个交易日股票累计成交量低于500万股；

（2）在交易所仅发行 B 股股票的公司，通过交易所交易系统连续一百二十个交易日股票累计成交量低于 100 万股；

（3）在交易所既发行 A 股股票又发行 B 股股票的公司，通过交易所交易系统连续一百二十个交易日其 A 股股票累计成交量低于 500 万股且其 B 股股票累计成交量低于 100 万股；

（4）在交易所仅发行 A 股股票或者仅发行 B 股股票的公司，通过交易所交易系统连续二十个交易日的股票收盘价均低于 1 元；

（5）在交易所既发行 A 股股票又发行 B 股股票的公司，通过交易所交易系统连续二十个交易日的 A 股和 B 股每日股票收盘价同时均低于 1 元；

（6）在交易所仅发行 A 股股票或者既发行 A 股又发行 B 股股票的公司，连续二十个交易日在交易所的股票收盘总市值均低于 5 亿元；

（7）在交易所所仅发行 B 股股票的公司，连续二十个交易日在交易所的股票收盘市值均低于 3 亿元；

（8）公司连续二十个交易日股东人数均少于 2000 人；

（9）交易所认定的其他情形。

同时，规定了红筹企业发行的存托凭证触及交易类强制退市情形，主要有以下四种情形：

（1）通过交易所交易系统连续一百二十个交易日存托凭证累计成交量低于 500 万份；

（2）通过交易所交易系统连续二十个交易日存托凭证收盘价乘以存托凭证与基础股票转换比例后的数值均低于 1 元；

（3）连续二十个交易日在交易所的每日存托凭证收盘市值均低于 5 亿元；

（4）交易所认定的其他情形。

注意：（1）上述规定的连续交易日，不包含公司股票或者存托凭证全天停牌日和公司首次公开发行股票或者存托凭证上市之日起的二十个交易日。

（2）创业板、科创板交易类强制退市的股票累计成交量为低于 200 万股、市值低于 3 亿元、股东数量少于 400 人。

（3）新旧规则衔接：市值低于 5 亿元退市，自 2024 年 10 月 30 日起计算相关期限。在此之前，原规定继续执行。对于原规则在10月30日前后的衔接适用，上市公司A股（含A+B股）在10月30日前出现股票总市值低于3亿元情形，上述情形延续至10月30日或者以后的，连续计算相关期限并适用原规则关于市值退市的规定。

## 二、交易类强制退市风险提示

交易类强制退市风险提示有严格的时间要求，主要有以下五个时间节点我们必须掌握。

（1）在交易所仅发行A股股票的上市公司，出现连续九十个交易日通过交易所交易系统实现的累计股票成交量低于375万股的，应当在次一交易日开市前披露公司股票可能被终止上市的风险提示公告，其后每个交易日披露一次，直至自上述九十个交易日的起算时点起连续一百二十个交易日内通过交易所交易系统实现的累计成交量达到500万股以上或者出现终止上市行情之日止（以在先者为准）。

（2）在交易所仅发行B股股票的公司，出现连续九十个交易日通过交易所交易系统实现的累计股票成交量低于75万股的，应当在次一交易日开市前披露公司股票可能被终止上市的风险提示公告，其后每个交易日披露一次，直至自上述九十个交易日的起算时点起连续一百二十个交易日内通过交易所交易系统实现的累计成交量达到100万股以上或者出现终止上市情形之日止（以在先者为准）。

（3）在交易所既发行A股股票又发行B股股票的公司，出现连续九十个交易日通过交易所交易系统实现的A股股票累计成交量低于375万股且B股股票累计成交量低于75万股的，应当在次一交易日开市前披露公司股票可能被终止上市的风险提示公告，其后每个交易日披露一次，直至自上述九十个交易日的起算时点起连续一百二十个交易日内A股股票通过交易所交易系统实现的累计成交量达到500万股以上或者B股股票通过交易所交易系统实现的累计成交量达到100万股以上，或者出现终止上市情形之日止（以在先者为准）。

（4）上市公司首次出现下列情形之一的，披露一次风险提示。连续十个交易日出现下列情形之一的，应当在次一交易日开市前披露公司股票可能被终止上市的风险提示公告，其后每个交易日披露一次，直至相应的情形消除或者出现终止上市情形之日止（以在先者为准）：

①仅发行A股股票或者仅发行B股股票的公司，股票收盘价均低于1元；

②既发行A股股票又发行B股股票的公司，A股和B股股票收盘价同时均低于1元；

③仅发行A股股票或者既发行A股又发行B股股票的公司，股票收盘总市值均低于5亿元；

④仅发行B股股票的公司，B股股票收盘市值均低于3亿元；

⑤公司股东人数均低于2000人；

⑥发行存托凭证的红筹企业，存托凭证收盘价乘以存托凭证与基础股票转换比例后的数值均低于1元；

⑦发行存托凭证的红筹企业，存托凭证收盘市值均低于5亿元。

（5）上市公司触及交易类强制退市情形之一的，应当在事实发生的次一交易日开市前披露，公司股票于公告后停牌。

红筹企业发行的存托凭证触及交易类强制退市的风险警示提示，由红筹企业按照上述规定比照执行。

## 三、交易类强制退市

上市公司触及交易类强制退市情形之一，在事实发生的次一交易日公司股票停牌。证券交易所自公司股票停牌之日起五个交易日内，向公司发出拟终止其股票上市的事先告知书。

上市公司收到终止上市事先告知书后，可以根据规定申请听证，提出陈述和申辩。

证券交易所上市委员会就是否终止公司股票上市事宜进行审议。证券交易所根据上市委员会的审核意见作出是否终止公司股票上市的决定。

如果证券交易所决定公司股票终止上市，公司股票将摘牌。交易类强制退市股票没有退市整理期，直接退市。

上述规定同样适用存托凭证强制退市事宜。

交易类强制退市流程（以面值退市为例）：

（1）首次风险提示。公司股票面值首日跌破1元，提示退市风险。

（2）连续风险提示。公司股票面值连续第十个交易日低于1元，从次日起，将连续提示退市风险，直至相应的情形消除或者出现终止上市情形之日止。

（3）触及退市情形停牌。公司股票面值连续二十个交易日低于1元，公司股票停牌。

（4）决定终止上市。交易所在公司股票停牌后十五个交易日内，作出公司股票终止上市决定。

（5）摘牌退市。交易所作出公司股票终止上市决定后的五日内，对公司股票摘牌。

（6）老三板挂牌。公司应当确保股票摘牌后的四十五个交易日内在全国中小企业股份转让系统挂牌。

## 【本节重点提示】

（1）在交易所既发行A股股票又发行B股股票的公司，触及交易所交易类强制退市的难度要比只发行A股股票或B股股票的公司触及交易类强制退市的难度大，因为在交易所既发行A股股票又发行B股股票的公司，触及交易类强制退市的条件是既要满足A股股票交易类强制退市，又要满足B股股票交易类强制退市。

（2）触及交易类强制退市的交易时间有的是连续一百二十个交易日，有的是连续二十个交易日，投资者要记住是连续时间，中间没有到达交易类强制条件的，不能算是连续，要重新开始计算时间。

（3）触及交易类强制退市的公司发布公告有严格的时间要求，投资者务必予以关注。

（4）交易类强制退市没有退市整理期，事实触及退市情形后直接退市。

（5）交易类强制退市的规定同样适用红筹企业在交易所发行的存托凭证。

# 第三节　何为财务类强制退市

财务类强制退市是指上市公司触及证券交易所规定的财务类退市情形而被证券交易所决定强制退市。财务类强制退市一直是退市机制实施的重要方式之一。上市公司触及财务类退市风险警示情形后，将会被证券交易所实施退市风险警示，在其股票简称前冠以\*ST，向投资者充分揭示风险。被实施财务类退市风险警示的上市公司首个会计年度出现证券交易所规定的退市情形，证券交易所将决定终止其股票上市交易。

## 一、财务类强制退市情形

根据《深圳证券交易所股票上市规则（2024年修订）》，财务类强制退市主要有以下六种情形：

（1）最近一个会计年度经审计的利润总额、净利润、扣除非经常性损益后的净利润三者孰低为负值，且扣除后的营业收入低于3亿元；

（2）最近一个会计年度经审计的期末净资产为负值；

（3）最近一个会计年度的财务会计报告被出具无法表示意见或者否定意见的审计报告；

（4）追溯重述后最近一个会计年度利润总额、净利润、扣除非经常性损益后的净利润三者孰低为负值，且扣除后的营业收入低于3亿元，或者追溯重述后最近一个会计年度期末净资产为负值；

（5）中国证监会行政处罚决定书表明公司已披露的最近一个会计年度财务报告存在虚假记载、误导性陈述或者重大遗漏，导致该年度相关财务指标实际已触及前面（1）（2）情形；

（6）交易所认定的其他情形。

注意：（1）扣除后的营业收入是指扣除与主营业务无关的业务收入和不具备商业实质的收入。

（2）最近一个会计年度是指最近一个已经披露经审计财务会计报告的年度。

（3）公司最近一个会计年度经审计利润总额、净利润、扣除非经常性损益后的净利润三者孰低为负值的，公司应当在年度报告或者更正公告中披露营业收入扣除情况及扣除后的营业收入金额；负责审计的会计师事务所应当就公司营业收入扣除事项是否符合前款规定及扣除后的营业收入金额出具专项核查意见。

（4）公司未按规定扣除相关营业收入的，交易所可以要求公司扣除，公司未按照要求扣除的，交易所可以扣除，并按照规定对公司股票实施退市风险警示、终止上市。

（5）新旧规则衔接：最近一个会计年度经审计的利润总额、净利润、扣除非经常性损益后的净利润三者孰低为负值，且扣除后的营业收入低于3亿元（包括追溯重述后）的财务类退市风险警示情形，以2024年度为首个适用的会计年度。上市公司在2023年年度报告披露后继续按照原规则实施撤销退市风险警示或者实施终止上市。其中被实施退市风险警示的公司在2024年年度报告披露后按照新规则撤销退市风险警示或者实施终止上市。

## 二、财务类强制退市风险提示

证券交易所对上市公司可能和已经触及财务类强制退市风险警示情形的风险提示做出了严格的规定，目的是向投资者充分揭示风险，保护投资者的知情权和交易权，防止上市公司因为触及财务类强制退市而突然摘牌，给投资者带来重大资金损失。投资者要密切关注上市公司发布的业绩预告和风险提示公告。

（1）上市公司预计将出现强制退市情形，应当在相应的会计年度结束后一个月内，披露公司股票交易可能被实施退市风险警示的风险提示公告，并在披露年度报告前至少再披露两次风险提示公告。

因追溯重述和被证监会查处，公司可能触及强制退市情形，应当在知悉相关风险情况时立即披露公司股票交易可能被实施退市风险警示的风险提示公告。

（2）上市公司因追溯重述和纠正前期营业收入扣除，出现强制退市情形的，应当在披露年度报告或者财务会计报告更正公告的同时，披露公司股票交易被实施退市风险警示公告。

（3）上市公司因虚假记载、误导性陈述或者重大遗漏，出现强制退市情形的，应当在收到行政处罚决定书后，立即披露相关情况及公司股票交易被实施退市风险警示公告。

（4）上市公司因触及财务类强制退市情形，其股票交易被实施退市风险警示后，应当在其股票交易被实施退市风险警示当年会计年度结束后一个月内，披露股票可能被终止上市的风险提示公告，在首次风险提示公告披露后至年度报告披露前，每十个交易日披露一次风险提示公告。还应当分别在年度报告预约披露日前二十个交易日和十个交易日，披露年度报告编制及最新审计进展情况。

### 三、财务类强制退市风险警示撤销

上市公司存在财务类强制退市风险警示情形，经过公司不懈努力，如果满足条件，可以向证券交易所申请撤销退市风险警示。财务类强制退市风险警示撤销主要有以下两种情况。

（1）上市公司股票被实施退市风险警示的，在退市风险警示期间，公司进行重大资产重组且符合以下全部条件的，可以向交易所申请对其股票交易撤销退市风险警示：

① 根据中国证监会有关重大资产重组规定出售全部经营性资产和负债、购买其他资产且已实施完毕；

② 通过购买进入公司的资产是一个完整经营主体，该经营主体在进入公司前已在同一管理层之下持续经营三年以上；

③ 公司模拟财务报表（经会计师事务所出具专项说明）的财务数据不存在触及财务类强制退市情形；

④ 交易所要求的其他条件。

（2）上市公司因触及财务类强制退市情形，其股票交易被实施退市风险警示后，首个会计年度的年度报告表明公司符合不存在财务类强制退市任一情形的条件的，公司可以向交易所申请对其股票交易撤销退市风险警示。

注意：上市公司符合撤销财务类强制退市条件，应当于年度报告披露的同时说明是否将向交易所申请撤销退市风险警示。公司拟申请撤销退市风险警示的，应当在披露之日起五个交易日内向交易所提交申请。

公司向交易所申请对其股票交易撤销退市风险警示的，应当于提交申请的次一交易日开市前披露相关公告。

公司提交完备的撤销退市风险警示申请材料的，交易所在十五个交易日内决定是否撤销退市风险警示。

交易所决定撤销退市风险警示的，上市公司应当及时披露公司股票撤销退市风险警示公告，公司股票于公告后停牌一个交易日，自复牌之日起，交易所撤销对公司股票交易的退市风险警示；交易所决定不予撤销退市风险警示的，上市公司应当在收到交易所有关书面通知的次一交易日开市前披露公告。

## 四、财务类强制退市

如果上市公司因触及财务类强制退市情形，其股票交易被实施退市风险警示后，实际触及退市风险警示情形相应年度次一年度出现下列情形之一的，证券交易所将决定终止其股票上市交易：

（1）经审计的利润总额、净利润、扣除非经常性损益后的净利润三者孰低为负值，且扣除后的营业收入低于3亿元。

（2）经审计的期末净资产为负值。

（3）财务会计报告被出具保留意见、无法表示意见或者否定意见的审计报告。

（4）追溯重述后利润总额、净利润、扣除非经常性损益后的净利润三者孰低为负值，且扣除后的营业收入低于3亿元；或者追溯重述后期末净资产为负值。

（5）财务报告内部控制被出具无法表示意见或者否定意见的审计报告。

（6）未按照规定披露内部控制审计报告，因实施完成破产重整、重组上市或者重大资产重组按照有关规定无法披露的除外。

（7）未在法定期限内披露过半数董事保证真实、准确、完整的年度报告。

（8）未在规定期限内向交易所申请撤销退市风险警示。

（9）撤销退市风险警示申请未被交易所审核同意。

（10）交易所认定的其他情形。

注意：上市公司由于触及财务类强制退市情形，首个会计年度后仍不能消除，应当在年度报告披露的同时披露公司股票可能被终止上市的风险提示公告。公司股票于公告后停牌。证券交易所将自停牌之日起五个交易日内，向公司发出拟终止其股票上市的事先告知书。

上市公司收到终止上市事先告知书后，可以根据规定申请听证，提出陈述和申辩。

证券交易所上市委员会就是否终止公司股票上市事宜进行审议。证券交易所根据上市委员会的审核意见作出是否终止公司股票上市的决定。

财务类强制退市流程：

（1）实施退市风险警示。因触及财务类退市风险警示情形，公司将于当年年报披露后，被实施退市风险警示。

（2）退市风险提示。被实施退市风险警示后，在下一年的1月31日前披露业绩预告，同时，在年报披露前发布公告，提示退市风险。

（3）披露年报后停牌。被实施退市风险警示后，在下一年的4月30日前披露经审计的年报，如触及终止上市情形，股票将于年报披露后停牌。

（4）交易所决定终止上市。交易所在公司股票停牌十五个交易日内，作出公司股票终止上市的决定。

（5）退市整理期。交易所决定公司股票终止上市后，公司股票进入退市整理期交易十五个交易日。

（6）摘牌退市。退市整理期结束后，公司股票停牌，五个交易日内摘牌退市。

（7）老三板挂牌。公司应当确保股票摘牌后的四十五个交易日内在全国中小企业股份转让系统挂牌。

## 【本节重点提示】

（1）要记住财务类强制退市的六种情形。

（2）上市公司将出现财务类强制退市情形、财务类强制退市风险提示、撤销财务类强制退市、因财务类被强制退市等，上市公司必须按规定按时间要求及时公告。

（3）上市公司触及财务类强制退市情形，一般来说，要等到第二年财务审计报告出来后，符合条件才可以撤销强制退市。特殊情况下，在实施财务类强制退市期间，公司进行重大资产重组且符合全部条件的，可以随时申请撤销。

（4）要记住因上市公司第二年财务审计报告出现触及强制退市的十种情形。

（5）财务类强制退市组合拳调整为利润总额、净利润、扣除非经常性损益后的净利润三者孰低为负值，且扣除后的营业收入低于3亿元（创业板、科创板为1亿元）。大幅降低了退市门槛，增加了"保壳"难度。

# 第四节　何为规范类强制退市

规范类强制退市是指上市公司触及证券交易所规定的规范类退市情形而被证券交易所决定强制退市。规范类强制退市一般有整改期限，只有在整改期限结束后仍然无法整改到位的上市公司，才会被强制退市。

## 一、规范类强制退市情形

根据《深圳证券交易所股票上市规则（2024年修订）》的规定，规范类强制退市主要有十种情形：

（1）未在法定期限内披露年度报告或者半年度报告，且在公司股票停牌两个月内仍未披露；

（2）半数以上董事无法保证年度报告或者半年度报告真实、准确、完整，且在公司股票停牌两个月内仍有半数以上董事无法保证；

（3）因财务会计报告存在重大会计差错或者虚假记载，被中国证监会责令改正但未在要求期限内完成整改，且在公司股票停牌两个月内仍未完成整改；

（4）因信息披露或者规范运作等方面存在重大缺陷，被交易所要求改正但未在要求期限内完成整改，且在公司股票停牌两个月内仍未完成整改；

（5）公司被控股股东（无控股股东，则为第一大股东）或者控股股东关联人非经营性占用资金的余额达到 2 亿元以上或者占公司最近一期经审计净资产绝对值的 30% 以上，被中国证监会责令改正但未在要求期限内完成整改，且在公司股票停牌两个月内仍未完成整改；

（6）连续两个会计年度财务报告内部控制被出具无法表示意见或者否定意见的审计报告，或者未按照规定披露财务报告内部控制审计报告；

（7）因公司股本总额或者股权分布发生变化，导致连续二十个交易日股本总额、股权分布不再具备上市条件，在规定期限内仍未解决；

（8）公司可能被依法强制解散；

（9）法院依法受理公司重整、和解或者破产清算申请；

（10）交易所认定的其他情形。

注意：（1）公司信息披露或者规范运作等方面存在重大缺陷，主要是指以下五种情形。一是公司已经失去信息披露联系渠道。二是公司拒不披露应当披露的重大信息。三是公司严重扰乱信息披露秩序，并造成恶劣影响。四是公司出现控制权无序争夺，导致投资者无法获取公司有效信息。五是交易所认为公司存在信息披露或者规范运作重大缺陷的其他情形。

（2）新旧规则衔接：上市公司在新规则施行时仍存在被控股股东或者其关联方非经营性占用资金，在新规则施行后被中国证监会责令改正，未在要求期限内完成整改的，适用新规则资金占用退市的规定。新规则施行前实际控制人已经发生变化，且现任实际控制人与资金占用方无关联关系的，原资金占用行为不适用新规则资金占用退市的规定；新规则施行后实际控制人发生变化的，将适用新规则资金占用退市的规定。

新规则规定的内部控制审计意见退市风险警示情形，以 2024 年度为首个适用的会计年度。

## 二、规范类强制退市风险提示

证券交易所针对上市公司存在规范类强制退市不同情形，作出风险提示的不同要求，目的是规范上市公司信息披露，让投资者及时了解情况，理性投资。

（1）上市公司出现下列情形之一的，应当立即披露股票交易可能被实施退市风险警示的风险提示公告：

①未在法定期限内披露年度报告或者半年度报告；

②半数以上董事无法保证年度报告或者半年度报告真实、准确、完整；

③因财务会计报告存在重大会计差错或者虚假记载，被中国证监会责令改正；

④因信息披露或者规范运作等方面存在重大缺陷，被交易所要求改正；

⑤首个会计年度财务报告内部控制被出具无法表示意见或者否定意见的审计报告，或者未按照规定披露财务报告内部控制审计报告；

⑥公司被控股股东（无控股股东，则为第一大股东）或者控股股东关联人非经营性占用资金的余额达到2亿元以上或者占公司最近一期经审计净资产绝对值的30%以上，被中国证监会责令改正；

⑦连续十个交易日股本总额或者股权分布不再具备上市条件。

与此同时，公司应当至少每十个交易日披露一次相关进展情况和风险提示公告，直至相应情形消除或者公司股票交易被实施退市风险警示。

（2）上市公司出现规范类强制退市情形的，公司应当在其股票停牌整改期届满的次一交易日开市前披露公司股票交易被实施退市风险警示公告。如果公司在改正期限内或者股票停牌后两个月内按照有关规定和要求完成整改的，应当及时披露会计师事务所专项核查意见。

（3）上市公司连续二十个交易日股本总额、股权分布不再具备上市条件的，应当于停牌之日起一个月内披露股本总额、股权分布问题的解决方案。公司在股票停牌后一个月内披露解决方案的，应当同时披露公司股票交易被实施退市风险警示公告；未在股票停牌后一个月内披露解决方案的，应当在一个月期限届满的次一交易日开市前披露公司股票交易被实施退市风险警示公告。公司股票于公告后继续停牌一个交易日，自复牌之日起，交易所对公司股票交易实施退市风险警示。股票停牌期间，公司股本总额、股权分布重新具备上市条件的，应当及时公告，公司股票于公告后复牌。

（4）上市公司由于内部控制审计报告被实施退市风险警示的，应当至少每月披露一次股票可能被终止上市的风险提示公告，在其股票交易被实施退市风险警示的当年会计年度结束后一个月内，披露股票可能被终止上市的风险提示公告，并在该月首次披露风险提示公告后至该年内部控制审计报告披露前，每十个交易日披露一次风险提示公告。

（5）上市公司因"法院依法受理公司重整、和解或者破产清算申请"情形，其股票交易被实施退市风险警示的，应当分阶段及时披露法院裁定批准公司重整计划、和解协议或者终止重整、和解程序等重整事项的进展，并提示相关风险。

### 三、规范类强制退市风险警示撤销

上市公司触及规范类强制退市情形后，在规定的期限内经过认真整改，完全消除规范类强制退市情形，符合以下条件，可以向交易所申请撤销规范类强制退市风险警示。

（1）因未规范披露年报或半年报的，两个月内，披露相关年度报告、半年度报告，且不存在半数以上董事无法保证真实、准确、完整情形。

（2）因半数以上董事无法保证年度报告或者半年度报告真实、准确、完整的，两个月内，过半数董事保证相关年度报告、半年度报告真实、准确、完整。

（3）因财务会计报告存在重大会计差错或者虚假记载，被中国证监会责令改正的，在要求期限内按有关规定和要求披露经改正的财务会计报告。

（4）因信息披露或者规范运作等方面存在重大缺陷的，两个月内，公司已完成整改，公司信息披露和规范运作无重大缺陷。

（5）因非经营性占用资金严重的，两个月内，公司已完成整改，且控股股东或者控股股东关联人不存在其他非经营性占用资金情形。

（6）因内部控制审计报告问题的，公司首个会计年度财务报告内部控制被出具无保留意见的审计报告。

（7）因股本、股权问题的，六个月内，公司股本总额、股权分布重新具备上市条件。

（8）因可能依法强制解散的，公司可能被依法强制解散的情形已消除。

（9）上市公司因"法院依法受理公司重整、和解或者破产清算申请"情形其股票交易被实施退市风险警示后，符合下列条件之一的，可以向交易所申请对其股票交易撤销退市风险警示：

① 重整计划执行完毕；

② 和解协议执行完毕；

③ 法院受理破产申请后至破产宣告前，依据《中华人民共和国企业破产法》（以下简称《企业破产法》）作出驳回破产申请的裁定且裁定已生效；

④ 因公司已清偿全部到期债务、第三人为公司提供足额担保或者清偿全部到期债务，法院受理破产申请后至破产宣告前，依据《企业破产法》作出终结破产程序的裁定。

注意：（1）公司向交易所申请撤销对其股票交易实施的退市风险警示的，应当提交法院指定管理人出具的监督报告、律师事务所出具的对公司重整计划或者和解协议执行情况的法律意见书，以及交易所要求的其他说明文件。

（2）公司提交完备的撤销退市风险警示申请材料的，交易所在十五个交易日内作出是否同意其股票交易撤销退市风险警示的决定。交易所决定撤销退市风险警示的，公司应当及时披露撤销退市风险警示公告。公司股票于公告后停牌一个交易日，自复牌之日起，交易所撤销对公司股票交易的退市风险警示。

## 四、规范类强制退市

如果上市公司因存在规范类强制退市情形被实施风险警示后，出现下列情形之一的，证券交易所将决定终止其股票上市交易：

（1）因"未在法定期限内披露年度报告或者半年度报告，且在公司股票停牌两个月内仍未披露"情形，其股票交易被实施退市风险警示之日起的两个月内仍未披露过半数董事保证真实、准确、完整的相关年度报告或者半年度报告；

（2）因"半数以上董事无法保证年度报告或者半年度报告真实、准确、完整，且在公司股票停牌两个月内仍有半数以上董事无法保证"情形，其股票交易被实施退市风险警示之日起的两个月内仍有半数以上董事无法保证年度报告或者半年度报告的真实、准确、完整；

（3）因"财务会计报告存在重大会计差错或者虚假记载，被中国证监会责令改正但未在要求期限内改正，且在公司股票停牌两个月内仍未改正"情形，其股票交易被实施退市风险警示之日起的两个月内仍未披露经改正的财务会计报告；

（4）因"信息披露或者规范运作等方面存在重大缺陷，被交易所要求改正但未在要求期限内改正，且在公司股票停牌两个月内仍未改正"情形，其股票交易被实施退市风险警示之日起的两个月内仍未改正的；

（5）因非经营性占用资金严重被实施退市风险警示后，两个月内仍未完成整改，或者控股股东及其关联人存在其他非经营性占用资金情形；

（6）因内控审计报告原因被实施退市风险警示后，公司首个会计年度的财务报告内部控制被出具无法表示意见或者否定意见的审计报告，或者未按照规定披露财务报告内部控制审计报告；

（7）因"公司股本总额或者股权分布发生变化，导致连续二十个交易日股本总额、股权分布不再具备上市条件，在规定期限内仍未解决"情形，其股票交易被实施退市风险警示之日起的六个月内股本总额或者股权分布仍不具备上市条件的；

（8）因"公司可能被依法强制解散，法院依法受理公司重整、和解或者破产清算申请"情形，其股票交易被实施退市风险警示，公司依法被吊销营业执照、被责令关闭或者被撤销等强制解散条件成就，或者法院裁定公司破产的；

（9）虽符合规定的条件，但未在规定期限内向交易所申请撤销退市风险警示；

（10）撤销退市风险警示申请未被交易所审核同意；

（11）交易所认定的其他情形。

上市公司被交易所决定终止其股票上市交易的，应当在次一交易日开市前披露公司股票可能被终止上市的风险提示公告，公司股票于公告后停牌。自停牌之日起五个交易日内，交易所向公司发出拟终止其股票上市的事先告知书。

上市公司收到终止上市事先告知书后，可以申请听证，提出陈述和申辩。

交易所上市委员会就是否终止公司股票上市事宜进行审议。交易所根据上市委员会的审核意见作出是否终止公司股票上市的决定。

规范类强制退市流程（以未在法定期间披露报告为例）：

（1）股票停牌。在法定期限届满的下一交易日起停牌。

（2）实施退市风险警示。停牌两个月内仍未披露，将被实施退市风险警示。股票复牌交易。

（3）触及情形停牌。被 *ST 后两个月内，仍未披露符合要求的定期报告，公司股票将再次停牌。

（4）交易所决定终止上市。股票停牌十五日内，交易所决定终止上市。

（5）退市整理期。公司股票进入退市整理期交易十五个交易日。

（6）摘牌退市。退市整理期期满停牌，五个交易日内摘牌。

（7）老三板挂牌。公司应当确保股票摘牌后四十五个交易日在老三板挂牌。

**【本节重点提示】**

（1）交易所规定的规范类强制退市情形是最基本的，上市公司违规操作被实施强制退市警示，完全是咎由自取。

（2）规范类强制退市给予上市公司一般两个月的整改期限，整改期限内符合规定，就可以申请撤销强制退市情形；反之，就会被强制退市。

（3）规范类强制退市要重点关注"法院依法受理公司重整、和解或者破产清算申请"这一条，因为公司变数很大。

# 第五节　何为重大违法强制退市

重大违法强制退市是指上市公司触及证券交易所规定的重大违法退市情形而被证券交易所决定强制退市。重大违法强制退市关键在"重大"二字。上市公司如果被有关部门认定"重大违法"，则其被强制退市的风险很大。

## 一、重大违法强制退市情形

根据《深圳证券交易所股票上市规则（2024 年修订）》的规定，重大违法强制退市情形主要有以下两种：

（1）上市公司存在欺诈发行、重大信息披露违法或者其他严重损害证券市场秩序的重大违法行为，其股票应当被终止上市的情形；

（2）公司存在涉及国家安全、公共安全、生态安全、生产安全和公众健康安全等领域的违法行为，情节恶劣，严重损害国家利益、社会公共利益，或者严重影响上市地位，其股票应当被终止上市的情形。

重大违法强制退市虽然只有两种情形，但其包涵内容广，专业性强，处罚力度大，强制退市风险大，投资者必须特别注意：（1）欺诈发行强制退市情形主要是指以下情形。①公司首次公开发行股票申请或者披露文件存在虚假记载、误导性陈述或者重大遗漏，被中国证监会依据《中华人民共和国证券法》（以下简称《证券法》）作出行政处罚决定，或者被人民法院依据《中华人民共和国刑法》（以下简称《刑法》）作出有罪裁判且生效。②公司发行股份购买资产并构成重组上市，申请或者披露文件存在虚假记载、误导性陈述或者重大遗漏，被中国证监会依据《证券法》作出行政处罚决定，或者被人民法院依据《刑法》作出有罪裁判且生效。

（2）重大信息披露违法强制退市情形主要是指以下情形。①根据证监会行政处罚决定载明的事实，公司披露的年度报告存在虚假记载、误导性陈述或者重大遗漏，导致公司 2015 年度至 2020 年度内或者 2020 年度至 2023 年度内的任意连续会计年度财务类指标已实际触及相应年度的终止上市情形；或者导致公司 2023 年度、2024 年度财务类指标已实际触及相应年度的终止上市情形；或者导致公司 2024 年度及以后年度的任意连续会计年度财务类指标已实际触及终止上市情形。②根据证监会行政处罚决定载明的事实，公司披露的营业收入、利润总额或者净利润任一年度虚假记载金额达到 2 亿元以上，且超过该年度披露的相应科目金额绝对值的 30%；或者资产负债表中资产和负债科目任一年度虚假记载金额合计达到 2 亿元以上，且超过该年度披露的期末净资产金额绝对值的30%。计算资产负债表资产和负债科目虚假记载金额合计数时，虚增和虚减金额合计计算（适用于2024年度及以后年度的虚假记载行为）。③根据证监会行政处罚决定载明的事实，公司披露的营业收入、利润总额或者净利润连续两年虚假记载金额合计达到3亿元以上，且超过该两年披露的相应科目合计金额的20%；或者资产负债表中资产和负债科目连续两年虚假记载金额合计达到3亿元以上，且超过该两年披露的年度期末净资产合计金额的20%。计算前述合计数时，相关财务数据为负值的，先取其绝对值后再合计计算。计算资产负债表资产和负债科目虚假记载金额合计数时，虚增和虚减金额合计计算（适用于2024年度及以后年度的虚假记载行为）。④根据证监会行政处罚决定载明的事实，公司披露的年度报告财务指标连续三年存在虚假记载，前述财务指标包括营业收入、利润总额、净利润、资产负债表中的资产或者负债科目（适用于2020年度及以后年度的虚假记载行为）。⑤根据证监会行政处罚决定载明的事实，公司披露的营业收入连续两年均存在虚假记载，虚假记载的营业收入金额合计达到5亿元以上，且超过该两年披露的年度营业收入合计金额的50%；或者公司披露的净利润连续两年均存在虚假记载，虚假记载的净利润金额合计达到5亿元以上，且超过该两年披露的年度净利润合计金额的50%；或者公司披露的利润总额连续两年均存在虚假记载，虚假记载的利润总额金额合计达到5亿元以上，且超过该两年披露的年度利润总额合计金额的50%；或者公司披露的资产负债表连续两年均存在虚假记载，资产负债表虚假记载金额合计达到5亿元以上，且超过该两年披露的年度期末净资产合计金额的50%。计算前述合计数时，相关财务数据为负值的，先取其绝对值后再合计计算。计算资产负债表资产和负债科目虚假记载金额合计数时，虚增和虚减金额合计计算（适用于2020年度至2024年度的虚假记载行为）。⑥交易所根据公司违法行为的事实、性质、情节及社会影响等因素认定的其他严重损害证券市场秩序的情形。

（3）其他重大违法行为主要是指以下情形：①公司或者其主要子公司被依法吊销营业执照、责令关闭或者被撤销；②公司或者其主要子公司被依法吊销主营业务生产经营许可证，或者存在丧失继续生产经营法律资格的其他情形；③交易所根据公司重大违法行为损害国家利益、社会公共利益的严重程度，结合公司承担法律责任类型、对公司生产经营和上市地位的影响程度等情形，认为公司股票应当终止上市的。

（4）新旧规则衔接：自新规则施行之日起（2024 年 4 月 30 日），上市公司收到相关行政处罚事先告知书或者人民法院司法裁判的，适用新规则关于重大违法强制退市的规定。新规则施行前收到相关行政处罚事先告知书的，仍按照原规则判断是否触及重大违法强制退市情形。

### 二、重大违法强制退市风险提示

上市公司触及重大违法强制退市风险警示情形，必须按规定及时进行退市风险提示。

（1）依据相关行政处罚事先告知书、人民法院裁判认定的事实，上市公司可能触及强制退市规定情形的，公司应当在知悉相关行政机关向其送达行政处罚事先告知书，或者知悉人民法院作出有罪裁判后，立即披露相关情况及公司股票交易被实施退市风险警示公告。公司股票于公告后停牌一个交易日，自复牌之日起，交易所对公司股票交易实施退市风险警示。

公司股票交易被实施退市风险警示期间，应当每五个交易日披露一次相关事项进展情况，并就公司股票可能被实施重大违法类强制退市进行风险提示。

（2）依据相关行政机关行政处罚决定、人民法院生效裁判认定的事实，上市公司可能触及强制退市规定情形的，公司应当在收到相关行政机关行政处罚决定书或者人民法院裁判生效后，立即披露相关情况及公司股票可能被终止上市的风险提示公告，公司股票于公告后停牌。

### 三、重大违法强制退市风险警示撤销

上市公司符合以下条件，可以向交易所申请撤销重大违法强制退市风险警示。

（1）公司未触及重大违法强制退市规定情形的，应当及时披露相关情况。公司股票于公告披露后停牌一个交易日，自复牌之日起，交易所撤销对公司股票交易的退市风险警示。

（2）上市公司因触及重大违法强制退市情形，其股票被终止上市后，出现下列情形之一的，可以向交易所申请撤销对其股票终止上市的决定：

① 相关行政处罚决定被依法撤销或者确认无效，或者因对违法行为性质、违法事实等的认定发生重大变化，被依法变更；

② 人民法院有罪裁判被依法撤销，且未作出新的有罪裁判。

注意：公司向交易所申请撤销对其股票终止上市的，应当在收到相关文件或者法律文书后的三十个交易日内向交易所提交相关文件资料。

交易所自收到上市公司提出的撤销申请之日起的十五个交易日内，召开上市委员会会议，审议是否撤销对公司股票作出的终止上市决定，并形成审核意见。交易所根据上市委员会的审核意见，作出是否撤销对公司股票终止上市的决定。

交易所同意撤销对公司股票终止上市决定的，在作出撤销决定之日起两个交易日内通知公司，同时报中国证监会备案。

在收到交易所撤销决定后的二十个交易日内，公司可以向交易所提出恢复其股票正常交易的书面申请，同时向交易所提交相关申请文件。

如果公司股份已经转入全国中小企业股份转让系统等证券交易场所转让或者存在其他合理情况的，经交易所同意，可以在交易所要求的期限内办理完毕其股份的重新确认、登记、托管等相关手续或者有关事项后，再补充提交相应申请文件。

交易所自收到公司完备的申请文件后的五个交易日内，作出是否受理的决定并通知公司。

交易所自作出恢复公司股票正常交易的决定后两个交易日内通知公司，同时报中国证监会备案。

公司应当在收到上述决定后及时公告，并按交易所要求办理恢复股票正常交易的相关手续。

## 四、重大违法强制退市

上市公司触及交易所规定的重大违法强制退市情形的，交易所自公司股票停牌之日起十五个交易日内，向公司发出终止上市事先告知书。

上市公司收到终止上市事先告知书后，可以申请听证，提出陈述和申辩。交易所上市委员会就是否终止公司股票上市事宜进行审议。交易所根据上市委员会的审议意见作出是否终止公司股票上市的决定。

重大违法强制退市流程：

（1）退市风险提示。被立案调查后，可能触及重大违法退市的，及时公告提示风险。

（2）实施退市风险警示。收到行政处罚事先告知书或司法判决，根据其认定的事实，触及重大违法强制退市的，实施强制退市风险警示。

（3）收到决定书停牌。实施强制退市风险警示后，收到行政处罚决定书或司法判决生效，公司股票停牌。

（4）交易所决定终止上市。交易所在公司股票停牌十五个交易日内，作出公司股票终止上市的决定。

（5）退市整理期。交易所作出公司股票终止上市的决定后，公司股票将进入退市整理期交易十五个交易日。

（6）摘牌退市。退市整理期期满停牌后的五个交易日内摘牌。

（7）老三板挂牌。公司应当确保股票摘牌后的四十五个交易日内，在全国中小企业股份转让系统挂牌交易。

## 五、重大违法强制退市特别规定

上市公司可能触及重大违法强制退市情形的，自相关行政处罚事先告知书或者司法裁判作出之日起，至下列任一情形发生前，其控股股东、实际控制人、董事、监事、高级管理人员（以下简称"董监高"），以及上述主体的一致行动人，不得减持公司股份：

（1）公司股票终止上市并摘牌；

（2）公司收到相关行政机关相应行政处罚决定或者人民法院生效司法裁判，显示公司未触及重大违法强制退市情形。

公司披露无控股股东、实际控制人的，其第一大股东及第一大股东的实际控制人应当遵守此项规定。

**【本节重点提示】**

（1）重大违法强制退市情形虽然只有两种情形，但内涵很深很广，公司触及重大违法强制退市情形，强制退市是给人民一个公道，给违法者一个强有力的惩戒。

（2）重大违法强制退市的规定，贯穿了依法治国的理念，符合以事实为依据、以法律为准绳的要求。如果法律法规认定公司重大违法违规，就要退市；反过来，法律法规未认定或者认定后又撤销，也相应要撤销重大违法类强制退市警示风险，恢复上市。

（3）扩大重大违法强制退市适用范围。新规则调低财务造假退市的年限、金额和比例，增加多年连续造假退市情形。对现行"连续两年虚假记载金额合计达到5亿元以上，且超过该两年披露合计金额的50%"的造假退市指标进行修改，区分一年、连续两年、连续三年及以上三个层次：一年为虚假记载金额"2亿元且占比30%"；连续两年为"合计3亿元且占比20%"；连续三年及以上被认定虚假记载即退市，坚决打击恶性和长期系统性财务造假。一年、连续两年标准适用于2024年度及以后年度的虚假记载行为；连续三年及以上标准适用于2020年度及以后年度的虚假记载行为。前述虚假记载科目包括营业收入、净利润、利润总额和资产负债表资产或者负债科目。

# 第六节　何为退市整理期

退市整理期是指上市公司股票被证券交易所作出终止上市决定，自公告终止上市之日起五个交易日的次一交易日复牌之后的十五个交易日这段交易时期。交易类强制退市股票没有退市整理期。

## 一、退市整理期股票标识

退市整理期间，公司的证券代码不变，深圳股票简称后冠以"退"标识，上海股票简称前冠以"退市"标识，退市整理股票进入风险警示板交易。

## 二、退市整理期的时间

交易期限为十五个交易日。退市整理期间，上市公司股票原则上不停牌。公司因特殊原因向交易所申请其股票全天停牌的，停牌期间不计入退市整理期，且停牌天数累计不得超过五个交易日。

## 三、退市整理期限售股规定

退市整理期间，上市公司股东所持有限售条件股份的限售期限连续计算，限售期限届满前相关股份不能流通。

## 四、退市整理期信息披露

上市公司股票进入退市整理期的，公司应当在披露股票终止上市公告的同时披露股票进入退市整理期交易的公告，包括以下内容：

（1）公司股票在退市整理期间的证券简称、证券代码及涨跌幅限制；

（2）公司股票在退市整理期间的起始日、交易期限及预计最后交易日期；

（3）退市整理期公司不筹划、不进行重大资产重组等重大事项的声明；

（4）交易所要求披露的其他内容。

注意：退市整理期间，公司应当每五个交易日披露一次股票将被摘牌的风险提示公告，在最后的五个交易日内应当每日披露一次股票将被摘牌的风险提示公告。上市公司董事会应当关注其股票交易、传闻，必要时应当及时作出澄清或者说明。

## 五、摘牌

上市公司股票于退市整理期届满的次日摘牌，公司股票终止上市。公司应当于股票摘牌当日开市前披露摘牌公告，对公司股票摘牌后进入全国中小企业股份转让系统等证券交易场所转让的具体事宜作出说明，包括进入日期、股份重新确认、登记托管、交易制度等情况。

### 六、特殊规定

进入破产重整程序或者已经完成破产重整的公司触及强制退市情形的，经人民法院或者其他有权方认定，如公司股票进入退市整理期交易，将导致与破产重整程序或者经人民法院批准的公司重整计划的执行存在冲突等后果的，公司股票可以不进入退市整理期交易。不进入退市整理期交易的公司应当承诺公司股票如被终止上市，将进入全国中小企业股份转让系统等证券交易场所转让股份。

### 【本节重点提示】

（1）触及交易类强制退市的股票交易没有退市整理期，直接退市。只有触及财务类强制退市、规范类强制退市、重大违法类强制退市的股票才有退市整理期。

（2）要记住退市整理期的时间为十五个交易日。

（3）要清楚退市整理期的涨跌幅规定。第一天没有涨跌幅限制，从第二天开始直到摘牌，都有涨跌幅限制。

（4）退市后股票可以进入全国中小企业股份转让系统等证券交易场所转让股份。

# 第七节　何为主动终止上市

主动退市是指上市公司由于种种原因，认为不再需要继续保持上市地位，依据有关规定，主动向证券交易所申请其股票终止上市。

### 一、主动退市情形

上市公司出现下列情形，可以向证券交易所申请主动终止其股票上市交易：

（1）公司股东大会决议主动撤回其股票在交易所上市交易，并决定不再在交易所交易；

（2）公司股东大会决议主动撤回其股票在交易所上市交易，并转而申请在其他交易场所交易或者转让；

（3）公司股东大会决议解散；

（4）公司因新设合并或者吸收合并，不再具有独立主体资格并被注销；

（5）公司以终止公司股票上市为目的，向公司所有股东发出回购全部股份或者部分股份的要约，导致公司股本总额、股权分布等发生变化，不再具备上市条件；

（6）公司股东以终止公司股票上市为目的，向公司所有其他股东发出收购全部股份或者部分股份的要约，导致公司股本总额、股权分布等发生变化，不再具备上市条件；

（7）公司股东以外的其他收购人以终止公司股票上市为目的，向公司所有股东发出收购全部股份或者部分股份的要约，导致公司股本总额、股权分布等发生变化，不再具备上市条件；

（8）中国证监会或者交易所认可的其他主动终止上市情形。

注意：A 股股票和 B 股股票同时在证券交易所上市交易的公司，依照规定申请主动终止上市的，原则上其 A 股股票和 B 股股票应当同时终止上市。

## 二、主动退市应提交的文件资料

上市公司申请主动退市，应当及时向交易所提交下列文件并公告：

（1）董事会关于申请主动终止上市的决议；

（2）召开股东大会通知；

（3）主动终止上市预案；

（4）独立董事意见；

（5）财务顾问报告；

（6）法律意见书；

（7）法律法规、交易所及公司章程要求的其他文件。

注意：股东大会决议事项，应当经出席会议的全体股东所持有效表决权的 2/3 以上通过，且经出席会议的除单独或者合计持有上市公司 5% 以上股份的股东和上市公司董监高以外的其他股东所持表决权的2/3以上通过。

主动终止上市预案，应当包括公司终止上市原因、终止上市方式、终止上市后经营发展计划、并购重组安排、重新上市安排、代办股份转让安排、异议股东保护措施，以及公司董事会关于主动终止上市对公司长远发展和全体股东利益的影响分析等相关内容。

独立董事意见，指独立董事应当就主动终止上市事项是否有利于公司长远发展和全体股东利益充分征询中小股东意见，并在此基础上发表意见。

财务顾问报告和法律意见书，指财务顾问和律师事务所为主动终止上市提供专业服务，并发表专业意见。股东大会对主动终止上市事项进行审议后，上市公司应当及时披露股东大会决议公告，说明议案的审议及通过情况。

### 三、交易所受理审核

交易所在收到上市公司提交的终止上市申请文件后五个交易日内作出是否受理的决定并通知公司。

交易所上市委员会对公司股票终止上市的申请进行审议，重点是保护投资者特别是中小投资者权益。

审查公司申请其股票终止上市，交易所在受理公司申请后的十五个交易日内，形成审核意见。

交易所根据上市委员会的审核意见作出是否终止公司股票终止上市的决定。

### 四、主动退市

主动退市且法人主体资格将存续的公司，应当对公司股票终止上市后转让或者交易、异议股东保护措施作出具体安排，保护中小投资者的合法权益。

上市公司主动终止上市，不设退市整理期，公司股票自交易所公告终止上市决定之日起五个交易日内予以摘牌，公司股票终止上市。

主动退市流程（以股东大会为例）：

（1）充分披露方案。主动退市前，公司应当充分披露退市方案。

（2）发布通知。就主动退市事宜，发出股东大会通知。

（3）股票停牌。公司股票在股东大会股权登记日的下一交易日起停牌。

（4）提出申请。公司股东大会作出终止上市决议后十五个交易日内，向交易所提出主动退市申请。

（5）决定终止上市。交易所在收到公司申请后十五个交易日内，作出公司股票终止上市决定。

（6）摘牌退市。交易所作出终止上市决定后的五个交易日内摘牌。

### 【本节重点提示】

（1）原则上，公司股票主动退市对投资者来说是利好。

（2）主动退市没有退市整理期。

# 第八节　何为其他风险警示

其他风险警示是指上市公司存在证券交易所规定的其他风险警示情形，被实施其他风险警示。证券交易所在其股票简称前冠以 ST 字样，提示投资者注意投资风险。

## 一、其他风险警示情形

根据《深圳证券交易所股票上市规则（2024 年修订）》的规定，其他风险警示主要有以下十种情形：

（1）存在资金占用且情形严重；

（2）违反规定程序对外提供担保且情形严重；

（3）董事会、股东大会无法正常召开会议并形成决议；

（4）最近一个会计年度财务报告内部控制被出具无法表示意见或者否定意见的审计报告，或者未按照规定披露财务报告内部控制审计报告；

（5）生产经营活动受到严重影响且预计在三个月内不能恢复正常；

（6）主要银行账号被冻结；

（7）最近三个会计年度扣除非经常性损益前后净利润孰低者均为负值，且最近一个会计年度审计报告显示公司持续经营能力存在不确定性；

（8）根据证监会行政处罚事先告知书载明的事实，公司披露的年度报告财务指标存在虚假记载，但未触及重大违法类强制退市规定情形，前述财务指标包括营业收入、利润总额、净利润、资产负债表中的资产或者负债科目；

（9）最近一个会计年度净利润为正值，且合并报表、母公司报表年度末未分配利润均为正值的公司，其最近三个会计年度累计现金分红金额低于最近三个会计年度年均净利润的30%，且最近三个会计年度累计现金分红金额低于5000万元；

（10）投资者难以判断公司前景，投资权益可能受到损害的其他情形。

注意：（1）资金占用且情形严重，是指上市公司被控股股东（无控股股东，则为第一大股东）或者控股股东关联人非经营性占用资金的余额在1000万元以上，或者占公司最近一期经审计净资产绝对值的5%以上，且无可行的解决方案或者虽提出解决方案但预计无法在一个月内解决。

（2）违反规定程序对外提供担保且情形严重，是指上市公司违反规定程序对外提供担保的余额（担保对象为上市公司合并报表范围内子公司的除外）在1000万元以上，或者占上市公司最近一期经审计净资产绝对值的5%以上，且无可行的解决方案或者虽提出解决方案但预计无法在一个月内解决。

（3）上市公司以现金为对价，采用要约方式、集中竞价方式回购股份并注销的，纳入现金分红金额。

（4）最近三个会计年度，以公司上市后的首个完整会计年度作为起算年度。

（5）新旧规则衔接：自新规则施行之日起（2024年4月30日），上市公司收到证监会相关行政处罚事先告知书的，适用新规则的规定。新规则施行前收到行政处罚事先告知书，载明公司披露的年度报告财务指标存在虚假记载，但在新规则施行后收到行政处罚决定书的同样予以适用，自收到行政处罚决定书之日起对公司股票交易实施其他风险警示，符合新规则规定的撤销条件，可以申请撤销其他风险警示。新规则未按规定分红被实施其他风险警示的规定自 2025 年 1 月 1 日起施行，以 2022 年度至 2024 年度为最近三个会计年度。

## 二、其他风险警示风险提示

上市公司被实施其他风险警示时、警示期间和警示情形消除等时间节点都要严格按照规定及时披露，以便投资者及时了解情况，作出投资选择。

（1）上市公司生产经营活动受到严重影响，或者出现资金占用且情形严重、违反规定程序对外提供担保且情形严重时应当及时披露，说明公司是否能在相应期限内解决，同时披露公司股票交易可能被实施其他风险警示的提示性公告。

上市公司应当至少每月披露一次相关进展情况和风险提示公告，直至相应情形消除或者公司股票交易被交易所实施其他风险警示。

上市公司被实施其他风险警示的，在风险警示期间，应当至少每月披露一次进展公告，披露资金占用或者违反规定程序对外担保的解决进展情况，直至相应情形消除。公司没有采取措施或者相关工作没有进展的，也应当披露并说明具体原因。

（2）上市公司因财务虚假记载被实施其他风险警示的，在风险警示期间，应当至少每月披露一次差错更正进展公告，直至披露行政处罚决定所涉事项财务会计报告更正公告及会计师事务所出具的专项核查意见等文件。

## 三、其他风险警示撤销

上市公司满足以下条件，可以申请撤销相应的其他风险警示情形：

（1）上市公司资金占用情形已消除，申请对其股票交易撤销其他风险警示的，应当披露会计师事务所出具的专项核查意见等文件。

（2）公司违反规定程序对外担保情形已消除，申请对其股票交易撤销其他风险警示的，应当披露律师事务所出具的法律意见书等文件。

（3）公司内部控制缺陷整改完成，内部控制能有效运行，申请对其股票交易撤销其他风险警示的，应当披露会计师事务所对其最近一个会计年度财务会计报告出具的无保留意见的内部控制审计报告。公司进行破产重整、重组上市或者重大资产重组按照有关规定无法披露内部控制审计报告的，公司股票交易继续实施其他风险警示，直至披露下一个会计年度内部控制审计报告后，按照相关规定执行。

（4）公司最近一个会计年度经审计的财务报告显示，其扣除非经常性损益前后的净利润孰低者为正值或者持续经营能力不确定性已消除，申请对其股票交易撤销其他风险警示的，应当披露会计师事务所出具的最近一年审计报告等文件。

（5）公司认为其由于未按规定分红被实施其他风险警示情形已消除，最近一个会计年度经审计财务报告显示其净利润为正值，且经股东大会审议通过的利润分配方案显示其当年现金分红金额不低于当年净利润30%，申请对其股票交易撤销其他风险警示的，应当披露会计师事务所出具的最近一年审计报告等文件。

（6）上市公司因财务虚假记载，其股票交易被实施其他风险警示后，同时符合下列条件的，才可以申请对其股票交易撤销其他风险警示：①公司已就行政处罚决定所涉事项对相应年度财务会计报告进行追溯重述；②自中国证监会作出行政处罚决定书之日起已满十二个月。公司申请撤销对其股票实施的其他风险警示时，已被提起证券虚假陈述诉讼的，公司应当就投资者索赔事项充分计提预计负债，及时披露相关事项进展并提示风险。在公司股票交易被实施其他风险警示期间，公司收到中国证监会行政处罚决定书或者结案通知书，显示未触及其他风险警示情形的，应当及时披露相关情况。公司股票于公告披露后停牌一个交易日，自复牌之日起，交易所撤销对公司股票交易的其他风险警示。

（7）上市公司股票交易被交易所实施其他风险警示的，在风险警示期间，公司进行重大资产重组且符合下列全部条件的，可以申请对其股票交易撤销其他风险警示：①根据中国证监会有关重大资产重组规定出售全部经营性资产和负债、购买其他资产且已实施完毕；②通过购买进入公司的资产是一个完整经营主体，该经营主体在进入公司前已在同一管理层之下持续经营三年以上；③模拟财务报表（经会计师事务所出具专项说明）的主体不存在其他风险警示情形；④交易所要求的其他条件。

（8）上市公司向交易所申请对其股票交易撤销其他风险警示，应当于提交申请的次一交易日开市前披露相关公告。公司提交完备的撤销其他风险警示申请材料的，交易所在十五个交易日内决定是否撤销其他风险警示。

（9）交易所决定撤销其他风险警示的，上市公司应当及时披露股票交易撤销其他风险警示公告，公司股票于公告后停牌一个交易日，自复牌之日起，交易所对公司股票交易撤销其他风险警示。交易所决定不予撤销其他风险警示的，上市公司应当于收到交易所书面通知的次一交易日开市前披露相关公告。

注意：上市公司其他风险警示情形消除，要及时申请撤销，只有上市公司其他风险警示情形全部消除，且不存在新增其他风险警示情形，才能取消 ST，才能"摘帽"。

## 【本节重点提示】

（1）财务类强制退市情形之一是："最近一个会计年度的财务会计报告被出具无法表示意见或者否定意见的审计报告"。规范类强制退市情形之一是："连续两个会计年度财务报告内部控制被出具无法表示意见或者否定意见的审计报告，或者未按照规定披露财务报告内部控制审计报告"。而其他风险警示情形之一是："最近一个会计年度财务报告内部控制被出具无法表示意见或者否定意见的审计报告，或者未按照规定披露财务报告内部控制审计报告"。三者是有区别的，不能混淆。

（2）被实施其他风险警示情形不同，申请撤销其他风险警示情形的时间要求不同。由于资金占用或违规担保被风险警示的，只要情形消除，披露中介机构的专项意见书，可以随时申请"摘帽"。由于内控缺陷被风险警示的，需要披露会计师事务所对其最近一个会计年度财务会计报告出具的无保留意见的内部控制审计报告。由于持续经营能力不确定性被风险警示的，应当披露会计师事务所出具的最近一年审计报告等文件。由于未按规定分红被风险警示的，也应当披露会计师事务所出具的最近一年审计报告等文件。由于财务虚假记载被风险警示的，除了已就行政处罚决定所涉事项对相应年度财务会计报告进行追溯重述，还要等到自中国证监会作出行政处罚决定书之日起满十二个月后才能申请"摘帽"。

（3）证监会对财务造假重拳出击。被证监会认定财务造假，严重的要被实施强制退市风险警示，轻微的也要被实施其他风险警示。因此，财务造假这根高压线碰不得。

（4）新增现金分红ST情形，通过实施ST的方式加强对多年不分红或分红比例偏低公司的监管约束，体现了监管部门的良苦用心，增强了投资者的获得感，树立了资本市场重视投资回报的长期导向。

第二章
CHAPTER 2

# 2

# ST 股的风险

不进行研究的投资，就像打扑克牌从不看牌一样，必然失败。

——彼得·林奇

ST股的风险与正常股票的风险相比，有其特殊性，即股票被冠以ST的上市公司或多或少存在问题。非ST股没有退市风险，再怎么跌、再怎么亏，投资者购买的股票仍然在账户中，可以正常交易，还有机会回本翻身。而ST股一旦被强制退市，投资者持有的股票将陷入绝境。即便国家出台了诸多保护中小投资者利益的法律法规，作出诸多制度性安排，退市的股票还可以进入全国中小企业股份转让系统等证券交易场所交易，但中小投资者要维权索赔，可能会耗费大量的人力、物力、财力和精力，而且全国中小企业股份转让系统等证券交易场所的交易流动性差，很难回本。因此，作为ST股掘金者，我们必须在充分认识ST股、熟知其交易规则、全面了解其风险的基础上，才能购买ST股，切不可自以为是、盲目投资，而且必须始终牢记ST股的风险，始终做好风险防控。

# 第一节　政策性风险

ST股的政策性风险除了国家经济政策、利率、财政货币政策调整等带来的风险，更重要的是国家对退市政策、交易规则、相关法律法规的调整带来的风险。一项政策的出台，可能决定ST股的存与退，作为ST股掘金者，不可不察、不可不慎也。

## 一、注册制改革带来的风险

2020年3月1日，我国部分股票上市由原来的核准制调整为注册制，A股正式开始实施注册制，这是我国资本市场改革的重大制度性安排。部分新股上市不再接受核准，只要满足条件就可以申请上市，这意味着未来会有越来越多的新股上市。

在推进实施注册制的同时，退市制度的优化完善是保障注册制改革顺利推进的重要抓手。资本市场在引入更多优质企业上市的同时，也要及时清除一些劣质企业，才能形成良性循环的资本市场生态，才更有利于资本市场的长远健康发展。

2021年3月12日正式发布的《中华人民共和国国民经济和社会发展第十四个五年规划和2035年远景目标纲要》（以下简称"十四五"规划）提出，全面实行股票发行注册制，建立常态化退市机制，提高上市公司质量。"稳步推进注册制改革，完善常态化退市机制"也写入了《2021年国务院政府工作报告》之中。由此可以看出国家对资本市场退出机制的重视程度，不仅对注册制改革提出了更高要求，也指明了"十四五"时期及往后的长时期退市制度改革的重要方向。

注册制与退市制度改革都是加强资本市场基础制度建设的重要举措。两个制度是相辅相成、协同发展的关系。资本市场只增不减、只进不出肯定是不利于发展的。只有打造"有进有出，优胜劣汰"的资本市场良性生态格局，才能确保注册制的顺利实施和我国资本市场行稳致远。

与注册制改革相配套的是沪深证券交易所从2020年起修订完善的一系列退市新规，标志着新一轮退市制度改革正式落地施行。退市制度改革特别强调，要加强司法保障，坚持法治导向，坚持应退尽退，对严重违法违规、严重扰乱资本市场秩序的公司坚决予以清除，要加强退市监管力度，压实实控人、控股股东、上市公司、中介机构等相关主体责任，严厉打击财务造假、利益输送、操纵市场等违法违规行为，对相关机构和个人严肃追责。因此，应退尽退是新一轮退市制度改革的基本遵循，而强化退市监管和严厉打击违法违规是落实"零容忍"的具体体现。

2023年2月1日，中国证监会就全面实行股票发行注册制涉及的主要制度规则草案向社会公开征求意见。2月17日，中国证监会发布全面实行股票发行注册制相关制度规则，标志着我国资本市场全面实行股票发行注册制。这是继科创板、创业板、北京证券交易所（以下简称北交所）实行注册制取得成功后，将注册制全面推广至资本市场的顺势之举。全面实行股票发行注册制，突出表现在"全面"二字上，注册制覆盖全国性证券交易场所、覆盖各类公开发行股票行为。在改革思路上，把握好"一个统一""三个统筹"。"一个统一"指统一注册制安排，并在全国性证券交易场各市场板块全面实行。"三个统筹"指统筹完善多层次资本市场体系，统筹推进基础制度改革，统筹抓好证监会自身建设。

我国资本市场注册制改革从酝酿到开启以及到2023年的全面实施，上市公司数量突飞猛进，5年时间有1800多只新股上市，IPO融资总额超过2万多亿元，股票总数达到5000多只。不过，我国资本市场在发展、繁荣的同时，也出现了一些滥竽充数的上市公司，加上存在制度机制、监管执法等方面的突出问题，导致2024年春节前股市大幅波动，哀鸿遍野，悲观情绪蔓延。为稳定资本市场，切实防范金融风险，党中央、国务院出台一系列强有力的救市措施，及时调整证监会领导班子，遏止了股市下跌走势，我国资本市场出现企稳回升态势。

2024年1月22日召开的国务院常务会议，听取了资本市场运行情况及工作考虑的汇报。会议强调，要进一步健全完善资本市场基础制度，更加注重投融资动态平衡，大力提升上市公司质量和投资价值，加大中长期资金入市力度，增强市场内在稳定性。会议还强调，要加强资本市场监管，对违法违规行为"零容忍"，打造规范透明的市场环境（《人民日报》2024年1月23日01版）。

2024年4月12日，《国务院关于加强监管防范风险推动资本市场高质量发展的若干意见》发布，称为新"国九条"。新"国九条"是继2004年、2014年两个"国九条"之后，国务院再次出台的资本市场指导性文件，充分体现了党中央、国务院对资本市场的高度重视和殷切期望。证监会党委书记、主席吴清表示，新"国九条"有这么几个特点。一是充分体现资本市场的政治性、人民性。强调要坚持和加强党对资本市场工作的全面领导，坚持以人民为中心的价值取向，更加有效保护投资者特别是中小投资者合法权益。二是充分体现强监管、防风险、促高质量发展的主线。要坚持稳为基调，强本强基，严监严管，以资本市场自身的高质量发展更好服务经济社会高质量发展的大局。三是充分体现目标导向、问题导向。特别是针对2023年8月以来股市波动暴露出的制度机制、监管执法等方面的突出问题，及时补短板、强弱项，回应投资者关切，推动解决资本市场长期积累的深层次矛盾，加快建设安全、规范、透明、开放、有活力、有韧性的资本市场。新"国九条"意见落实形成"1+N"政策体系。"1"就是意见本身，"N"就是若干配套制度规则。在强监管方面，证监会将构建全方位、立体化资本市场监管体系，全面落实监管"长牙带刺"、有棱有角。

当天，证监会发布加强退市监管的配套政策文件，并就六项具体制度规则公开征求意见。加上前期发布严把上市准入关、加强上市公司持续监管等四项配套政策文件，新"国九条"意见落实"1+N政策体系"基本形成。

我国资本市场开启注册制后，退市公司数量逐年增加。过往来看，2005年和2006年有过退市潮，这两年均有11只A股退市。到了2020年，A股迎来新一波退市潮，有17只A股退市。2020年年底"退市新规"出台，A股退市个股数量开始增加，2021年有16只A股退市，2022年A股被强制退市的公司达42家，2023年强制退市个股数量再创新高，多达44只（不包括年内事实上已经锁定强制退市的7家）。随着"1+N政策体系"的发布实施，注册制改革全面深化，退市呈现常态化，将有大量的上市公司被ST和强制退市，这对于ST股投资者来说，显然提高了投资难度、增加了风险。

## 二、交易所上市规则调整带来的风险

与注册制改革相配套的，上交所、深交所先后几次对股票上市规则进行修订，特别是对股票的风险警示、强制退市的规定做了较大的调整。比如，深交所2022年1月7日发布的新规与以前的规则相比有重大调整。2023年2月对《深圳证券交易所股票上市规则》进行了第十三次修订，2023年8月又进行了第十四次修订，增加了退市与风险警示的内容，增加了退市的品种（存托凭证）。

2024年4月，又对《深圳证券交易所股票上市规则》进行了第十五次修订。这次修订后的强制退市标准更为严格，坚决出清不合格上市公司，全面落实证监会《关于严格执行退市制度的意见》要求，严格财务指标类、交易指标类、规范运作类和重大违法类强制退市标准，更加精准实现"应退尽退"，推动形成进退有序、及时出清的格局，史称最严退市新规。

（1）科学设置重大违法强制退市适用范围。调低财务造假退市的年限、金额和比例，增加多年连续造假退市情形。对现行"连续两年虚假记载金额合计达到5亿元以上，且超过该两年披露合计金额的50%"的造假退市指标进行修改，区分一年、连续两年、连续三年及以上三个层次：一年为虚假记载金额2亿元且占比30%；连续两年为合计3亿元且占比20%；连续三年及以上被认定虚假记载即退市，坚决打击恶性和长期系统性财务造假。一年、连续两年标准适用于2024年度及以后年度的虚假记载行为；连续三年及以上标准适用于2020年度及以后年度的虚假记载行为。前述虚假记载科目包括营业收入、净利润、利润总额和资产负债表资产或者负债科目。此外，为加大对财务造假公司的监管和约束力度，加强财务造假公司风险揭示，督促其积极整改，新增一项ST情形，对于未触及退市标准的造假行为，行政处罚事先告知书显示公司财务会计报告存在虚假记载，即实施ST。公司完成处罚事项的追溯调整且行政处罚决定作出满十二个月后，才可以申请"摘帽"。

（2）严格规范类退市情形。第一，新增控股股东大额资金占用且不整改退市，即"公司被控股股东（无控股股东，则为第一大股东）或者控股股东关联人非经营性占用资金的余额达到2亿元以上或者占公司最近一期经审计净资产绝对值的30%以上，被中国证监会责令改正但未在要求期限内完成整改的"，切实增强对大股东侵占监管震慑，督促公司加强内部控制，维护资产财务独立性。第二，新增多年内控非标意见退市，连续两年内控非标或未按照规定披露内控审计报告实施*ST，第三年内控非标或未按照规定披露内控审计报告即退市，压实审计机构责任，督促公司完善内部治理、规范运作。第三，新增控制权无序争夺退市，增加一类"信息披露或者规范运作重大缺陷"情形，即"公司出现控制权无序争夺，导致投资者无法获取公司有效信息"，督促股东在制度框架内解决控制权争议，切实保障中小投资者知情权。

（3）收紧财务类退市指标。提高亏损公司营业收入退市指标，将其"净利润为负值+营业收入"中的营业收入从1亿元提高至3亿元，加大力度淘汰缺乏持续经营能力的公司。将利润总额纳入亏损考量，修改后的组合指标为利润总额、净利润、扣非净利润三者孰低为负值，且营业收入低于3亿元。此外，对财务类*ST公司引入财务报告内部控制审计意见退市情形，提高"摘星"规范性要求。

（4）提高A股公司市值退市指标。将主板A股（含A+B股）市值标准从3亿元提高至5亿元，进一步发挥市场化退出功能，推动上市公司提高质量和投资价值。纯B股市值退市指标本次不作调整，维持3亿元不变。

（5）新增现金分红ST情形。新增"最近一个会计年度净利润为正值，且合并报表、母公司报表年度末未分配利润均为正值的公司，其最近三个会计年度累计现金分红金额低于最近三个会计年度年均净利润的30%，且最近三个会计年度累计现金分红金额低于5000万元"ST情形，督促有分红能力的公司提高分红水平。

新规对退风险警示虽然只作了上述几个方面的调整，但我们不要小觑了这些交易规则调整带来的巨大风险。上述调整是在保留以前退市规定的基础上，进一步打出的"组合拳"，其影响范围更深、更广。

（1）重大违法类强制退市适应范围更宽、更严、更精准，如果上市公司触及其情形，将带来巨大风险。

①公司首次公开发行股票或者公司发行股份购买资产并构成重组上市，申请或者披露文件存在虚假记载、误导性陈述或者重大遗漏，被中国证监会依据《证券法》作出行政处罚决定，或者被人民法院依据《刑法》作出有罪裁判且生效，将触及欺诈发行强制退市情形，被*ST后，基本上就会被强制退市。

②如果财务造假，可以追溯重述至2015年。财务造假导致财务报表事实触及当时的退市情形，就要被强制退市。更可怕的是，调低了财务造假

退市的年限、金额和比例，增加多年连续造假退市情形规定，区分一年、连续两年、连续三年及以上三个层次，虚假记载科目包括营业收入、净利润、利润总额和资产负债表资产或者负债等所有科目。财务造假一年、连续二年，触及调低后的金额或比例，就要被强制退市。连续三年及以上年限，无论金额大小，就要被强制退市。如果行政处罚认定上市公司财务造假一年、连续二年，虽然金额或比例较小，尚未触及强制退市标准，但也要被实施其他风险警示，被冠以 ST，即使公司完成处罚事项的追溯调整，也要等到行政处罚决定作出满十二个月后，才可以申请"摘帽"。可见，新规在重拳打击财务造假的同时，极大增加了上市公司的强制退市风险和"摘帽"难度。

（2）对不规范类的上市公司毫不手软，坚决出清。

①控股股东非经营性大额占用资金，以前规则是被 ST，一般没有被强制退市风险。新规则规定，如果余额达到 2 亿元以上或者占公司最近一期经审计净资产绝对值的 30% 以上，证监会将责令改正，未在要求期限内（一般为六个月内）完成整改的，将对公司股票实施停牌，停牌两个月仍未完成整改的，将被实施强制退市风险警示，被 *ST 后，两个月内仍不能归还到位，将被决定终止上市。我们以 ST 红太阳为例，2024 年 5 月 10 日发布的《江苏证监局关于对南京红太阳股份有限公司等采取责令改正监管措施的决定》（〔2024〕90 号）载明：2023 年 9 月 5 日，中国证监会向 ST 红太阳下发《行政处罚决定书》（〔2023〕61 号），经查明，ST 红太阳未按规定披露控股股东及其关联方非经营性占用资金，且相关公告存在虚假记载，控股股东及其关联方未实质归还占用资金，违反了相关规定。截至 2024 年 5 月 7 日，控股股东及其关联方占用上市公司资金余额 2884052856.14 元，占最近一期经审计净资产的比例为 328.17%。要求控股股东及其关联方切实履行主体责任，加强证券法律法规学习，积极筹措资金偿还，所占资金应在收到决定书之日起六个月内归还。公司发布公告提示重大风险，如果到期不能清收占款，深交所将对公司股票交易实施退市风险警示。此后两个月内仍未完成整改，深交所将决定终止公司上市交易，提醒投资者充分关注公司的退市风险。

②将多年内控非标意见纳入退市风险警示情形，而且规定，连续两年内控非标或未按照规定披露内控审计报告实施\*ST，第三年内控非标或未按照规定披露内控审计报告直接退市，这一方面压实审计机构责任，另一方面督促公司完善内部治理、规范运作，极大增加了内控不规范公司的退市风险。

③将公司控制权无序争夺纳入"信息披露或者规范运作重大缺陷"规范类强制退市情形，即如果公司出现控制权无序争夺，导致投资者无法获取公司有效信息，交易所将要求改正，但如果未在要求期限内完成整改，且在公司股票停牌两个月内仍未完成整改，将被实施\*ST。如果在退市风险警示期间两个月内仍无法整到位，将被决定终止上市。这一方面切实保障中小投资者知情权，一方面增加了这类公司的退市风险。

（3）财务类强制退市指标设置宽泛化，大幅提高扣除营业收入值，其"组合拳"的威力更大。以前财务类强制退市综合指标设置为"最近一个会计年度经审计的净利润为负值且营业收入低于1亿元"，只是考核扣非净利润和扣除营业收入。新规调整为"利润总额、净利润、扣非净利润三者孰低为负值，且营业收入低于3亿元"。一方面将利润总额、净利润、扣非净利润三者全部纳入考核指标，另一方面一下子把扣除营业收入从1亿元大幅提升到3亿元，加大力度淘汰缺乏持续经营能力公司。同时，对财务类\*ST公司引入财务报告内部控制审计意见退市情形，提高"摘星"规范性要求。这样一来，显著降低了财务类强制退市门槛，极大增加了这类公司的强制退市风险和"摘星"难度。

（4）交易类强制退市情形中，大幅提高A股公司市值退市指标。将主板A股（含A+B股）市值退市标准从3亿元大幅提高至5亿元，将会导致许多\*ST公司既触及面值退市，又触及市值退市，双重打击之下，无起死回生之力，增强市场化退市功能，加大出清垃圾公司。

（5）满足分红条件而不按规定分红，对资本市场长期一毛不拔的"铁公鸡"实施ST，引导上市公司注重投资回报，是这次新规的一大亮点。新规在新增现金分红ST情形时，考虑到上市公司可持续发展，一方面将上市公司用于回购股票并注销的资金视同分红资金，科创板和创业板还考虑了研发投入的资金；另一方面，作出了新旧规则衔接安排，此项规定自 2025 年 1 月 1 日起施行，以 2022 年度至 2024 年度为最近三个会计年度，目的是平稳过渡。但不管怎样，上市公司被冠以 ST，将给这些上市公司带来股价下跌的风险。

（6）强化风控管理，增强了投资者"买者自负"的责任。① 设立风险警示板，包括其他风险警示股票、强制退市风险警示股票和退市整理股票，交易信息独立于其他股票分别提示。② 强化投资者适当性管理。提高投资者风险知悉程度：普通投资者首次买入风险警示股票或退市整理股票，应当以纸面或电子方式签署相应的风险揭示书；退市整理股票保留个人投资者交易门槛：个人投资者参与退市整理股票买入交易的，必须满足"50 万元资产 + 2 年交易经验"的门槛。③ 优化交易机制。风险警示股票设置每日交易量上限：投资者每日通过竞价交易、大宗交易和盘后定价交易累计买入的单只风险警示股票，不得超过 50 万股（上市公司回购、5% 以上股东根据已披露的增持股份等情形除外）。优化退市整理首日交易机制：放开退市整理股票首个交易日价格涨跌幅限制，盘中成交价较开盘价首次上涨或下跌达到或超过 30%、60% 的，实施为期 10 分钟的盘中临时停牌机制。

（7）保留将红筹企业在交易所发行的存托凭证纳入退市范畴，这符合国际惯例，为我国资本市场进一步国际化打下制度基础。同时，扩大了交易所证券退市的范围和品种。今后，红筹企业发行的存托凭证没有"免死铁券"，投资者也要防止存托凭证退市风险。

按照新旧规划衔接安排的时间推算，这次新规出台后会稳定一段时间。但随着注册制改革的不断深入，为解决资本市场出现的问题，证券交易所将进一步完善股票上市规则，不断调整风险警示内容和交易规则，其目的还是做到"有进有出、应退尽退"，确保资本市场高质量服务实体经济。证券交易所对股票上市规则的每一次调整，都将深刻影响 ST 股的交易与退市。ST 股掘金者必须密切关注，认真领会，这样才能避免踩雷。

### 三、证券法律法规调整带来的风险

随着我国资本市场的不断发展，与之相配套的证券法律法规也紧锣密鼓地修改、完善、发布与实施。2019年6月21日，《最高人民法院关于为设立科创板并试点注册制改革提供司法保障的若干意见》正式发布，为科创板注册制改革提供了法律保障。2019年12月28日，经过十三届全国人民代表大会常务委员会第十五次会议审议通过的修订后的《证券法》于2020年3月1日起施行。《证券法》第四十八条规定："上市交易的证券，有证券交易所规定的终止上市情形的，由证券交易所按照业务规则终止其上市交易。证券交易所决定终止证券上市交易的，应当及时公告，并报国务院证券监督管理机构备案。"第四十九条规定："对证券交易所作出的不予上市交易、终止上市交易决定不服的，可以向证券交易所设立的复核机构申请复核。"

这两条表明：① ST股终止上市情形由证券交易所规定。② ST股终止上市交易由证券交易所决定。③ 证券交易所要对决定终止上市交易的ST股及时公告。④ 对决定终止上市交易的ST股要报证监会备案。⑤ 对终止上市交易的ST股票，上市公司可以申请复核。⑥ 复核机构是证券交易所自己设立的机构。

这些规定明确了ST股的退市风险。ST股一旦被交易所决定终止上市，虽然可以申请复核，但很难有反转的可能。

随着我国资本市场实施注册制"三步走"战略的逐步落地、全面落地，与之相匹配的证券法律法规肯定会不断修改完善。

相关制度规则的每一次修改完善对ST股来说都是严峻的考验，为了确保全面注册制的顺利实施，按照"应退尽退"的原则，修改完善的相关制度规则只会以增加ST股退市换取注册制股票上市空间，保障我国资本市场高质量发展，为投资ST股带来了极大的风险。

事实也是如此。近年来，ST股退市的步伐加快，数量有增无减，特别是证券交易所2020年修订完善证券交易上市规则以后，许多按照之前的上市规则可以不退市的ST股纷纷被终止上市。2024年又出台了我国资本市场最严退市新规，可以预见，按照新规标准，将有大量的上市公司被冠以ST和*ST，同样，将有大量的ST股被终止上市。据统计，2022年遭强制退市的42家公司中，有40家公司触及财务类强制退市指标，近半数企业涉及扣非净利润为负且营收低于1亿元。此外，*ST艾格（002619）触及交易类强制退市，退市新亿（600145）触及重大违法强制退市情形，退市济堂（600090）、退市易见（600093）两家企业既触及财务类强制退市指标，又触及重大违法强制退市情形。2023年，A股共有47家公司退市（不包括年内事实上已经锁定强制退市的7家），创历史新高。其中，强制退市44家，主动退市1家，重组退市2家。2024年4月30日，新规发布实施后，2024年5月6日开盘交易，风险警示板上股票数量从136只增至176只。随着新规的贯彻施行，在可预见的将来，ST股和*ST股数量将大幅增加，ST股强制退市成为一种常态，ST股强制退市的数量将刷新历史新高。可见，政策性风险对ST股的影响之深、之广。因此，投资ST股必须擦亮眼睛，保持清醒的头脑。

# 第二节　交易性风险

投资ST股的风险既有客观的，也有主观的。我们在交易过程中，既要遵守交易规则，也要避免交易性风险。

## 一、退市风险

ST股最大的风险就是退市风险，因为股票一旦被强制退市，投资者遭受的损失将是灾难性的。因此，我们必须将四种强制退市类型中的每条警示情形牢记在心，深刻领会。我们必须清楚ST股特殊的信息披露规定，认真阅读、仔细分析ST股公司发布的每条公告。我们必须清楚ST股被强制退市的所有规定和退市流程，做到心中有数。我们必须认清公司退市的巨大杀伤力，保持清醒头脑，提前做出准确预判，把握ST股未退市前的时间节点，在发现公司出现退市征兆之时，迅速果断及时卖出所持有的该公司股票，千万不要有侥幸心理。

在与许多投资ST股的朋友交流过程中，我首先问他们了不了解ST股，知不知道ST股的交易规则，认真分析过这只ST股没有。遗憾的是，许多ST股投资者告诉我说，是别人推荐的，看到ST股跌得这么多，股价这么低，以为自己捡了个大便宜。殊不知，ST股一旦被强制退市，股价会加速下跌，陷入无人接盘的万丈深渊。我反复告诉他们，提醒他们，如果你不懂ST股，不清楚ST股的交易规则，最好不要碰ST股，先学习了解认识ST股，才能试探性地投资，切不可在自己不认识、不了解ST股的情况下听信别人的推荐，一头扎进ST股中，把自己推向汪洋大海。

## 二、普遍性风险

按照适当性管理原则，投资者购买ST股会受到一定的限制。

第一，投资者要先到证券公司开通购买权限。在开通购买权限之前，证券公司会对投资者进行测试，据此分析判断投资者的风险偏好和风险承受能力。

第二，ST股交易有涨跌幅限制。目前，在沪深主板、中小板上市的ST股的涨跌幅限制为±5%；在创业板、科创板上市的ST股的涨跌幅限制是±20%。全面实行注册制，新规发布施行后，仍然保留了这一涨跌幅限制。

第三，投资者在实际购买ST股时，证券公司的交易软件一般会自动弹出一条提醒：ST××为风险警示股票，沪深交易所规定同一客户单日买入单只风险警示股票数量不得超过50万股（以本人名义开立在单个或多个证券公司的普通账户、信用账户合并计算）。如违反上述规则，交易所将视情况从重采取列为重点监控账户、暂停投资者账户交易、限制投资者账户交易、认定为不合格投资者等自律监管措施。请您自觉遵守证券交易的相关法律法规及交易所有关业务规则，合法合格交易！

第四，还有一些特别规定。比如，一些证券公司限制投资者用信用账户融资购买ST股；一些基金公司、投资公司、理财产品、保险资金等法人类投资者根据风控和集中度管理要求，一旦上市公司被ST，就会只卖不买。特殊情况下对购买ST股也有严格规定，除了有一定购买比例的限制，在购买金额上也有一定的限制。

第五，投资人在购买*ST股时，证券公司会在交易软件发布重要公告或提醒：*ST××已被交易所决定终止上市，退市整理期限为十五个交易日，预计从××××年××月××日至××××年××月××日。证券交易所对交易退市股票过程中的异常行为视情况从重采取列为重点监控账户、暂停投资者账户交易、限制投资者账户交易、认定为不合格投资者等自律监管措施。请投资者自觉遵守证券交易的相关法律法规及交易所有关业务规则，合法合格交易。ST股在退市整理期首个交易日无价格涨跌幅限制，此后涨跌幅限制比例为10%（指主板，其他板块为20%），敬请关注并注意投资风险等。

这些限制交易的措施和提醒是很有必要的。主要是因为ST股交易确实具有很大的风险，具有很强的挑战性。ST股面临着留与退、生与死、暴涨与暴跌的考验，无论是保壳成功还是退市，都将是一场轰轰烈烈的殊死搏斗。在这样的背景下，股价波动幅度巨大。这些限制交易措施和提醒一方面能使ST股的交易弹性减弱，流动性变差，尽可能避免大起大落、被人操作；另一方面也给予投资者必要的提醒，即投资时必须冷静思考，注意投资风险。

## 三、选股风险

无论是投资ST股还是非ST股，选股都非常关键。股票选对了，将会为投资者带来丰厚的收益；股票选错了，将给投资者造成巨大的损失。选股时，我们要根据自己的综合判断能力、对ST股的了解程度、自己的风险偏好、自己的风险承受能力等多方面加以综合考虑，理性选股。

由于ST股的特殊性，往往呈现冰火两重天的分化走势。有的ST股有"摘星""摘帽"预期或成功上岸，股价会上涨或一飞冲天；有的ST股没有"摘星""摘帽"预期或到时候不能"摘星""摘帽"，甚至被强制退市，股价会疯狂下跌，两者形成鲜明对比，呈现截然不同的结果。因此，我们要特别注意ST股的选股风险。

## 四、交易风险

我们买卖ST股时，由于自身的认知水平、时间以及交易设备（如手机或者计算机配置太低、网速太慢等）等的限制，可能不能适应错综复杂的ST股交易，导致产生损失。我们开户的证券公司的软件系统、硬件设施也可能使我们发出的委托交易指令不能正常运行，导致错失投资良机。针对这些风险，我们要加以规避和防范。因此，我们要在实力强、技术水平高、信用优良的证券公司开户、交易，并使用方便交易的终端电子设备，尽量避免这类风险。

## 五、停牌风险

交易停牌对于ST股来说非常普遍。上市公司可能因为种种原因突然发公告停牌，等停牌结束后再复牌，该股的价格就不知是什么样子了。有可能因为利空公告，股票价格连续下跌；也有可能因为利好公告，股票价格连续上涨。因此，我们要密切关注上市公司的公告，充分了解ST股可能采取的"摘星""摘帽"措施，认真分析并作出预判，尽最大可能避免停牌带来的风险，把握停牌带来的机遇。

## 六、心态风险

掘金ST股是一项带有风险偏好、具有挑战性的投资，这需要我们保持良好的交易心态，要做到以下两点。

一是克服赌博心态。投资者在并不熟知ST股的交易规则、没有认真分析ST股的"三碗面"（基本面、资金面、财务面）的情况下，盲目、不计后果地买入ST股，幻想ST股"乌鸦变凤凰"，一飞冲天，这都是不可取的心理。

二是克服畏手畏脚的心态。股市中风险无处不在，而风险与收益是正相关的：风险小，收益也小；风险大，收益也大。一旦看准哪只ST股，就要在适当的时候买入，不能畏手畏脚，导致错失良机。

### 七、传言风险

有些人炒股，喜欢听信市场传言，喜欢看股吧里面的讨论，但市场传言、股吧里的发言有真有假，通常是"假亦真时真亦假、无为有处有还无"。主力、庄家的目的是获利，他们怎么可能会将自己的操作策略公之于众呢？

传言止于智者。掘金 ST 股是一段孤独的旅程，我们要在认真分析、了解上市公司的基础上做出自己独立的判断、决策，不能人云亦云，听风就是雨。

# 第三节　其他风险

## 一、扣除风险（营业收入）

为了规避退市，不少濒临退市的上市公司使出浑身解数，在营业收入、净利润、净资产等方面钻空子，有的甚至铤而走险，在财务上造假，减少成本、增加营业收入、增加利润，核减债务、增加净资产，目的就是规避退市情形。有些上市公司面临退市前一年的营业收入仅几百万元、几千万元，但到了次年（面临退市的那一年），营业收入突然暴发式地增长几倍、几十倍，甚至上百倍，目的就是规避退市情形。对此，上交所在2021年年底发布了《上海证券交易所上市公司自律监管指南第2号——财务类退市指标：营业收入扣除》，从三方面发力精准打击"空壳"上市公司：一是细化贸易、类金融业务扣除要求；二是规范"稳定业务模式"判断标准；三是明确将非正常交易合并取得的收入进行扣除。新规中，主板把强制退市营业收入最低要求从1亿元大幅提高到3亿元（科创板、创业板1亿元）的同时，保留了营业收入扣除的要求。

营业收入扣除项包括与主营业务无关的业务收入、不具备商业实质的收入和其他收入：

（1）与主营业务无关的业务收入是指与上市公司正常经营业务无直接关系，或者虽与正常经营业务相关，但由于其性质特殊，具有偶发性和临时性，影响报表使用者对公司持续经营能力做出正常判断的各项收入。

（2）不具备商业实质的收入是指未导致未来现金流发生显著变化等不具有商业合理性的各项交易和事项产生的收入。

（3）与主营业务无关或不具备商业实质的其他收入。

退市新规在财务类强制退市指标方面，新增了"利润总额、净利润、扣除非经常性损益后的净利润三者孰低为负值，且扣除后的营业收入低于3亿元"的组合财务指标，目的是更精准地体现上市公司的持续经营能力，力求出清"空壳"上市公司。在适用该指标时，退市新规明确营业收入扣除项为"与主营业务无关的业务收入和不具备商业实质的收入"，并要求上市公司在最近一个会计年度经审计利润总额、净利润、扣除非经常性损益后的净利润孰低者为负值时，应当在年度报告中披露营业收入扣除情况及扣除后的营业收入金额，负责审计的会计师事务所应当对营业收入扣除事项是否符合规定及扣除后的营业收入金额出具专项核查意见。

无关营收扣除大幅提高最低金额事项对上市公司尤其是在退市边缘的上市公司影响较大，同时对那些通过突击贸易、突击"并表"、突击新增业务、捐赠等方式做大营业收入，规避退市的行为起到了"按住"作用，增加了ST股强制退市风险。

## 二、扣非风险（净利润）

财务类强制退市新规指标设置采用的是"利润总额、净利润、扣除非经常性损益后的净利润"三个利润，而且扣非净利润指标对ST股特别重要，因为有些上市公司的净利润虽然是正数，但扣非净利润是负数，仍然面临强制退市风险。扣非净利润包括但不限于：

（1）处置长期股权投资、在建工程、无形资产和其他长期资产的损益。

（2）无正式批准或越权审批文件的纳税申报、减免。

（3）各种形式的政府补贴。

（4）计入当期损益的占用非金融企业收取的资金费用。

（5）短期投资损益，但经国家有关部门批准设立的合格金融机构取得的短期投资损益除外。

（6）委托投资损益。

（7）按照企业会计制度规定，扣除公司日常资产减值准备后的其他非营业收入和支出。

（8）因自然灾害等不可抗力因素而计提的各种资产减值准备。

（9）以前年度计提的各种减值准备的转回。

（10）债务重组损益。

（11）资产置换损益。

（12）交易价格明显不公平的交易产生的超过公允价值的损益。

（13）将财务报表中会计政策变更的追溯调整与前期净利润进行比较。

（14）符合有关部门认定定义要求的其他非经营性损益项目。

扣非净利润不受资本溢价等因素的影响，更能真实反映上市公司经营盈利状况，规避一些地方政府为了防止上市公司退市而给予巨额补贴、上市公司为了规避退市虚增利润等情形。

### 三、不保真风险

上市公司的董监高不能保证年报内容的真实性，会对上市公司产生重大影响，可能会导致上市公司触发强制退市风险。比如，截至2021年年报披露结束日期，A股共有16家上市公司的2021年年报被独立董事、监事出具"不保障年报真实性"的意见，其中，*ST华讯、*ST腾邦、*ST德威、*ST圣莱、*ST东海、*ST网力6家公司已经停牌，并提示可能存在被实施退市风险警示、终止上市的风险。最终，这6家上市公司都被强制退市。上市公司董监高不能保证年报内容的真实性，年审财报大概率是非标，即使在规定的整改期整改完成，也令人生疑。因此，上市公司强制退市风险很大，ST股掘金者要特别注意防范这类风险。

### 四、无人担责风险

我国股票交易市场在全面实行注册制的过程中，在退市新规之下，在专家学者纷纷呼吁"应退尽退、当退必退"的背景下，退市逐步常态化。股票强制退市伴随着上市公司市值直线下降，股价大幅走低，对投资者来说损失巨大。我国的绝大部分上市公司中小投资者基本上不直接参与其所购买股票的上市公司的经营管理，他们只是凭借上市公司的信息披露在投资。只有上市公司的高管才真正知道公司的经营状况。当上市公司经营状况不好，而且面临被强制退市风险警示，更有甚者要被强制退市时，有些上市公司的高管经常性隐瞒关键信息，忙于减持股票（包括关系人持有的股票）。上市公司股票一旦退市，蒙受最大损失的还是广大中小投资者。虽然我国对投资者的保护制度在逐步完善，但股票强制退市后，能够通过法律途径挽回或减轻投资损失的投资者凤毛麟角。那么，上市公司被强制退市的责任由谁承担？退市的损失由谁赔偿？如何赔偿？这应是监管层保护中小投资者需要重点建章建制的方面。

截至2021年年报披露完毕，2022年沪深两市有近50家*ST公司符合强制退市条件。对比往年数据，强制退市上市公司数量将明显增多。在全面实行注册制下，上市公司进入资本市场的入口被打开，退市的出口也需要跟上步伐，这本无可厚非。但在没有建立健全完善的对投资者的保护制度和赔偿机制，以及对上市公司高管依法惩罚的法律法规之前，实施应退尽退将对广大中小投资者造成极大的伤害。

实施全面注册制，新规的发布施行，证券交易市场有进有出，让资金流向更有潜力、更优质的上市公司，我国资本市场才能实现优胜劣汰，起到优化资源配置的效果，实现高质量发展，这是实施注册制改革和新规发布施行的初衷和良好愿望。但是，退市股票是否一退了之，涉嫌违法违规的，相关问题责任也随着强制退市一笔勾销？答案肯定是否定的。在被强制退市的上市公司中，不少是经营持续恶化导致可持续经营能力不足被强制退市的，也存在不少上市公司涉嫌财务造假、信息披露不规范，甚至上市公司被高管和实际控制人掏空而被强制退市的。对于涉嫌违法违规导致上市公司被强制退市的责任人，必须一查到底。

在退市常态化的大趋势下，对于涉嫌违法违规的退市公司，一是应该开展调查，查清真相，还投资者一个明白；二是公司退市后，对公司或实际控制人等相关责任人也应当继续追责、依法依规处罚，投资者的追偿赔付也应得到支持，尤其是存在财务造假、大股东占用和实控人掏空公司导致公司退市的，其控股股东、实际控制人、董监高和中介机构更不能在退市机制下钻法律的空子，通过退市逃脱应有的罪责。

以*ST德威（300325.SZ）为例，《中国证监会行政处罚决定书》〔2021〕85号载明：德威投资集团有限公司（以下简称德威投资）是江苏德威新材料股份有限公司（以下简称德威新材）控股股东，周某某为实际控制人。苏州菲尔普斯国际贸易有限公司（以下简称菲尔普斯）人员和财务受德威投资及周某某控制，周某某自认菲尔普斯是其控制的资金平台。2018年12月31日，关联方菲尔普斯资金占用余额为7.95亿元。2019年12月31日，关联方菲尔普斯资金占用余额为9.69亿元。截至2020年7月8日（调查日），关联方菲尔普斯资金占用余额为9.78亿元。德威新材未按规定披露对外担保、重大诉讼信息，《2018年年度报告》《2019年年度报告》《2020年半年度报告》存在虚假记载、重大遗漏，违反相关规定，构成违法行为。周某某作为德威新材董事长、总经理、法定代表人和实际控制人，组织实施了前述违法行为，是直接负责的主管人员。同时，周某某作为德威新材实际控制人，其行为已构成《证券法》第一百九十七条第二款所述"发行人的控股股东、实际控制人组织、指使从事上述违法行为"的情形。陆某某在2012年4月至2020年1月任德威新材财务总监，知悉德威新材通过菲尔普斯转出资金，是信息披露违法违规直接负责的主管人员。2021年10月，根据当事人违法行为的事实、性质、情节与社会危害程度和有关规定，证监会对德威新材责令改正，给予警告，并处以200万元罚款；对周某某给予警告，并处以450万元罚款，其中对作为直接负责的主管人员处以150万元罚款，对作为实际控制人处以300万元罚款；对陆某某给予警告，并处以30万元罚款。后来，公司引入重整投资人进行债务豁免，引来大批投资者买入股票。但之后，公司突然宣告债务豁免失效，被强制退市。如果不严肃追究导致公司退市相关责任人的法律责任，对广大投资者显然是不公平的。

类似的退市公司并非个案。

*ST科迪（002770）曾经是河南省乳业龙头，2020年被实施强制退市风险警示，2021年年报被出具无法表示意见的审计报告，公司触及强制退市风险警示情形，保壳未果，2022年5月24日被深交所决定终止上市。可是自2022年4月29日后，公司股票一直停牌，来不及卖出股票的投资者迎来当头一棒。一直等到2022年6月1日复牌交易，股价从2022年4月29日的收盘价2.37元/股断崖式地跌落到0.55元/股，投资者被坑得惨不忍睹。

早在2019年8月16日，*ST科迪就被证监会立案调查。2021年9月调查结果显示，*ST科迪涉嫌财务造假、未按规定履行信息披露义务等违法事实，在创始人张某某的掌控下，这家公司被控股股东科迪集团大比例非法占用资金，并虚增利润。2016年至2018年，该公司三年累计虚增收入8.43亿元，虚增利润总额约3亿元。科迪乳业被河南证监局罚款60万元，张某某被采取10年证券市场禁入措施，并被罚款90万元。通过违规占款，大股东及实际控制人掏空上市公司，致使公司股价一路下跌并最终退市，在A股留下一地鸡毛和欲哭无泪的数万名投资者。在追责机制不完善的情况下，投资者维权无门。

从以上两个案例中可以看到，广大投资者要吸取经验教训，切忌在没有深入研判了解上市公司的基本面、资金面的情况下，盲目购买投资。特别是ST股，更要擦亮自己的眼睛，避免陷入万劫不复的窘地。但单看*ST德威和*ST科迪，我认为最主要的是人祸，而非投资者过错。大股东实际控制人毫无法律意识，玩弄投资者于股掌之中，目无法纪、胆大妄为，把上市公司经营到退市，仅以百万元的惩罚换来数十亿元的资金占用，违法违规成本过低。如果不继续追偿，不对相关责任人予以法律制裁，保护中小投资者的合法权益将成为一句空谈。

好在，这一现象引起了监管部门的高度重视，法律法规正在逐步完善，上市公司违规事实并不会因退市而一退了之，广大投资者仍然可以用法律武器维权追偿，相关违法责任人也不会因退市而逍遥法外。

2022年5月23日，上交所发布的《关于宜华生活科技股份有限公司及有关责任人予以纪律处分的决定》中，对以刘某某为首的17名董监高予以公开谴责，对刘某某等 5 人分别予以终身、10 年、5 年不适合担任公司董监高的处分决定，充分彰显了监管部门维护广大投资者的合法权益以及对相关责任人予以重拳出击的坚强决心。

宜华生活（600978）是 2020 年发布退市规则后的首只"1 元退市"股。上交所表示，宜华生活 2016 年至 2019 年多期财务报告存在虚增营业收入、利润、货币资金及存在重大遗漏等情况，影响营业收入、净利润等多个会计科目，相关财务信息披露不真实、不准确，性质恶劣，严重损害了上市公司的利益及投资者的知情权。对于此类退市公司，其违规事实并不会因其退市而一笔勾销，尤其是财务信息造假等恶劣违规行为，对公司利益的损害已然存在，对投资者的损失已经造成，自律监管自是不能因其退市而放任不管。自律监管一以贯之地按照违规行为的处理标准执行，提高违法违规成本，以儆效尤，严肃市场纪律、净化市场生态。

当然，投资者追偿、责任人惩罚不能只靠监管部门，还需要公检法等多个机关部门联动，这样才能达到切实保护投资者权益、震慑违法违规者的良好效果，促进我国资本市场更加健康地发展。

### 五、年报审计风险

在退市新规中，与审计意见相关的是，当上市公司年报连续两年被出具无法表示意见或否定意见，公司股票将面临强制退市；如果因财务类强制退市指标被实施退市风险警示后，第二年公司财报又被出具保留意见、无法表示意见或否定意见的审计报告，公司股票也将被终止上市。这在某种程度上强化了中介机构的责任，也意味着会计师事务所出具的审计报告有了更重的分量。

审计机构出具的意见类型主要有 5 种：无保留意见（标准无保留意见和带强调事项段或其他事项的无保留意见）、保留意见、无法表示意见、否定意见、内控否定意见，其中第 1 种是标准意见，后 4 种都是非标意见。从对财务报表的认可程度来看，保留意见、无法表示意见和否定意见都属于审计机构认为报表存在问题的类型。

而历数2021年推动退市的那些非标审计报告,有20份属于"无法表示意见",背后的故事值得玩味。

审计机构出具"无法表示意见"的原因,主要集中在不认可"突击创收"、函证受限或回函率低、境外审计工作无法顺利进行、大股东通过各种方式占用资金等几个方面,可以说是花样百出。

2022年6月市界投资汇发表的《41家上市公司被推下悬崖》一文中提到:主营业务为封装基板相关的\*ST丹邦(002618),2020年收入只有0.49亿元,且净利润为负值,已经拿了一张"黄牌",被"戴"上了\*ST的"帽子",2021年为了保壳,硬是把收入提高至1.16亿元。

重要原因在于,在2020年年末发布的退市规则下,沿用多年的"连亏3年"这条退市红线,改为了"最近一个会计年度经审计的净利润为负值且营业收入低于1亿元,或者追溯重述后最近一个会计年度净利润为负值且营业收入低于1亿元。"

自作聪明的\*ST丹邦显然没能得逞。审计机构发现,该公司有一笔和香港易捷有限公司发生的业务,金额达到3991万元,期末明明已经超过合同期限90天,却只收回244万元。与此同时,这家易捷公司虽然接受了审计机构的访谈,但并未能提供下游客户的资料,审计机构无法确认业务的真实性,也不认为对方有足额信用能够还款。

种种迹象表明,\*ST丹邦大概率找人"演戏"虚增了营业收入,但露出了狐狸尾巴。审计机构没有认可其财务年报,给出了非标审计意见,公司最终被强制退市。

2022年退市的华讯方舟、聚龙股份、长城动漫、数知科技和中天能源,都出现了发函受限或者回函率低的问题,也都成为审计机构出具"无法表示意见"的原因之一。

其中,华讯方舟存在无法函证、大量函证被退回、回函率较低的问题,也无法实施其他替代程序。

长城动漫有38份银行函证和101份往来函证压根无法发出,发出的24份银行函证和131份往来函证中,又有4份银行函证和109份往来函证未收回。

中天能源的银行存款余额为2.72亿元，回函确认的只有424万元，且由于被审单位不提供客户联系方式导致部分函证无法发出。而发函的7.18亿元中，回函确认的最终只有33万元。

不管是银行存款、应收账款还是收入，都是上市公司相当重要却也存在更高风险的科目，单凭公司的一面之词和一些纸质证明，显然不足以叫人信服，如果无法向银行、客户等外部第三方发函确认，真实性必然大打折扣。

聚龙股份和数知科技则都存在境外子公司无法核查或境外采购事项无法核实等情况，意味着境外资产对上市公司而言确实是一个核查难点和高风险点。

还有一家叫猛狮科技的上市公司，2020年因资不抵债，净资产为负值，被实施了退市风险警示。但2021年情况并未改变，该公司直接公告称，债权人豁免了公司高达34.04亿元的债权，导致公司当年获得投资收益20.83亿元，净资产由负转正。最终这一大开脑洞的做法，被审计机构拦下，审计机构认为无法对股东以外债权人豁免行为的真实性及商业合理性做出判断，给出了非标审计意见。

凡此种种，都是形成会计师事务所出具非标审计报告的基础，审计机构确实尽到了审计职责，起到了很好的"看门人"作用，同时给上市公司带来了退市风险。

对于非标的审计报告，上市公司和会计师事务所肯定存在一个博弈过程。一方面，审计意见在退市新规下的分量越来越重，审计机构出具报告时也会有这方面的考虑，出具非标报告更为谨慎；另一方面，近几年监管机构对于财务造假处罚力度的加强，加大了会计师事务所审计责任和处罚力度，年审会计师事务所也是"压力山大"。在资本市场的潮起潮落中，会计师事务所及其出具的审计报告将发挥越来越大的作用。一份非标年审报告的出具，很可能将一家上市公司判处"死刑"，投资者、股东、员工都要面临巨大损失。

## 六、年报难产风险

按时（每年4月30日前）披露年度报告是上市公司最基本的法定义务，对维护证券市场公开透明秩序、保护投资者信心具有重要意义。有些上市公司由于种种原因，年度报告迟迟难以披露。比如，截至2022年6月20日，仍然有7家上市公司没有公布2021年年报。对于年报延期披露的原因，大多数上市公司归结为新冠疫情或审计工作影响。除了个别上市公司确实存在疫情或审计工作影响，究其实质，恐怕还是与上市公司治理结构存在缺陷、风险内控制度流于形式、高级管理人员不勤勉尽责密切相关，可能还隐藏着不法关联交易、大额资金占用、财务舞弊等其他严重违法违规行为。对于不能按期披露年报的上市公司，证监会将立案，认定为涉嫌信息披露违法违规。同时，按照相关规定，公司可能被实施退市风险警示，对于已经"披星""戴帽"的上市公司，则可能面临被终止上市的命运。ST股掘金者要密切关注上市公司发布的公告，预先作出研判，发现上市公司可能出现年报难产问题，要及时予以规避。

## 七、重整重组失败风险

全面注册制实行后，许多公司不需要借"壳"上市，只要符合条件就可以注册上市，ST股的"壳"资源价值大打折扣。许多ST股为了规避退市，采取重整重组的方式，在以前"壳"资源稀缺的情况下是可行的。但在全面注册制下，ST股重整重组难度较大，存在重整重组失败的风险。一旦重整重组失败，股价将面临暴跌，上市公司将面临强制退市风险。因此，ST股掘金者不能只看到上市公司发布重整重组公告就认为其一定会成功，而是要分析其重整重组的可能性、可行性，要考虑其由于资产质量恶化失去重整重组价值，或者要价过高，重整重组方退出等原因，导致出现重整重组失败的风险，避免踩雷。

## 八、欺诈发行风险

我国资本市场实行注册制以来，有一个时期大量增加上市公司，上市公司总量超过5000多只。有些上市公司借助注册制，欺诈发行上市。有的发行股票购买资产，虚假借壳上市，严重破坏我国资本市场良好生态环境。新规旗帜鲜明地对这类上市公司坚决予以出清。新规明确规定，上市公司首次公开发行股票或者公司发行股份购买资产并构成重组上市，申请或者披露文件存在虚假记载、误导性陈述或者重大遗漏，被中国证监会依据《证券法》作出行政处罚决定，或者被人民法院依据《刑法》作出有罪裁判且生效，将触及欺诈发行强制退市情形。公司一旦触及欺诈发行强制退市情形，基本上锁定强制退市，ST股掘金者要注意防范这类风险。

## 九、财务造假风险

财务造假可以说是我国资本市场的一个顽疾，也是这次新规重点打击的一个方面。这次对财务造假是全方位、立体化、多层次、跨时间地重拳出手，让财务造假无处逃生，付出沉重代价。第一，从时间上可以追溯重述至2015年。财务造假导致财务报表事实触及当时的退市情形，就要被强制退市。第二，调低了财务造假退市的年限、金额和比例，增加多年连续造假退市情形规定，区分一年、连续两年、连续三年及以上三个层次，财务造假一年、连续二年，触及调低后的金额或比例，就要被强制退市；连续三年及以上，无论金额大小，就要被强制退市。第三，虚假记载科目包括营业收入、净利润、利润总额和资产负债表资产或者负债等所有科目。第四，如果行政处罚认定上市公司财务造假一年、连续二年，虽然金额或比例较小，尚未触及强制退市标准，但也要被实施其他风险警示，被冠以ST，即使公司完成处罚事项的追溯调整，也要等到行政处罚决定作出满十二个月后，才可以申请"摘帽"。这些新规，让财务造假真正成为一根带电的高压线，碰不得。只要一碰，就会被ST或*ST，而且"摘帽"难度大，强制退市风险高。ST股掘金者必须小心谨慎，防范上市公司财务造假带来的风险。

## 十、大股东大额长期占款风险

控股股东非经营性大额占用资金，以前的规则是无论余额多少，都只是被ST，一般没有被强制退市风险。新规规定，余额达到1000万元，将被实施ST。如果余额达到2亿元以上或者占公司最近一期经审计净资产绝对值的30%以上，证监会将责令改正，未在要求期限内（一般为六个月内）完成整改的，将对公司股票实施停牌，停牌两个月仍未完成整改的，将被实施强制退市风险警示，被*ST后，两个月内仍不能归还到位，将被决定终止上市。如果由于大股东非经营性大额长期占用上市公司资金而被强制退市，对广大中小投资者确实不公平。但规定就是规定，中小投资者没有办法改变，只能适应，只能利用现有的保护措施进行有限维权。

## 十一、内控非标风险

这次新规将多年内控非标意见纳入规范类退市风险警示情形，而且规定，连续两年内控非标或未按照规定披露内控审计报告实施*ST，第三年内控非标或未按照规定披露内控审计报告直接退市，压实审计机构责任，督促公司完善内部治理、规范运作，增加了内控不规范公司的退市风险。ST股掘金者不仅要注意防范上市公司财务报告年审意见的非标退市风险，而且要注意防范其内控非标意见的退市风险。

## 十二、股权争执风险

个别上市公司长期股权争执，控制权无序争夺，伤透了股民的心。新规将这种情况纳入"信息披露或者规范运作重大缺陷"规范类强制退市情形，即如果公司出现控制权无序争夺，导致投资者无法获取公司有效信息，交易所将要求改正但未在要求期限内完成整改，且在公司股票停牌两个月内仍未完成整改，将被实施*ST。如果在退市风险警示期间两个月内仍无法整改到位，将被决定终止上市。这切实保障了中小投资者知情权，警示大股东尽快解决控制权无序争夺，规范运作，同时增加了这类公司的强制退市风险。

## 十三、不分红风险

强化现金分红硬约束是确保资本市场投资价值的应有之举。新规规定，对那些满足分红条件而长期不分红的上市公司实施其他风险警示，目的是通过实施ST等方式加强对多年不分红或分红比例偏低公司的监管约束，增强投资者获得感。但现实是，上市公司被ST后进入风险警示板块交易，会造成投资者恐慌性抛盘，带来股价大幅下跌，给投资者带来投资风险。因此，我们对不分红的上市公司带来的风险也要保持一定的警惕性。

第三章
CHAPTER 3

# ST 股的机遇

当有机会获利时，千万不要畏缩不前。
——索罗斯

投资 ST 股有风险，而且风险很大，一旦操作不当，将满盘皆输，惨淡收场；而投资非 ST 股就没有风险？非也。君不见，中国石油的股价曾高达 48 元/股，如今也在低位徘徊。祸兮福所倚、福兮祸所伏，一切皆有因果，一切都是最好的安排。ST 股潜藏着巨大风险的同时，也蕴含着巨大的机遇；ST 股被风险警示，存在着退市的风险，但也存在"摘星""摘帽"的可能，凤凰涅槃的机遇！

# 第一节　机遇来自暂时的困境

企业发展有一定的周期性和波动性，百年企业凤毛麟角。上市公司的发展有辉煌，也有低谷，特别是在我国经济增长由中高速发展向高质量发展的转变过程中，不仅受到国家宏观经济环境的变化、行业不景气、市场竞争加剧等因素的影响，还受到一些突发事件、天灾人祸等因素的影响，许多企业的业绩出现较大下滑，面临亏损，一些上市公司的经营管理也出现暂时性困难，触及风险警示情形，公司股票被冠以 ST。比如，在受疫情影响较大的航空运输业、酒旅业的上市公司中，许多企业出现了暂时性困难，触及风险警示情形被冠以 ST，股价随之也跌入低谷。如果我们能从中挖掘出值得投资的股票并持有，一旦行业景气度回升，企业经营业绩可能会有质的飞跃，股价也将回升。

# 第二节　机遇来自政府的支持

上市公司是地方经济发展的晴雨表，一个地方的上市公司多，经济发展就不错；反之，一个地方的上市公司少，甚至一家也没有，说明这个地方的经济发展相对落后。一家企业能够上市，是对这家企业经营、管理的肯定，也是对地方经营环境的肯定。因此，许多地方政府加大了对上市公司的奖励力度，鼓励企业上市。反过来，如果一家企业被强制退市，除了企业和股东损失惨重，对地方政府来说，也是一杯难以下咽的苦酒。因此，地方政府看到属地企业收到强制退市风险警示时，大概率会帮助企业渡过难关，避免其退市。特别是许多ST公司本身就是央企、国企或地方政府控股的企业，为了避免国有资产损失，地方政府必定会尽最大努力帮助企业，他们会充分利用上市交易的规则，采取合规合法的霹雳手段，帮助企业改善经营情况，避免其退市。比如，将优质的企业注入上市公司、对企业进行重组重整、股权转让、债务豁免、实行优惠的税收政策、加大政府奖励补贴力度等，这样一来，上市公司的面貌得到彻底改观，将迎来皆大欢喜的发展机遇。ST股掘金者要重视政府对ST公司的支持，通过认真分析了解，作出我们独立的判断。

# 第三节　机遇来自破釜沉舟的决心

公元前208年，秦将章邯镇压陈胜、吴广起义之后，又攻破邯郸，反秦武装赵王歇及张耳被迫退守在巨鹿（今河北省邢台市平乡县西南），被秦将王离率20万人马围困。章邯率20万人马屯于巨鹿南数里的棘原，并修筑两侧有土墙的通道直达王离营寨，以供粮草。赵将陈余率军数万屯于巨鹿北，因兵少不敢去救。

楚怀王派宋义为上将军，项羽为次将，带领20万人马去救赵国。宋义引兵至安阳（今山东省曹县东）后，接连46天按兵不动。对此项羽十分不满，去跟宋义说："秦军包围了巨鹿，形势这样紧急，咱们赶快渡河过去，跟赵军里外夹击，一定能够打败秦军。"宋义说："我们还是等秦军和赵军决战以后再说。"他又对项羽说："上阵跟敌人交锋，我比不上你；要说坐在帐篷里出个计策，你就比不上我了。"项羽说："现在军营里没有粮食，但是上将军却按兵不动，这样不顾国家，不体谅士兵，哪里像个大将的样子。"第二天，项羽趁朝会的时候，拔出剑来把宋义杀了。他提了宋义的人头，对将士们说："宋义背叛大王（指楚怀王），我奉大王的命令，已经把他处死了。"于是将士们拥戴项羽为代理上将军。项羽杀了宋义后，威震楚国，名闻诸侯。

随后，他率所有军队渡河，前去营救赵国以解巨鹿之围。楚军全部渡河以后，项羽让士兵们吃了一顿饱饭，每人只带3天干粮，然后传下命令："皆沉船，破釜甑。"意思是说把渡河的船（古代称舟）凿穿沉入河里，把做饭用的锅（古代称釜）砸个粉碎，把附近的房屋统统烧毁。这就叫破釜沉舟。项羽用这种办法来表示他有进无退、夺取胜利的决心。

就这样，没有退路的楚军战士以一当十，杀伐声惊天动地。经过9场激战，楚军最终大破秦军。秦军的几个主将有的被杀，有的投降。这就是历史上著名的以少胜多的巨鹿之战。这一仗不但解了巨鹿之围，而且消灭了秦军主力，两年后秦朝灭亡。楚军的骁勇善战大大提高了项羽的威望，以致战争结束后项羽于辕门接见各路诸侯时，各诸侯皆不敢正眼看项羽。

破釜沉舟比喻战斗到底，决不后退。留有后路固然稳妥安全，但也容易使人懈怠，不求进取。反之，人被逼入绝境之时，求生的欲望将会激发出内心深处潜藏的一切能量，以求一搏，从而取得更大的胜利。

ST股正是被逼进退市的绝境之地，而且只有一年左右的时间（有的只有十个月时间）。如果上市公司在有限的时间内不能消除强制退市警示情形，将被强制退市。在这种情形之下，上市公司面临进与退、存与亡、胜与败的严峻考验，求生的欲望会激起上市公司实际控制人、控股股东、董监高的一切决心、勇气和能量，以规避退市。如果大家上下同心，下定"破釜沉舟"的决心，可能会扭转上市公司被动的局面。

事实也表明，尽管注册制实施后退市公司数量有所增加，比例有所提高，但在ST股中退市的毕竟是少数，大部分上市公司通过艰苦努力还是能成功"上岸"，迎来"摘星""摘帽"。

# 第四节　机遇来自背水一战的勇气

公元前204年，汉王刘邦派大将军韩信攻打赵国，韩信率新招募的12000名老弱残兵抵达井陉口（今河北省井陉县北井陉山上）。赵王和大将陈余集中20万兵力，准备迎战。井陉口以西，有一条长约百里的狭道，两边是山，道路狭窄，是韩信的必经之地。赵军谋士李左车献计：正面死守不战，派兵绕到后面切断韩信的粮道，把韩信困死在井陉狭道中。陈余不听，说："韩信只有几千人，千里袭远，如果我们避而不击，岂不让诸侯看笑话？"

韩信探知消息后，迅速率领汉军进入井陉狭道，在离井陉口三十里的地方扎下营来。半夜，韩信派两千轻骑，每人带一面汉军旗帜，从小道迂回到赵军大营的后方埋伏，韩信告诫说："交战时，赵军见我军败逃，一定会倾巢出动追赶我军，你们火速冲进赵军的营垒，拔掉赵军的旗帜，竖起汉军的旗帜。"其余汉军吃了些简单的干粮后，马上向井陉口进发。到了井陉口，大队渡过绵蔓水，背水列下阵势，高处的赵军远远见了，都笑话韩信。

天亮后，韩信竖起大将的旗帜，设置好仪仗，率众开出井陉口。陈余率全军蜂拥而出，要生擒韩信。韩信假装抛旗弃鼓，逃回河边的阵地。陈余下令赵军全营出击，直逼汉军阵地。汉军因无路可退，个个奋勇争先。双方厮杀半日，赵军无法获胜。这时赵军想要退回营垒，却发现自己大营里全是汉军旗帜，队伍立时大乱。韩信趁势反击，赵军大败，陈余战死，赵王被俘。

战后，有人问："兵法上说，要背山、面水列阵，这次我们背水而战，居然打胜了，这是为什么呢？"韩信说："兵法上不是也说'陷之死地而后生，置之亡地而后存'吗？只是你们没有注意到罢了。"

这是成语背水一战的来历，后来指处于绝境之中，为求出路而决一死战。

股市如战场。上市公司股票被冠以 ST 后，被逼到强制退市的绝境，后面是万丈深渊，没有退路。它可以把上市公司置于死地，也可能使上市公司置之死地而后生。上市公司的实际控制人、控股股东、董监高会心甘情愿束手就擒吗？肯定不会。他们会拿出背水一战的勇气去拼搏，会采取一切可以采取的措施来规避退市。比如，破产重整，引入新的战略投资者；与会计师事务所密切配合，消除年审报告非标情形；大股东积极还款，消除占用资金的情形；规范内部控制机制，消除会计师事务所出具的内控否定意见；改善公司经营管理，增加营业收入，加强成本管理，争取实现扭亏为盈等。

我们总是听到证券公司的投资顾问说，ST 股有风险，最好不要投资。我们总是看到媒体宣传，实行注册制后，壳资源已经没有价值，ST 股退市加快，不要投资 ST 股。这都是兵书上说的"要背山、面水列阵"，而忽略了兵书上还有"陷之死地而后生，置之亡地而后存"。面临退市的上市公司必定为求生路而背水一战，这又何尝不是一种机遇呢？

# 第五节　机遇来自大股东的觉醒

ST 股中，大股东违规操作是上市公司被实施其他风险警示的重要原因之一。大股东违规操作，主要是违规以上市公司名义为自己和自己控制的关联企业提供担保，将上市公司陷入被动承担连带责任的经济纠纷之中；还有就是直接长期占有上市公司的资金，侵占股东利益。实行注册制后，上市交易规则不断完善，大股东违规操作如果不能及时整改到位，说明上市公司内部控制存在问题，就会被会计师事务所出具内部控制审计报告否定意见，从而被实施其他风险警示或强制退市风险警示。上市公司股票被冠以 ST 或 *ST 后，大股东违规操作之事公之于众，股价会大幅度下跌，股民怨声载道。同时，大股东自己持有的上市公司股票大幅缩水，而且股票一旦退市，大股东将损失惨重。这往往会促使大股东觉醒，想尽一切办法解除违规担保，想方设法归还资金，消除上市公司被风险警示的情形。

我们以2022年成功"摘帽"的超讯通信（603322）为例。该公司因旗下控股子公司上海桑锐电子科技股份有限公司（以下简称为桑锐电子）及其全资子公司辽宁民生智能仪表有限公司（以下简称为民生智能）法定代表人、董事长、执行董事孟某某在未获得公司任何授权的情况下，私自以桑锐电子和民生智能名义为其控制的调兵山市鸿鼎泰松房地产开发有限公司和其关联方控制的调兵山顺通煤业有限公司提供违规担保合计约42076万元，约占公司2020年经审计净资产的100%，导致子公司部分银行账户被冻结。根据当时《上海证券交易所股票上市规则》的规定，公司上述违规担保事项未能在1个月内完成清偿或整改，公司股票被实施其他风险警示。

之后，孟某某遭到上市公司董事会、上交所、股东的一片声讨，自己也深感自责，痛定思痛，在上市公司董事会的全力支持下，采取了一系列的补救措施，铁岭银行股份有限公司红旗支行与前述子公司达成调解，公司收到法院出具的民事调解书，本次违规担保风险成功解除。公司及时发布公告，向上交所提出申请，于2022年3月28日成功"摘帽"。公司股价也随着"戴帽""摘帽"起起伏伏，玩了一把有惊无险的过山车行情，如图3-1所示。

2022年2月9日，超讯通信被冠以ST，股价连续下跌，创出一个阶段性新低。2022年3月28日，超讯通信成功"摘帽"，股价在"摘帽"后连续上涨。在实施其他风险警示期间，股价波动幅度近50%。

大有能源（600403）也是大股东违规占用上市公司资金被冠以ST，之后大股东积极归还资金，成功"摘帽"。

2020年，大有能源控股股东义马煤业集团股份有限公司非经营性占用上市公司资金，2020年年报内部控制被会计师事务所出具否定意见，于2021年4月28日被实施其他风险警示。其实，义马煤业集团股份有限公司于2021年4

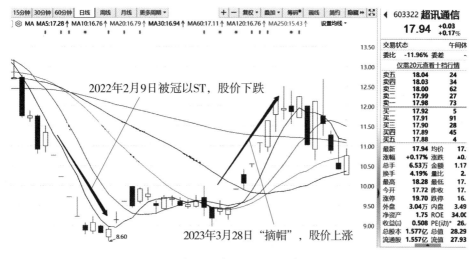

图 3-1　超讯通信日 K 线

月 20 日前就已经全部归还了非经营性占用上市公司的全部资金，但根据上市交易规则，大有能源还是得"戴帽"。2022 年 4 月 18 日公司发布公告，会计师事务所为公司 2021 年度内部控制出具了标准无保留意见的审计报告，公司涉及的其他风险警示情形已经消除，申请交易所撤销其他风险警示并获得同意，成功"摘帽"，股价也迎来了一波上涨。

# 第六节　机遇来自公司的破产重整

ST 股中，大量公司债务缠身，面临着净资产为负值，到期贷款、债权人债务、欠款、票据、人员工资福利、税金等不能按期支付的情况，公司基本上陷入破产状态。如果任由这种情况发展下去，在一年内不能将净资产由负转正，则将在次年年报披露后被强制退市。在这一年内，上市公司为了摆脱绝境，往往采取推进破产重整、引入重整投资人等措施而获得重生。

破产重整、引入重整投资人一般由债权人提出，在政府支持下，法院依法受理，进入破产重整程序。破产重整结束以后，法院会出具破产重整完毕的法律文件。破产重整由于有法院出具的具有法律效力的文件，更容易获得会计师事务所和证券交易所的认可。ST公司通过依法推进破产重整、引入重整投资人化解公司债务危机，改善公司资产负债结构，将净资产由负转正，成功规避退市风险警示，这不失为一个多赢的良策。重整后的上市公司轻装上阵，重整投资人不仅为公司带来了急需的现金流，还为公司的发展注入新的动力与活力，这样一来，原来濒临破产的ST公司在"山穷水尽疑无路"的时候，又迎来了"柳暗花明又一村"的发展机遇，公司股价焉有不涨之理？

我们以卓朗科技（600225）为例，该公司是一家天津本土的房地产综合开发公司。公司实际控制人是天津市人民政府国有资产监督管理委员会，于2017年收购卓朗科技80%股权后开始布局云计算、大数据、物联网等技术领域，尝试向"房地产+智慧城市"多元化战略转型，所属行业也变为房地产、软件和信息技术服务业。

该公司股票因2018年度、2019年度经审计的归属于上市公司股东的净利润均为负值已被实施退市风险警示，同时公司因被天津市第二中级人民法院裁定受理重整，公司股票被继续实施退市风险警示。因公司2020年度经审计的期末净资产为负值，根据当时《上海证券交易所股票上市规则》"最近一个会计年度经审计的期末净资产为负值"的规定，上交所将对公司股票继续实施退市风险警示。

公司最近连续三个会计年度扣除非经常性损益前后净利润均为负值，且最近一个会计年度财务会计报告的审计报告显示公司持续经营能力存在不确定性，根据相关规定，公司股票触及被实施其他风险警示的适用情形。

2021年11月15日，法院裁定批准公司重整计划，并终止公司重整程序。根据权益内容，*ST松江（现已更名为卓朗科技）以现有股本9.35亿股为基数，按照每10股转增26.46628854股的比例实施资本公积金转增股本，共计转增24.76亿股。其中，14亿股用于引入战略投资者天津津诚国有资本投资运营有限公司（以下简称津诚资本）和自然人张某某，股票受让价款合计14亿元；剩下10.76亿股用于抵偿债权人债务。津诚资本为*ST松江第二大股东，共计持有公司1.78亿股，占总股本的19.05%。转增完成后，津诚资本成为*ST松江第一大股东。2022年3月9日，法院裁定确认公司重整计划已执行完毕。2022年3月11日，北京海润天睿律师事务所出具了《关于天津松江股份有限公司重整计划执行完毕的法律意见书》。

2022年4月27日，公司发布公告称：

（1）根据中兴财光华会计师事务所（特殊普通合伙）出具的公司2021年度审计报告显示，2021年年末归属于上市公司股东的净资产为1486607704.43元。

（2）根据中兴财光华会计师事务所（特殊普通合伙）出具的公司2021年度审计报告显示，2021年公司财务报表审计意见为标准无保留意见，公司持续经营能力存在不确定性情况已消除。

公司对照《上海证券交易所股票上市规则》的相关规定进行自查，公司股票被实施退市风险警示和其他风险警示的情形已消除，公司不存在被实施退市风险警示的情形，亦不存在被实施其他风险警示的情形，符合申请撤销退市风险警示及其他风险警示的条件。

鉴于此，经公司第十届董事会第二十九次会议审议通过，同意公司根据《上海证券交易所股票上市规则》的规定，向上交所申请撤销对公司股票的退市风险警示和其他风险警示。

2022年5月10日，公司申请撤销对公司股票的退市风险警示和其他风险警示被证券交易所批准同意，公司股票成功"摘星""摘帽"。

在公司股票被冠以*ST期间，该股股价曾跌至1.08元/股。随着公司进入破产重整、引入重整投资人最终成功"摘星""摘帽"，股价也一路上扬，最高上涨到3.86元/股，如图3-2所示。

我们再来看广州浪奇（000523，现已更名为红棉股份）。该公司属于化工行业，主营绿色日化和健康食品的生产与销售。2021年4月30日，公司发布公告，根据公司2020年年度报告，公司2020年经审计的净资产为-2585318765.07元。此外，中审众环事务所（特殊普通合伙）对公司2020年度的内部控制出具了否定意见的内部控制审计报告。前述事项触及《深圳证券交易所股票上市规则》中"最近一个会计年度经审计的期末净

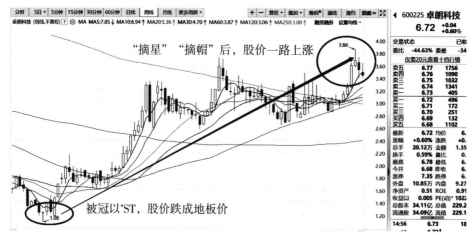

图 3-2　卓朗科技（曾用名：*ST松江）周K线

资产为负值，或者追溯重述后最近一个会计年度期末净资产为负值"的规定，公司股票交易被深交所实施退市风险警示；同时触及《深圳证券交易所股票上市规则》中"公司最近一年被出具无法表示意见或否定意见的内部控制审计报告或鉴证报告"的规定，公司股票交易被同时实施其他风险警示。

2021年2月，广州浪奇的债权人之一立根融资租赁有限公司以"公司仍具有重整价值"为由向法院申请预重整。2021年6月2日，*ST浪奇发布了投资人招募公告，四天后有且只有广州轻工工贸集团有限公司报名，被直接确定为投资人。根据重整计划，广州浪奇通过资本公积金转增股本调整出资人权益，转增股份用于引入重整投资人和清偿普通债权。其中，重整投资人投入1.50亿元，按照3.69元/股的价格认购4065.04万股转增股份；剩余的9.44亿股用于清偿普通债权人，偿债股票价格为6.61元/股。2021年12月24日，广州浪奇发布公告称，广州市中级人民法院裁定确认广州浪奇重整计划执行完毕并终结其破产重整程序。2022年5月24日，广州浪奇拟定非公开发行股票募集资金总额的6亿元，全部由广州轻工工贸集团有限公司以现金认购，用于补充流动资金。

2022年5月25日，公司发布公告：

（1）2021年12月23日，公司收到了《广州市中级人民法院民事裁定书》

[（2021）粤01破282-3号]，广州市中级人民法院裁定确认《广州市浪奇实业股份有限公司重整计划》（以下简称《重整计划》）执行完毕并终结公司破产重整程序。鉴于公司《重整计划》已执行完毕，公司股票因前期被依法受理重整申请而被实施退市风险警示的情形已消除。

（2）广东中职信会计师事务所（特殊普通合伙）出具的公司2021年度审计报告显示，2021年年末归属于上市公司股东的净资产为1040012233.47元，公司股票交易因2020年年末经审计的净资产为负值而被实施退市风险警示的情形已消除。

（3）广东中职信会计师事务所（特殊普通合伙）出具了《关于公司2020年度内部控制审计报告否定意见所述事项影响已消除的专项审核报告》，对2021年度内部控制出具了标准无保留意见的《内部控制审计报告》，公司股票交易因2020年度否定意见的《内部控制审计报告》而被实施其他风险警示的情形已消除。

2022年4月28日，公司召开的第十届董事会第十二次会议审议通过了《关于申请撤销退市风险警示及其他风险警示的议案》。对照《深圳证券交易所股票上市规则（2022年修订）》的相关规定自查，公司不存在第9.3.1条和第9.4.1条规定的其他被实施退市风险警示的情形，公司亦不存在第9.8.1条规定的其他被实施其他风险警示的情形。鉴于此，公司根据《深圳证券交易所股票上市规则（2022年修订）》第9.3.7条、第9.4.13条和第9.8.5条的规定，特向深交所申请撤销对公司股票交易的退市风险警示和其他风险警示。

公司向深交所提交撤销退市风险警示及其他风险警示的申请，并获得深交所核准。

至此，公司通过司法程序破产重整、引入重整投资人，成功将净资产由负转正、会计师事务所出具了标准年审报告，消除了退市风险警示情形和其他风险警示情形，成功"摘星""摘帽"。广州浪奇股价也随着破产重整震荡上行，2021年2月初股价低至1.97元/股，2022年6月初股价一度上涨至5.03元/股，投资者也获得了不菲的收益，如图3-3所示。

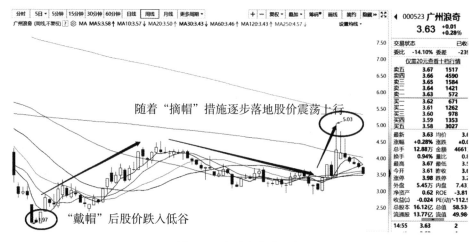

图 3-3　广州浪奇周 K 线

以上是两例国有资产控股的 ST 股通过破产重整、引入重整投资人成功"摘帽""摘星"的案例。民营企业的 ST 公司也纷纷通过这一法律途径来改善和优化公司的资产负债结构，寻找生路。

我们以索菱股份（002766）为例。该公司是深圳一家从事车联网硬件及软件服务和自动驾驶开发的民营企业，控股股东是中山市乐兴企业管理咨询公司，实际控制人是许某某。

2021 年 4 月 10 日，公司发布公告：之前公司因触及主要银行账号被冻结，被深交所实施其他风险警示。

根据公司 2020 年年度报告，公司 2020 年经审计的净资产为 –762734144.48 元。上述事项触及《深圳证券交易所股票上市规则（2020 年修订）》第 14.3.1 条第（二）项"最近一个会计年度经审计的期末净资产为负值，或追溯重述后最近一个会计年度期末净资产为负值"的规定。

同时，公司 2018 年、2019 年、2020 年经审计归属于上市公司股东的扣除非经常性损益的净利润分别为 –1035.37 万元、–138.34 万元、–1322.96 万元，公司 2020 年度审计报告显示公司持续经营能力存在重大不确定性，上述事项触及《深圳证券交易所股票上市规则（2020 年修订）》第 13.3 条第（6）项"公司最近三个会计年度扣除非经常性损益前后净利润孰低者均为负值，且最近一年审计报告显示公司持续经营能力存在不确定性"的规定，公司股票交易将被实施退市风险警示并叠加实施其他风险警示。

公司被*ST后，如果一年之内，不能消除这些强制退市风险警示情形，公司将在次年公布年报后强制退市。为了寻找生路，该公司开启了破产重整、引入投资人程序。

2021年6月23日，公司全资子公司破产审查被移送深圳中院审理。

2021年11月29日，法院裁定受理重整。

2021年12月17日，管理人签署重整投资协议，深圳高新投确定与汤和控股共同作为投资人参与索菱股份重整相关事宜。① 索菱股份以现有总股本为基数，按每10股转增10股的比例实施资本公积金转增股本，共计转增421754014股。转增后，索菱股份总股本将增至843508028股。② 汤和控股与深圳高新投共同作为投资人通过索菱股份重整出资人权益。共计有条件受让资本公积金转增的 180000000 股股票（汤和控股1.3亿股，深圳高新投5000万股，股价2.45元/股），其余241754014股用于直接抵偿索菱股份和索菱股份的全资子公司广东索菱电子科技有限公司的债务。③ 投资人向索菱股份提供资金合计441000000元，用于支付重整费用、清偿部分债务、补充公司流动资金。④ 汤和控股负责索菱股份重整后的生产经营和管理。汤和控股承诺，在汤和控股作为重整后索菱股份主要股东以及索菱股份所在行业相关法律法规、政策、经济环境均未发生重大不利变化的前提下，通过包括但不限于改善生产经营、注入其他经营资产等各类方式，保证自2022年1月1日至2024年12月31日索菱股份实现的年平均净利润不低于1.4亿元。若因汤和控股原因导致上述承诺未实现的，应当在索菱股份2024年年度报告披露后三个月内以现金方式补足。⑤ 投资人承诺认购的转增股票自登记至其证券账户之日起限售36个月。⑥ 深圳高新投应当在2021年12月27日前支付其应负担的全部投资款122500000元。

2022年1月4日，法院裁定确认公司重整计划执行完毕。

2022年4月27日，公司申请撤销退市风险警示。

2022年5月10日，公司发布公告：

（1）根据尤尼泰振青会计师事务所出具的公司2021年度审计报告显示，

2021年年末归属于上市公司股东的净资产为645084829.5元，前期公司股票交易被实施退市风险警示的情形已不存在。

（2）根据尤尼泰振青出具的公司2021年度审计报告及《关于2020年度审计报告保留意见所述事项和与持续经营相关的重大不确定事项影响已消除的审核报告》显示，公司2020年度审计报告保留意见所述事项及与持续经营相关的重大不确定性已消除，且2021年公司财务报表审计意见为标准无保留意见，且持续经营能力不存在不确定性情况；另外，2021年度公司在进入重整程序后，管理人陆续向各相关法院申请解除冻结的银行账户，截至2022年4月25日，公司银行基本账户及其他25个账户解除冻结，恢复正常使用；另外，目前公司及子公司被冻结的资金余额合计2866.52万元，占公司2021年度经审计货币资金（51336.23万元）的5.58%；占公司2021年度经审计净资产（64508.48万元）的4.44%。目前公司部分银行账户仅被冻结部分资金，未影响公司正常结算，未对公司生产经营活动产生严重影响，公司主要银行账号被冻结情形已消除。前期公司股票交易被实施其他风险警示的情形当前已不存在。

对照《深圳证券交易所股票上市规则（2022年修订）》的相关规定自查，公司不存在第9.3.1条规定的其他被实施退市风险警示的情形，公司亦不存在第9.8.1条规定的其他被实施其他风险警示的情形。鉴于此，公司根据《深圳证券交易所股票上市规则（2022年修订）》第9.3.7条和第9.8.5条的规定，特向深交所申请撤销对公司股票交易的退市风险警示和其他风险警示。

公司关于撤销退市风险警示及其他风险警示的申请获得深交所审核同意。

至此，公司通过司法途径，破产重整、引入投资人，消除了所有强制退市风险警示情形和其他风险警示情形，成功"摘星""摘帽"。在这一年内，公司股价曾经跌入低谷，低至3.35元/股，后来逐步抬升，"摘星""摘帽"后，一度连续拉升，公司股价在2022年5月走出八连板，上涨至10.17元/股，如图3-4所示。

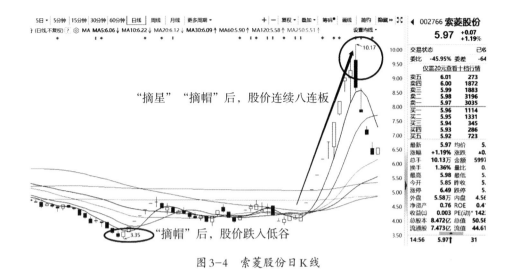

图 3-4  索菱股份日 K 线

其实，随着新的上市规则的修订、发布和我国破产法律法规的逐步完善，具有法律效力的破产重整得到了会计师事务所和证券交易所的高度认可。我们有理由相信，今后，在规避退市风险警示情形中，无论是国资控股还是民营的 ST 公司，将会更多地采取破产重整、引入重整投资人这种既有法律效力，又能得到会计师事务所和证券交易所高度认可的方式，进行"摘星""摘帽"。因此，ST 股掘金者必须高度关注这类股票，把握公司破产重整和股价上涨的机遇，以获取最大的投资收益。

# 第七节  机遇来自并购重组

财务类强制退市规定有这样一种情形：最近一个会计年度经审计的利润总额、净利润、扣除非经常性损益后的净利润三者孰低为负值，且扣除后的营业收入低于 3 亿元。这里的营业收入是指公司扣除后的营业收入。这种规定主要考量上市公司是否具有可持续经营能力，是证券交易所在注册制下为了做到"有进有出，优胜劣汰"打出的财务"组合拳"。众多的上市公司就是踩到这颗杀伤力很强的地雷而被实施强制退市警示风险，被冠以 *ST。

如何在一年时间内排除这颗威力强大的地雷？并购重组成为许多\*ST公司保壳的一大利器。

并购重组是两家及以上企业通过合并、组建新公司或相互参股，达到控制其他企业的目的。并购重组是盘活企业、借壳上市的重要途径，也是资本市场ST和\*ST公司借助资产重组大变会计魔术，规避退市的一种被动重组行为。ST和\*ST公司通过发行股票购买资产，或者并购对象通过现金认购ST和\*ST公司增发的股票，两家及以上企业合并重组，合并财务报表，增加上市公司的净利润和营业收入，在规避财务类退市风险警示情形的同时，给上市公司注入流动资金并带来新的发展机遇。

有的股民会问，在注册制下，壳资源还有多少利用价值？企业何必多此一举借壳上市？这要具体情况具体分析。按照新"国九条"的意见，证监会出台了关于严把发行上市准入关、加强上市公司监管的政策文件，沪深交易所提高了上市公司门槛，扎紧了IPO口子，今后公司要想上市变得更难。同时，企业要发展，离不开政府的支持，许多并购重组是在政府的主导下进行的。为了保住ST和\*ST公司不被退市，政府往往主导一家优质的公司对他们进行并购重组。一方面，规避了ST和\*ST公司退市，保护了大股东的利益，保住了政府的面子和政绩；另一方面，优质的公司也得以借壳上市。还有，随着注册制的逐步推行，公司上市数量增多，公司股票股价破发也将成为一种常态，有些公司为了不被破发，低价购买ST公司的股票借壳上市，大家共同把公司做大做强，也不失为一个比较好的选择。这样一想，股民朋友就会茅塞顿开，明白在注册制下为何仍然会有并购重组借壳上市一说。

我们以德新科技（603032，曾用名德新交运）为例。公司全称为德力西新能源科技股份有限公司，原来主要是在新疆从事道路旅客运输业，由于公司2020年归母净利亏损861.72万元，扣非后净利亏损3225.05万元，营业收入低于1亿元，触及当时《上海证券交易所股票上市规则》规定的股票退市风险警示情形，公司股票于2021年4月28日起实施退市风险警示，被冠以\*ST。

为了摆脱这一被动局面，公司采取并购重组，转战锂电项目收购。2021年5月收购东莞致宏精密模具有限公司（以下简称致宏精密）。此标的公司主要从事高精密度锂电池自动裁切模具的研发和提供技术服务，承诺在2020年度、2021年度和2022年度分别实现扣非净利润6410.50万元、6916.00万元和8173.50万元。

2021年该锂电标的实现归母净利1.28亿元，扣非后归母净利为1.47亿元，业绩承诺实现率为210%左右，这使得公司营收和净利实现大跨越。2021年，公司实现营业收入2.71亿元，同比增长430%，归母净利7072.10万元，同比增长920%。2022年5月10日公司撤销退市风险警示。该公司主营业务除了道路旅客运输客运汽车站业务，新增锂电设备裁切模具业务、刀片电池业务。股价由原来的6.76元/股，一路狂飙，最高涨到100.64元/股，上涨幅度惊人。除了购买该股票的投资者获得丰厚的利润，获益最大的是德新交运的大股东和致宏精密的股东。可见，并购重组是可以做到合作共赢的，如图3-5所示。

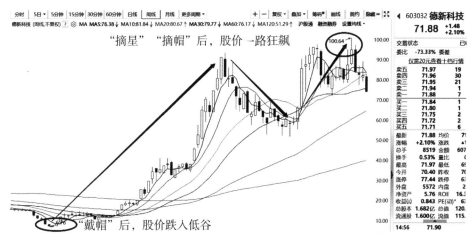

图3-5　德新科技周K线

# 第八节　机遇来自与会计师事务所的良好合作

我国资本市场全面实施注册制以来，在发挥会计师事务所的看门人作用的同时，也强化了其审计责任。公司无论是上市、还是被实施风险警示和退市，会计师事务所的审计意见相当关键，具有一锤定音的分量。如果审计失败（主要指注册会计师没有遵守审计准则发表了错误的审计意见），会计师事务所和签字的注册会计师将要承担相应的法律责任和民事赔偿责任。

ST 康美（600518，曾用名康美药业）一案，对会计师事务所和签字会计师都具有警醒作用。2021 年 11 月 12 日，广州市中级人民法院对康美药业特别代表人诉讼案依法作出一审判决：康美药业承担 24.59 亿元的赔偿责任，其审计机构广东正中珠江会计师事务所有限公司（以下简称正中珠江）承担 100% 的连带赔偿责任，签字会计师杨某某在正中珠江承责范围内承担连带赔偿责任。该案是《证券法》确立中国特色证券集体诉讼制度后的首个案件。

之前，证监会在 2021 年 3 月对正中珠江作出行政处罚，没收其业务收入 1425 万元，并处以 4275 万元的罚款，累计罚款达 5700 万元。正中珠江仅缴纳罚没款金额 570 万元，还剩 5130 万元没有缴纳。

正中珠江主要源自 1981 年 2 月 23 日由广东省财政厅成立的广州会计师事务所（脱钩改制为广东正中会计师事务所有限公司）和广州市审计局成立的广州市珠江会计师事务所。两所在 2000 年合并为广东正中珠江会计师事务所有限公司。广州会计师事务所是当年全国成立的 7 家会计所之一。正中珠江曾经长期是广东地区综合排行第一的会计所，2017 年业务收入达 4.92 亿元。正中珠江承担了 106 家 A 股上市公司 2018 年年报审计工作。2018 年 10 月康美药业案发后，聘请正中珠江承担年报审计工作的上市公司锐减至 46 家。2020 年和 2021 年，正中珠江承担的 A 股上市公司年报审计缩减至 2 家和 0 家。

2022 年 7 月 8 日，正中珠江向广东省财政厅报送了注销执业许可备案材料。广东省财政厅于 2022 年 7 月 21 日注销了该所执业证书，自该日起，该所不得以会计师事务所名义开展业务工作，不得从事注册会计师法定审计业务。

由于签字会计师在审计康美药业财报中，明显违反审计准则要求，多次出具"标准无保留意见"的错误审计报告而被证监会行政处罚、被法院判决承担连带赔偿责任，给会计师事务所带来巨大损失，而其本人的职业生涯也受到约束，导致事务所最终注销，付出了沉重代价，教训十分深刻。

年审会计师的审计报告意见一般来说有无保留意见（标准无保留意见和带强调事项段或其他事项的无保留意见）、保留意见、无法表示意见、否定意见、内控否定意见五类，其中第一种是标准意见，后四种都是非标意见。上市公司的年度财务报告如果被年审会计师出具非标意见，那么该公司就可能被风险警示。如果次年的年审报告仍然是非标意见，那么该公司就可能退市。正是基于这一规则，年审会计师的审计意见非常关键，它可以决定一家公司的生死存亡。众多的ST股就是由于被年审会计师出具了非标意见的审计报告而被"披星戴帽"。公司被"披星戴帽"后，为了消除风险警示情形，一方面会加强自身的经营管理、成本管理、内控管理，提高自身经营业绩，提高公司可持续发展能力；另一方面，会与年审会计师事务所进行充分协调沟通，充分配合年审会计师的审计工作，以求得到他们的理解、支持和配合。从理性的思维考虑，年审会计师也会在严格遵守审计准则、职业操守的前提下，按时保质保量完成年审任务，出具中肯的年审意见。

当然，也不排除双方关系破灭的情况。双方关系紧张难以合作下去的时候，ST公司就会找各种理由解聘原来的会计师事务所，转而聘请新的会计师事务所，新聘任的会计师事务所对ST公司来说也是一个新的机遇。

年审会计师事务所对上市公司出具非标年审报告，也是双方的一个博弈过程和博弈结果。可以这么认为，只有ST公司本身存在的风险警示情形无论怎么努力都无法消除的时候，年审会计师事务所才会在与上市公司达成共识的情况下，对ST公司次年的年度审计报告出具非标意见。因此，如果ST公司本身没有无法消除的风险警示情形，单纯由于非标年审报告而被ST的情况，是很容易于次年获得年审会计师的标准意见年审报告的。即使ST公司本身在经营管理、内控管理方面存在问题而被ST，只要加强经营管理，加强内控整改，达到了消除风险警示条件，于次年获得标准意见的年审报告也不难。

从以上层面看，ST公司与会计师事务所的良好合作，为ST公司"摘星""摘帽"提供了很好的机遇。

年审报告意见类型及含义如表3-1所示。

表3-1 年审报告意见类型及含义

| 意见类型 | | 释义 | 含义 | 标准/非标 | *ST/ST |
|---|---|---|---|---|---|
| 无保留意见 | 标准无保留意见 | 财务报表在所有重大方面按照企业会计准则的规定编制,公允反映了对应期限的经营成果和现金流量 | 没有造假迹象 | 标准 | 不"戴帽" |
| | 带强调事项段或其他事项的无保留意见 | 财务报表在所有重大方面按照企业会计准则的规定编制,公允反映了对应期限的经营成果和现金流量,但在既定事项上需要投资者关注 | 没有造假迹象,但在强调事项存在异议,需要警惕 | 标准 | 可能被冠以ST |
| 保留意见 | | 除了"形成保留意见的基础"部分所述事项产生的影响,财务报表在所有重大方面按照企业会计准则的规定编制,公允反映了对应期限的经营成果和现金流量 | 报表有真实的一面,但还有一部分有保留意见 | 非标 | ST |
| 无法表示意见 | | 不对财务报表发表审计意见。由于形成无法表示意见的基础部分所述事项的重要性,年审机构无法获取充分适当的审计证据以作为对财务报表发表审计意见的基础 | 公司财务没法审计,假不假不好说 | 非标 | *ST |
| 否定意见 | | 由于形成否定意见的基础部分所述事项的重要性,财务报表没有在所有重大方面按照企业会计准则的规定编制,未能公允反映对应期限的经营成果和现金流量 | 财务报表不认可,存在造假 | 非标 | *ST |
| 内控否定意见(无法表示意见) | | 对公司内部管理控制不认可,公司出现资金占用、违规担保等情形 | 大股东、实控人为所欲为,内部缺乏控制 | 非标 | ST或*ST |

# 第九节　机遇来自超低的股价

上市公司股票被冠以 ST 后，面临退市风险，股民特别是散户，担惊受怕，疯狂出逃，股票连续跌停的现象时有发生，股价被腰斩甚至跌去好多倍也不足为奇。我国资本市场的低价股大部分是 ST 股，风险警示的股票价格在 2 元以下的比比皆是，有的甚至在 1 元附近徘徊，游走在生死存亡的边缘。有人说，股价在 1 元附近的股票不能碰，因为连续二十个交易日股价低于 1 元就将被强制退市。反过来，如果 ST 公司的股价连续多日低于 1 元，但公司有好的基础不太可能退市，抑或公司不想退市，就会采取非常规的霹雳手段，出台强有力的办法，发布利好消息，公司股价也有可能出现反转，这个时候买入是不是一种捡漏？是不是一种机遇？当然，我并不是说要大家都去买即将退市的股票，我想表达的意思是，任何事情都要具体问题具体分析，要根据自己的研究，作出独立的、理性的、有智慧的判断。

在我国资本市场，机会是跌出来的，风险是涨出来的。利好出尽是利空，利空出尽是利好。还有什么利空比上市公司股票被冠以 ST，面临退市的利空还要利空？上市公司股票被冠以 ST，利空出尽，股价跌入低谷，这时候有的公司可能真的无可挽回要退市，有的公司可能通过努力会"摘星""摘帽"，这正是考验 ST 股掘金者智慧的时候！

有人说，不能炒绩差小盘股，更不能炒 ST 股，风险都很大。我认为不能一概而论，而是要用动态的眼光、发展的眼光来看待绩差小盘股和 ST 股。任何事物的发展总有一个过程，任何一家大公司都是从小到大、从弱变强的。股民通过认真调查研究、认真分析，发现前景不错、有发展潜力、具有持续经营能力和马上就能"摘星""摘帽"的绩差小盘股和 ST 股买入持有，不是更安全、更放心、更能获得丰厚回报？

"股神"巴菲特有一句至理名言：别人恐慌时我贪婪，别人贪婪时我恐慌。但世界上只有一个巴菲特，不可能有第二个，巴菲特的投资经历我们不可能复制。上市公司股票被冠以 ST 后，如果我们能通过冷静地分析，大胆买入，那么很可能可以把握 ST 股超低价格的机遇，获取更多的收益。

# 第十节　机遇来自勠力同心

兄弟同心，其利断金。上市公司股票被冠以 ST 后，将公司大股东、实际控制人、董监高及员工等人推到了风口浪尖。这时候，任何一个理性思维者都会选择团结合作，大家拧成一股绳，一齐努力向前，想尽办法早日消除公司风险警示情形，"摘"掉这顶"帽子"。

ST 公司都会把"摘星""摘帽"作为董事会和全公司的首要目标。企业会围绕这一既定目标，说服所有相关单位和员工同心协力，发挥各自的作用，为"摘星""摘帽"承担各自的责任和履行义务。比如：由于董事会成员之间存在矛盾，导致报表难产而公司股票被 ST，这时候大家就会求同存异，先按时发布年报，消除这一风险警示情形；由于股东之间的股权纠纷导致公司股票被冠以 ST，股东之间会达成某种协议来消除这一风险警示情形；由于大股东挪用资金和违规担保导致公司股票被冠以 ST，大股东会想方设法积极归还挪用资金，多措并举解除违规担保，消除这一风险警示情形；由于公司内控管理不到位导致公司股票被冠以 ST，公司上下会加强内控管理，完善内控机制，大家一起努力消除风险警示情形；如果公司经营业绩欠佳亏损严重导致股票被冠以 ST，公司就会切实加强经营管理、成本管理，要求广大干部员工克服暂时困难，开源节流，把公司经营效益搞上去，从而消除风险警示情形。凡此种种，只要是有利于消除风险警示情形、早日"摘帽"的事大家都会理解、支持，都会去做。这不仅给了 ST 公司一个机遇，也给了投资者机遇。

# 第十一节　机遇来自公司凤凰涅槃

凤凰涅槃是一则与火有关的神话故事。传说天方国有一对神鸟，雄为凤，雌为凰。满五百年后，集香木自焚，在水与火的交融中，凤在歌鸣，凰在和弦，复从死灰中更生，从此鲜美异常，得到重生。郭沫若曾作诗歌《凤凰涅槃》讴歌凤凰在火中燃烧获得重生这种不屈不挠的精神和坚强意志。

ST 股，特别是*ST股，面临着生死考验。大部分*ST公司都会选择向死而生，表现出"摘星""摘帽"的坚强决心和顽强意志。*ST公司往往采取"部分还债＋债务展期＋利率优惠＋债转股"等手段实现债务重组。多渠道恢复公司信用和再融资能力；最大限度盘活存量资产，回收现金；清理应收款，处置低效和无效资产；深耕主业、苦练内功、降本增效；压低有息负债，降低资产负债率；处理好资产减值、商誉摊销对公司的影响；通过司法途径，破产重整，引入战略投资者；增发股票，合并重组，为上市公司注入新的发展动力和新鲜活力……公司会打出一系列的组合拳，包括债务重组、盘活资产、清欠清收、降本增效、改革脱困等，重新走上良性发展的轨道。正如凤凰集香木自焚，经过水与火的洗礼，脱胎换骨，获得重生。

当然，要在短短的一年时间内扭转公司资产负债结构、改变公司的经营状况、走出困境，确实也不是一件简单的事情。*ST股涅槃重生，绝非一朝一夕，企业脱胎换骨，消除强制退市风险警示情形，彻底走出债务危机影响，开启新征程，考验的是公司高管们的智慧，团队的信心、耐心和决心。只有在政府和各方面的大力支持下，公司上下团结一心，坚定信念，顽强拼搏，多方合作，勇于创新，才能闯出一条企业自救、奋发图强的改革重整重组之路，迎来重启发展的光明前程。

我们纵观诸多"摘星""摘帽"的*ST股，不乏凤凰涅槃的案例。凤凰涅槃的*ST股股价也随着上市公司的资产结构优化，新的发展动力和活力逐步显现，迎来一番上涨。如果ST股掘金者能够抓住一两只这样的黑马股票，把握机会，有可能会获得不菲的收益。

# 第十二节　机遇来自对投资者的保护

如果说在注册制下退市成为一种常态，那么对投资者的保护，特别是对中小投资者的保护更重要，这已经成为一种共识。近几年，国家和证券交易所多措并举，加大了对投资者的保护力度，不仅规范了上市公司信息披露的要求，加大了对违规者的处罚力度，也从法律层面赋予了投资者维权、索赔的权利。这对ST股掘金者来说，既能帮助大家在购买ST股前擦亮眼睛，谨慎决策，又能帮助大家在遇到上市公司违法违规操作、导致投资出现亏损时，主动拿起法律武器，维护自身的权益。我认为，这对ST股掘金者既是一种保护，也是一个机遇。

## 一、投资者的知情权

被实施退市风险警示的公司应及时发布公告，内容包括：实施退市风险警示的原因；董事会关于争取撤销退市风险警示的意见及具体措施；实施退市风险警示期间公司接受投资者咨询的主要方式，等等。

之后，公司股票如果被证券交易所作出终止上市决定，进入退市整理期，公司应披露股票终止上市公告及进入退市整理期交易的相关情况，包括终止上市后公司股票登记、转让和管理事宜，公司股票退市整理期交易期限及预计最后交易日期等。

退市整理期届满当日，公司应披露股票进入全国中小企业股份转让系统等证券交易场所的具体事宜，包括拟进入的市场名称、进入日期、股份重新确认、登记、托管等。

终止上市情形（不包括交易类终止上市情形）消除且符合特定条件的，公司可向证券交易所申请重新上市。

## 二、投资者的交易权

公司股票被实施风险警示后，将进入证券交易所风险警示板交易。

（1）涨跌幅限制。沪深主板的ST股涨跌幅限制为 ±5%，创业板和科创板的ST股涨跌幅限制为 ±20%。

（2）购买数量限制。投资者当日通过竞价交易、大宗交易和盘后定价交易累计买入的单只风险警示股票，数量不得超过50万股，另有规定的除外。卖出没有数量限制。

（3）交易时间包括委托和撤单，与正常股票一致。

（4）首次购买ST股的投资者要签署风险揭示书。

（5）购买退市股票需满足2年证券交易经验、账户资产连续二十个交易日不低于50万元等条件。

（6）停牌规则。① 公司触及规范类强制退市有关情形，停牌两个月内仍没有整改到位的，自复牌之日起实施强制退市风险警示。② 公司发布被实施风险警示情形和撤销风险警示情形，停牌一日。③ 沪深主板风险警示股票连续三个交易日内日收盘价格涨跌幅偏离值累计达到 ±15%，可能停牌。④ 公司实施预重整、重整、和解、破产清算期间，原则上公司股票及其衍生品种不停牌，上市公司及有关各方应当切实做好内幕信息保密和内幕交易防控工作，分阶段披露破产事项的进展，并充分提示相关风险。上市公司董事会或者管理人认为确有需要的，可以申请停牌，原则上不超过两个交易日，确有必要的可以延期至五个交易日。⑤ 退市整理期间，上市公司股票原则上不停牌。公司因特殊原因向交易所申请其股票全天停牌的，停牌期间不计入退市整理期，且停牌天数累计不得超过五个交易日。

股票进入退市整理期后代码不变。上交所在退市整理股票的简称前冠以"退市"标识，深交所在股票简称后冠以"退"标识。退市新规放开了退市整理期股票首日涨跌幅限制，将退市整理期交易时限从三十个交易日缩短为十五个交易日，避免震荡时间过长而出现投机炒作。同时，为防止部分风险承受能力低的投资者参与退市公司股票交易，优化了风险警示股票的适当性管理和交易机制。投资者应了解退市整理期制度和终止上市后的股份转让安排，保障自身的交易权。

### 三、投资者如何维权

上市公司操纵市场、虚假陈述、内幕交易、财务造假、重大信息遗漏披露等违法违规行为给股民造成损失的，不论上市公司是否被实施风险警示，股民都可以依法维权索赔。

退市也不是一退了之，尤其是存在财务造假等重大违法违规行为的，其控股股东、实际控制人、董监高和中介机构应承担相应的法律责任。随着新《证券法》、《中华人民共和国刑法修正案（十一）》的发布实施，以及证券纠纷代表人诉讼制度规则的落地，证券投资者保护体系和民事赔偿机制进一步健全。涉及欺诈发行、财务造假等重大违法违规行为的上市公司退市的，投资者可通过先行赔付、责令回购或者通过单独诉讼、共同诉讼、申请适用示范判决机制、普通代表人诉讼及特别代表人诉讼等司法途径维护自身合法权益。

### 四、新"国九条"保护投资者权益采取的主要措施

新"国九条"提出进一步提高上市公司质量和投资价值的同时，强调保护投资者特别是中小投资者合法权益。采取的主要措施为：

（1）建立统一的信息披露平台。加强跨市场交易产品及突发事件的信息披露机制，并健全信息披露异常情形的问责机制。要求上市公司在敏感事件发生时加强信息披露的动态监管，确保信息披露的准确性和及时性。

（2）健全中小投资者投票机制。完善中小投资者投票和累计投票制，以保障中小投资者在股东大会的权益。

（3）建立多元化纠纷解决机制。支持自律组织、市场机构开展专业调解服务，为中小投资者提供免费争议解决途径，同时，优化维权程序，降低维权成本。

（4）加强监管和防范风险。强调强监管、防风险的重要性，通过强化监

管体系确保资本市场的稳健运行。

（5）推动资本市场高质量发展。致力于完善资本市场体系，增强其适应性、包容性，以促进资本形成和新质生产力的发展。

（6）保障中小投资者合法权益。要更加有效保护投资者合法权益，特别是中小投资者，构建公平公正的市场环境。

尽管新"国九条"强调要切实保护投资者特别是中小投资者合法权益，监管层和沪深交易所非常重视，专家学者也纷纷呼吁，但现实是我国保护投资者特别中小投资者合法权益的法律法规、制度办法、措施不够多、不够实、不够硬、不接地气，导致投资者特别是中小投资者合法权益受到非法侵害时维权难。我国保护投资者特别是中小投资者合法权益任重而道远。

在目前情况下，在退市常态下，投资者特别是中小投资者要增强风险意识和自我保护意识，特别注重证据的保存，充分了解退市制度等相关规则，通过合法途径维护自身权益。

# 第十三节　注册制及新规带来的风险与机遇

2023年2月1日，证监会就全面实行注册制向社会公开征求意见。2023年2月17日，征求意见期满，证监会正式发布全面实行股票发行注册制的一系列制度规则，并自公布之日起施行，A股正式进入"全面注册制"时代。

2024年1月22日召开的国务院常务会议听取资本市场运行情况及工作考虑的汇报，会议要求采取更加有力有效措施，着力稳市场、稳信心，促进资本市场平稳健康发展。2024年4月12日，新"国九条"发布。同日，证监会发布加强退市监管的配套政策文件，并对六项具体制度规则公开征求意见，推动资本市场"1+N"政策体系形成和落地实施。2024年4月30日，沪深交易所修订后的2024版股票上市规则正式实施，标志着资本市场新规落地。

全面实行注册制以及交易规则的调整，给ST股带来的风险是显而易见的。其风险主要表现在以下几个方面。

一是监管层对ST股监管的指导思想非常明确，就是坚持"有进有出、应退尽退"。坚持"零容忍"，坚决把"僵尸企业"和害群之马请出市场。这样一来，在对ST股交易规则的修订和完善上，会增加触及退市风险警示的情形，降低ST股退市难度，压缩ST股退市时间，提高ST股的退市效率。交易所在审核ST股是否退市时，会坚持"严"的总基调，严把退市关。证监会和交易所对ST股交易规则的每一次修订完善调整，都将深刻影响ST股的交易和退市，给ST股带来退市风险。

二是ST股的"壳"资源价值缩水风险。全面实行注册制，由以前的审批制转变为核准制又变为注册制，许多公司只要满足条件，就可以上市。上市公司没有必要借壳上市。加上新规严管严控，ST股"摘帽"难度大，借壳上市不是一件容易的事，ST股失去了"壳"资源价值，增加了退市风险。

三是增加了ST股掘金者的选股难度。全面实行注册制，随着上市公司的增加以及交易规则修订完善调整，ST股的数量也将增加，要从众多的ST股中选出自己中意的、值得投资的股票，难度不小。同时，这些交易规则的调整与ST股数量增加，也提高了ST股掘金者选股的难度。

四是增加了投资ST股的风险。全面实行注册制后和新规的发布施行，ST股退市成为常态化。退市的ST股数量肯定会有一定程度的增加。我们投资ST股，稍不留神，就有可能踩雷，带来巨大资金损失。因此，ST股掘金者要不断地加强学习，充分了解全面注册制下ST股的交易规则，对所要投资的ST股进行认真分析研究，才能购买和投资ST股，切不可不懂装懂、自以为是、盲目投资。

全面实行注册制以及交易规则的调整，有没有给ST股带来机遇呢？是不是全面实行注册制就会给ST股带来灭顶之灾？我认为也不尽然，要具体问题具体分析。

一是大规模退市的概率较低。全面实行注册制，是在中国特色社会主义旗帜指引下的注册制，我国的政治、经济、社会的基础决定了我国实行注册制，不可能完全照搬照抄西方的注册制，而是要一切从我国的基本国情出发，一切从实际出发，实行具有中国特色的注册制。在实行注册制的过程中，必须坚持稳中求进的原则。这就决定了我国全面实行注册制，上市公司数量不可能一下子暴增，退市公司也不可能一下子大规模退市。全面实行注册制和新规发布施行以后，随着上市公司的数量增加以及风险警示规则的调整，ST股数量将会增加，退市的ST股也会增加，但每年退市的ST股毕竟还是少数，不可能是绝大多数。"摘星""摘帽"的ST股仍然是多数，ST股掘金者还是有投资机会的。

二是新规对沪深主板ST股涨跌幅的限制没有放宽，可以理解为对ST股是"保护"。新规对ST股的涨跌幅限制没有作出大的调整，还是保留了之前的涨跌幅限制，这充分表明监管层仍然是保持"稳中求进"的总基调。主板ST股涨跌幅只有 ±5%，而没有取消，这是一种机遇。±5%的涨幅虽然比较小，但在一定程度上遏制了ST股的暴涨暴跌，给了我们投资ST股冷静思考的时间。如果取消了这个涨跌幅限制，我们投资ST股的风险更大。

三是股票异常波动提示双向放宽，有利于ST股交易。全面注册制对股票涨跌偏离值双向进行了调整，主板10天四次交易异动或者10天100%涨跌幅偏离就停牌，并且还有30天200%的限制，意味着非ST股出现大妖股的概率降低。但对于ST股来说，有可能起到助涨助跌的作用。

四是全面注册制下的信息披露要求更加规范、更加严格、更加及时，对ST股的信息披露更是作了许多特殊规定，防止ST股突然退市。ST股的信息披露更加具有针对性、实效性，对我们分析研究判断ST股有很大的借鉴和帮助作用。

**4**

第四章
CHAPTER 4

# 掘金 ST 股：选股

我一向是不关心大盘涨跌的，我只关心市场中有没有符合我的投资标准的公司。

——吉姆·罗杰斯

在前面的章节中，我们认识了 ST 股，知晓了 ST 股的交易规则与投资风险，以及 ST 股蕴藏的机遇。从本章开始，我们将开启掘金 ST 股之旅。

掘金 ST 股基本的关键点在于正确选股，选出适合投资的 ST 股。ST 股虽然数量不像非 ST 股那么多，只占股票市场的极少数，但选股的难度不小。如何从风险警示板中选出适合投资的股票？这要根据投资者自身的投资技能、风险偏好、承受能力、心理素养等多重因素考虑，不可一言以蔽之。这里只是介绍基本的选股思路和方法，投资者在选股时要具体情况具体分析，具体问题具体对待。

# 第一节　以"面"选股

## 一、宏观面选股

宏观面选股是指通过对国家经济政策、当前宏观经济指标的分析，选出与国家经济政策契合的股票，作出自己的投资决策。

### （一）了解国家经济政策

符合国家政策支持的 ST 公司肯定会获得优先发展的资源和机会，国家经济政策决定企业的发展未来，国家经济政策的调整与变化对股市产生重大影响，同样也影响股价的波动。

#### 1. 国家中长期规划

我国每隔五年就会制定一个五年规划。2021 年 3 月，"十四五"规划发布，把党的主张通过法定程序转化为国家意志，成为全国各族人民齐心协力全面建设社会主义现代化国家的行动纲领，擘画新发展阶段的宏伟蓝图。"十四五"规划提出经济发展、创新驱动、民生福祉、绿色生态、安全保障5大类20项指标102项重大工程项目。我们投资股票市场，要认真阅读原文，领会其中要务，对标找出符合国家中长期规划的上市公司进行投资。在ST股中，契合国家中长期规划的公司会赢得发展先机，无论是消除风险警示情形，还是今后的可持续经营发展，这类公司都处于有利地位。而那些与国家中长期规划背道而驰的公司，在获取国家资源支持方面受到限制，可能被淘汰出局。

因此，我们在选股时，就要理性选择符合国家中长期发展规划的ST公司股票。

### 2. 中央重要文件和重要会议出台的经济政策

邓小平说过一句话："发展才是硬道理"。发展是解决我国问题的基础和关键。国家为了确保国民经济保持高质量发展，会定期召开会议研究分析经济形势，安排部署经济发展计划，出台一些重要文件和经济政策，我们必须认真学习掌握，深刻领会精神。这不是虚无缥缈的空话套话，而是真金白银的真话实话。如果你不研究、不领会，就一头扎进股市进行投资，无疑是一个只顾埋头拉车而不抬头看路的莽汉，定会迷失方向。比如，每年中央都会出台"中央一号文件"，对全年乃至一个时期的农业和农村工作进行安排部署，具有很强的指导性、针对性和可操作性。每年3月全国两会召开，两会期间，国家主要领导人发表的讲话、国务院总理所作的政府工作报告以及相关新闻发布会等，这些都是指导当年经济工作的风向标，含金量是十分高的。每年第四季度，中央都要召开中央经济工作会议，中央领导人和地方主管经济的主要领导齐聚一堂，共商经济发展大计……这些我们都可以通过新闻媒体关注、了解，认真学习领会其中的精神。

2022年10月16日至10月22日，党的二十大在北京胜利召开。党的二十大是在我国迈向全面建设社会主义现代化国家新征程、向第二个百年奋斗目标进军的关键时刻召开的一次十分重要的大会，举国关注、世界瞩目。党的二十大从战略全局深刻阐述了新时代坚持和发展中国特色社会主义的一系列重大理论和实践问题，科学谋划了未来一个时期党和国家经济、社会发展的目标任务和大政方针，在党和国家历史上具有重大而深远的意义。特别是党的二十大报告，把高质量发展明确作为全面建设社会主义现代化国家的首要任务，我们要认真学习，深刻领会。我们投资股票时，务必围绕"高质量发展"这一主题进行选股。

总之，我们只有掌握了解了相关文件和政策，在选股时才会不知不觉地予以落实运用，避免迷失方向。

### 3. 货币政策

国家为了确保经济增长保持在合理区间，会根据经济发展状况适时出台或调整货币政策。货币政策主要分为宽松的货币政策、稳健适度的货币政策和紧缩的货币政策。宽松的货币政策会增加社会上的货币供给总量，在降低企业和社会融资成本的同时，为市场提供充裕的资金，为股市提供充足的子弹，对经济发展和股市有着积极影响。但货币供应太多会引起通货膨胀，使企业发展受到影响，企业实际投资收益率下降。紧缩的货币政策就是减少社会上的货币供应总量，抑制企业的快速发展，降低企业实际投资收益率。紧缩的货币政策在增加企业和社会融资成本的同时，减少市场中流通的货币量，抑制经济和企业超速发展，降低证券市场的活跃度，不利于股市行情发展。稳健适度的货币政策介于两者之间，既不大水漫灌，也不关闸闭水，而是根据经济发展状况适时精准滴灌、合理适度，既满足实体经济合理有效的融资需求，又避免实体经济盲目投资重复低效建设的盲目扩张，目的是确保国民经济增长保持在合理区间。这对证券市场是中性偏好，有利于股市行情行稳致远。

ST 股掘金者在选股时，要考虑国家货币政策因素。当国家实施宽松的货币政策时，可以提高选股风险偏好度，采取积极进取的选股方式。当国家实施紧缩的货币政策时，要降低选股风险偏好度，采取保守的选股方式。当国家实施稳健适度的货币政策时，投资风险偏好度要保持中性，采取稳中求进的选股方式。选股的策略和方式要与国家宏观经济政策相适应，切不可错配，甚至相违背。

### 4.财政政策

财政政策是指国家根据一个时期国内外政治、经济及社会发展状况而出台的一系列政策，国家通过财政支出与税收政策来调控社会总需求。增加财政支出，可以刺激总需求，从而增加国民收入。国民收入的增加，则会刺激社会投资欲望，股市中流动的资金增加，对股市利好；减少财政支出，则会压抑总需求，减少国民收入，从而降低社会投资欲望，股市中的资金量减少，对股市利空；适度中性的财政政策，则会保持社会总需求总体平衡，股市中的流动资金保持松紧适度，有利于股市长期稳健发展。

国家货币政策与财政政策都是国家为了调控经济采取的重要宏观经济政策，两者存在异同点。一般来说，国家在调控经济发展时，会将两者协同使用，发挥"1+1>2"的作用。ST股掘金者选股时要顺势而动，切不可逆势而行。

### （二）分析宏观经济指标

宏观经济指标主要包括国民生产总值、通货膨胀率等指标。它是体现经济发展情况的统计数据，也是国家进行宏观经济调控的重要依据。对应的指标主要是经济增长率、通货膨胀率、利率、货币供应量等，对于股市的未来发展有着十分密切和重要的影响，对ST股掘金者选股具有十分重要的参考作用。

### 1.经济增长率（RGDP）

RGDP是末期国民生产总值与基期国民生产总值的比较，是反映一定时期国家经济发展水平变化程度的动态指标，也是反映一个国家经济是否具有活力的基本指标。

1978年到2017年，我国GDP年均增长率保持中高速发展水平。几十年的中高速发展，彻底改变了我国的经济面貌，我国经济进入高质量发展新阶段。我国经济发展韧性强、潜力大，保持长期稳定高质量增长速度是完全可以实现的。我国股市随着经济发展而发展，股民也享受了经济发展带来的红利。

随着我国经济发展进入高质量发展新阶段，股市全面实行注册制，中国资本市场改革开放的大门越开越大，我国资本市场已成为全世界最重要的资本市场之一。因此，我们要密切关注国民经济增长速度，对我国资本市场的发展充满信心。

### 2. 通货膨胀率

通货膨胀率也称物价变化率，指一般物价总水平在一定时期内的上涨率，反映通货膨胀及货币贬值程度。

通货膨胀是通过 3 个价格指数来体现的，分别是生产价格指数（PPI）、居民消费价格指数（CPI）和商品零售价格指数（RPI）。这 3 个价格指数都是对商品价格的衡量比率，而通货膨胀最明显的表现是商品价格上涨，因此，这 3 个价格指数的大小便可反映通货膨胀的程度。

通货膨胀对于股市的影响与其通胀程度的大小相关，程度不同的通货膨胀现象对股市的影响不同。温和稳定的通货膨胀是最理想化的通胀，是经济发展最佳的表现，这种程度的通货膨胀对股价的影响是中性偏好的；通胀程度不大的通货膨胀在经济发展的可适应性阶段内，而此时的经济处于扩张阶段，产业和就业都在持续增长，那么股价也会持续上升；发展扩大的通货膨胀以及恶性通货膨胀，会使货币加速贬值，影响经济平稳有序发展，这时，国民会倾向于囤积固定资产和大宗商品进行保值，如农副产品、金属产品、能源产品和化工产品等。在发生通货膨胀时，政府会运用宏观经济政策工具来抑制通货膨胀，例如，调整利率和税收，减少市场上货币流通量。加上由于物价大幅上涨，居民需要用更多的资金去购买商品，生产者面对原材料价格上涨，成本增加，刺激产品价格上涨，效益却并没有增加甚至亏损，资金被物价上涨占用，投资者安全感降低，人们不会把太多的资金投入股市，资本市场"失血"严重，股市自然表现得萎靡不振。

### 3. 利率

利率指一定时期内利息额与借贷资金额（本金）的比率，亦即资金的价格。利率是国家实施宏观经济调控和管理的重要工具，是决定企业资金成本高低的主要因素，也是企业筹资、投资的决定性因素。当一个国家的经济出现扩张甚至过热迹象时，该国中央银行就会提高利率，以抑制经济过热和防止通货膨胀；当一个国家的经济出现收缩甚至衰退时，该国的中央银行就会降低利率，以刺激经济复苏并防止通货紧缩。

通常来讲，利率与股市行情是负相关的。利率提高，意味着信贷收缩，市场中的资金减少，此外利率提高导致企业借贷成本上升，收益率下降，企业股票吸引力下降，股价下跌，对股市行情利空。反之，利率下降，信贷宽松，市场中的资金增加，企业融资成本下降，效益增加，企业股票吸引力增加，股价上涨，对股市行情利好。因此，我们要时刻关注利率的变化，央行对利率的调整可以作为购买股票的重要依据之一。

### 4. 货币供应量

货币供应量有狭义（M1）和广义（M2）之分，我们主要考虑广义货币供应量。广义货币供应量是指流通于银行体系之外的现金加上企业存款、居民储蓄存款以及其他存款，它包含了一切可能成为现实购买力的货币形式，通常反映的是社会总需求变化和未来通胀压力状态。一般来说，货币供应量与利率是负相关的，社会上的货币供应量增加，利率会下降；社会上的货币供应量减少，利率会上升。货币供应量与股市是正相关的，社会上的货币供应量增加，资本市场资金充裕，有利于股市行情走高；社会上货币供应量减少，资本市场资金收缩，股市行情可能走低。

总之，货币政策相对股市有更好的预测性，货币供应量变化的连续性比较强，这些都是我们投资股票时的重要考量。

### （三）其他宏观因素

### 1. 国家产业政策

国家产业政策是国家为了实现一定的经济和社会目标而对产业的形成和发展进行行政干预的各种政策的总和。干预包括产业规划、引导、促进、调整、保护、扶持、限制等方面的含义。国家产业政策对股市的影响主要表现在对涉及该行业的股票的影响。当国家产业政策是扶持、促进、保护某产业的发展时，涉足该产业的公司就会迎来良好的发展机遇，股票受到股民的追捧，股价持续上涨。最典型的就是当新能源、光伏、环保、芯片、人工智能等受到国家产业支持时，涉及这些产业的上市公司产能得到提升，效益增加，产生了许多大牛股。当国家产业政策是压缩限制某产业发展时，涉及该产业的公司可能会遭到打压，股价可能会下跌。最典型的就是2003年国家宏观调控直指几个过热的行业，如钢铁、水泥等行业，受相关政策影响，钢铁股进入了长达多年的低谷期。

又比如房地产业，以前国家把该产业作为拉动经济发展的支柱产业进行鼓励发展的时候，产生了许多房地产牛股。当房地产业经过长时期的快速发展后，产生巨大泡沫，国家开始对房地产进行调控，特别是2016年年底中央经济工作会议上首次提出了"房子是用来住的，不是用来炒的"后，打出了一系列组合拳，加强房地产调控、监管和整顿，房地产发展趋势开始发生转向。2023年，以恒大为代表的房地产企业暴雷，A股许多房地产公司ST和被强制退市。截止到2023年10月，在沪深两市被强制退市的40余家公司中，有8家为房地产企业。

因此，ST股掘金者要依据国家产业政策选股，优先选择被国家产业政策鼓励支持保护的产业的公司股票，尽量回避那些国家产业政策压缩限制的产业的公司股票。

### 2. 汇率

汇率是指两种货币之间兑换的比率，具体是指一国货币与另一国货币的比率或比价。汇率的变化也会对股市产生影响。第一，汇率变动可以改善或限制上市公司的进出口状况，影响公司业绩，从而影响公司股价，特别是进出口业务量大的外贸企业受影响较大。第二，汇率剧烈变动引发国际资本流动从而影响股市。一般而言，如果一国货币迅速升值，大量游资会进入股市投机，吸引更多资金进入股市，利好股市；反之，如果一国货币迅速贬值，大量游资就会离开股市，引发更多投资者抛售股票，利空股市。由于美元在世界经济中处于主导地位，我们主要考虑美元兑人民币的汇率。美元兑人民币汇率上升，意味着人民币贬值，有利于我国外贸企业出口，不利于进口；美元兑人民币汇率下降，意味着人民币升值，不利于我国外贸企业出口，有利于进口。从中我们可以看出，汇率的变化对股市影响有利有弊。人民币升值，给股市中的外贸企业出口带来冲击，同时增加了股市对国际游资的吸引力。人民币贬值，有利于股市中的外贸企业出口，同时减少了国际游资对股市的青睐。但一般来说，受投资偏好和情绪影响，人民币升值对股市利好，人民币贬值对股市利空。ST 股掘金者进行选股和买卖股票时，要根据具体情况具体应对。

## 二、行业面选股

为什么 ST 股掘金者要从分析公司行业面选股呢？一家公司所属行业性质和所处的行业周期，决定公司未来的发展趋势，也决定公司未来股价的走势。

### （一）行业性质

行业性质是根据企业从事的业务、对社会的贡献程度等，划分不同行业所属的类别，如农业、制造业、服务业等。公司所属行业性质在某种程度上决定公司发展前景。我们常说，无农不稳、无工不富、无商不活。农业是稳定社会的基础，行业弹性较低；工业是高附加值行业，行业弹性较高，想要富裕就要兴办工厂；商业是社会资源交流分配的渠道，行业弹性属于中等，没有商业，经济生活就不活跃。我们选股时要根据自己的喜好选择不同行业的股票，同时可以从公司产品所处的生产形态、需求形态、商品形态、产业链等方面进一步分析。

#### 1. 生产形态分析

我们根据生产形态分析可以将行业划分为劳动密集型行业、资本密集型行业和知识技术密集型行业。劳动密集型行业需要投入大量的劳动力，在欠发达地区占比较大，股票表现一般；资本密集型行业需要投入大量的资本，股票投机炒作的空间较大；技术密集型行业需要高精尖的技术投入，在发达地区占优势，股票弹性大，发展前景好，股价提升空间大。

#### 2. 需求形态分析

需求形态分析主要是分析企业产品的销售对象和销售范围。不同的销售对象对企业产品的性能和质量要求是不同的，不同的销售范围对企业产品的文化内涵和价格影响也是不同的，比如，面向国内销售的产品受到国际政治经济影响较小，面向国外销售的产品受到国际政治经济的影响较大。

### 3. 商品形态分析

商品形态分析主要分析公司产品是生产资料还是消费资料。一般而言，属于生产资料的产品受经济环境变动的影响较大；属于消费资料的产品，差别较大，比如，奢侈品类的消费产品和生活必需品类的消费产品所受的经济影响是完全不同的。

### 4. 产业链分析

产业链分析主要分析公司产品是处于产业链的上游、中游还是下游。上游产业往往是利润相对丰厚、竞争缓和的行业；中游产业指中间工业产品行业；下游产业指处于整个产业链的末端，加工原材料和零部件，制造成品和从事生产、服务的行业。

ST 股掘金者要尽量选择那些弹性较高的工业公司，特别是知识技术密集型、处于产业链上游的制造业公司。

### （二）行业周期

行业周期是指某个行业从产生到最后没落退出市场的发展过程。行业周期一般分为以下四个阶段。

### 1. 萌芽期

萌芽期是一个行业的萌芽和形成初期。在萌芽期的行业一般能够筹到的资金较少，行业公司处于创业阶段，研发费用较高，产品还有一个市场认识阶段，销售收入较低，盈利水平不高，甚至可能有较大亏损。随着行业生产技术的成熟、生产成本的降低和市场需求的扩大，新行业便逐步由高风险、低收益的萌芽期渐渐迈入高风险、高收益的成长期。

### 2. 成长期

成长期的行业是指扩大再生产时期的行业。成长能力主要体现在生产能力提高和规模的扩张、区域的横向渗透及自身组织结构的变革能力增强。在成长期，行业公司产品市场认可度得到提升，市场份额逐步扩大，营业收入和利润加速增长。

### 3.成熟期

在成熟期，行业公司的市场份额已经相对固定，企业之间的竞争手段逐渐从价格手段转向各种非价格手段，如提高质量、改善性能和加强售后服务等，行业的利润由于一定程度的垄断达到了较高水平，而风险却因市场结构比较稳定而减少。同时，行业增长速度降到了一个适度水平，由于技术创新、产业政策和经济全球化等原因，某些行业可能会在进入成熟期后又迎来新的增长。

### 4.衰退期

行业最终进入衰退期是客观存在的必然，其衰退形式有绝对衰退和相对衰退。在衰退期，行业技术的提升空间已经不大，市场上开始出现替代品，原行业的市场份额开始减少，企业的销量降低，盈利能力减弱，行业日渐萧条。

总之，每个行业在不同阶段的生命周期有不同的特点，ST股掘金者选股时要特别关注公司本身和并购重组、破产重整引入的战略投资者、股权转让等注入的新公司所处的行业生命周期阶段，跟踪考察该公司的发展趋势，分析行业的投资价值和投资风险，这样才能抢占先机，下好先手棋，选出发展前景良好的、有潜在丰厚回报的ST股。

## 三、公司面选股

公司基本面主要包括公司经营管理能力、"摘星"与"摘帽"模式和财务状况等方面，ST股掘金者对公司基本面进行分析是基本功课之一。

### （一）公司经营管理能力分析

#### 1.公司的老板和高管

我们和一个人打交道，通常要看这个人的道德、品质和素养，也就是我们经常说的人品。同理，选股首先要看上市公司的老板和高管。如果一个上市公司的老板进取心强，高管事业心强，经营管理能力强，这样的上市公司更值得投资。我们要重点分析董事长、总裁、总经理的资料，分析他们的年龄、学历、阅历、国籍、持股情况、薪酬等，还要多方查证其家人是否有违法违规行为，是否有高负债，是否有失信，是否有违反社会公德、道德的行为和事情等。对于上市公司老板和高管人品较差、有诉讼在身、负面消息较多的情况，投资者最好不要购买这些公司的股票，避免踩雷。

### 2. 公司的发展风格理念

公司的发展风格理念是指公司在管理过程中所坚持的原则和发展目标，以及围绕这些原则和目标提出的经营理念。比如，公司是坚持稳健型发展还是创新型发展，要确保在这些经营原则和目标下提出经营理念。一家公司的管理原则和经营理念决定公司未来的发展道路和发展趋势，这些都可以通过上市公司网站和相关资讯得以了解。

### 3. 公司的自我管控能力

公司的自我管控能力包括公司业务人员的素质、公司内部关系、对子公司的管控能力、内部控制机制等。对于经常性搞内耗的公司，不能对子公司进行有效管理的公司，内部控制机制不健全，大股东随意挤占挪用公司资金的公司，被会计师事务所出具内部审计否定意见的公司等，投资者都要保持高度警惕。

### （二）公司"摘星""摘帽"模式分析

上市公司股票被冠以 ST 后，为了维护广大股东的利益，争取消除风险警示情形，都会采取强有力的措施，尽力"摘星""摘帽"。由于上市公司股票被冠以 ST 的原因各不相同，采取的措施也不同，可以分为几种类型，比如改善经营型、并购重组型、司法重整型、归还违规占用资金型、解除违规担保型、完善内部控制型、配合审计型等。我们要认真分析这些措施的有效性和可行性，经常关注公司发布的进展公告，随时掌握情况，选择那些"摘星""摘帽"措施有力、可信、可落实的 ST 公司股票买入；规避那些"摘星""摘帽"措施可能无法落地，导致"摘星""摘帽"无望，甚至退市的 ST 公司股票。

### （三）公司财务状况分析

一般来说，ST 公司的财务状况无法与非 ST 公司相比，肯定或多或少存在问题，或者说有其自身的风险点。我们不能用正常的公司偿债能力、盈利能力、成长能力、经营能力等指标去衡量分析，而是围绕与"摘星""摘帽"有关的财务指标对ST公司的财务状况进行分析。

### 1. 营业收入（扣除）

通过以往的营业收入数据和公司季报数据以及预报分析该公司全年营业收入（扣除）是否可能不低于3亿元。选择那些营业收入（扣除）较多的公司，规避那些营业收入（扣除）低于3亿元的公司。

### 2. 利润总额、净利润、扣非净利润

通过以往的利润总额、净利润、扣非净利润数据和公司季报数据以及预报分析该公司全年利润总额、净利润、扣非净利润是否可能为负值。选择那些利润总额、净利润、扣非净利润预计为正值的公司，规避那些利润总额、净利润、扣非净利润预计为负值的公司。

### 3. 净资产

通过公司年报和公司季报数据以及预报分析该公司全年净资产是否可能为负值。选择那些净资产预计为正值的公司，规避那些净资产预计为负值的公司。

### 4. 会计师事务所出具的年审和内控意见

通过以往会计师事务所出具的年审和内控意见，分析次年出具非标意见的可能性。如果以往年度连续都是非标意见，就要小心。如果以往都是标准意见，只是由于当年出具非标被ST，而且发布公告续聘或者之后重新聘任另外一家会计师事务所，那么次年出具标准意见的可能性会增加。

### 5. 财务是否造假

查看中国证监会行政处罚决定书处罚事项，如果表明公司已披露的会计年度财务报告存在虚假记载、误导性陈述或者重大遗漏，这样的ST公司要回避。特别是连续三年及以上年限或者虽然只有一年或连续两年造假，但金额巨大、占净资产比例大的ST公司，存在强制退市的风险很大。我们必须在第一时间予以规避。

# 第二节 调查研究

毛主席曾经说过："没有调查，没有发言权"。ST 股掘金者必须深入调查研究，才能作出正确选择，切不可拍脑袋决策。

## 一、实地调查

"纸上得来终觉浅，绝知此事要躬行"。我们只有深入上市公司实地进行调查研究，才能获得第一手资料。

### （一）走访调查

我们对 ST 公司进行实地调查前，要做好准备工作，研读该公司近期的公开资料，对该公司要有一个初步的了解。公司的主要高管、公司的产品、在行业中的地位、被风险警示的原因、准备提出的问题等做到心中有数。到公司后，要遵守公司的规定，尊重公司领导和员工，虚心学习。全程要保持精神集中，做好笔记。必要时还可以现场参观，眼见为实，增强感性认识。要想办法找机会跟厂区一线的员工交流，了解他们的工资水平、五险一金缴纳情况，从他们口中了解公司经营现状，掌握第一手真实情况。还可以找当地政府主管部门沟通了解情况，从侧面验证公司股票被冠以 ST 的情况、采取撤销风险警示情形的措施。

### （二）参加股东大会

中小股民参加股东大会，是直接了解 ST 公司的最好机会，因为我们可以面对面地直接与上市公司的高管们进行沟通，这种机会是合规合法的，平时也不可能实现。公司召开股东大会之前，都要发布公告，列明会议召开的时间、地点、方式以及会议召集人和股权登记日等事项，并充分、完整地披露所有提案的具体内容。中小投资者往往担心路途遥远、费用还要自理以及登记流程比较麻烦等因素而鲜有参加。但是我还是强烈建议，ST股掘金者要尽可能克服困难去参加股东大会。通过参加股东大会，能更深入地了解公司，对于投资者来说有百利而无一弊。

### （三）主动与ST公司沟通

按照规定，上市公司应当配备信息披露所必要的通信设备，设立专门的咨询电话并对外公告，应当建立公司官方网站，加强与股民特别是社会股民的沟通和交流。公司应当保证咨询电话和信息渠道畅通，并保证在工作时间有专人负责值守。公司还应当在公司网站开设投资者关系专栏，定期举行股民见面会，及时答复股民关心的问题，使股民增进对公司的了解。

中小股民除了可以参加股东大会，还可以通过网络参加公司召开的分析师说明会、业绩说明会，或通过电话咨询公司专门的投资者关系管理负责人来了解相关情况。一些公司为了方便与股民沟通，设立了定期的投资者接待日，中小股民可以积极参加。

上市公司，特别是ST公司应当在年报披露十个交易日内举行年度报告说明会，公司董事长（或总经理）、财务负责人、独立董事（至少一名）、董事会秘书应当出席说明会。会议主要内容是：公司股票被冠以ST的原因，公司为消除风险警示拟采取的措施，公司财务状况和经营业绩变化趋势、公司发展前景、存在的风险、投资者关心的内容等。建议大家抽出时间积极参加，提出自己关心的问题。

总之，在通信和交通极其发达的今天，中小股民可以通过多种途径、采取多种方式积极与ST公司进行沟通交流，对公司了解得越多、越细，对我们的投资越有利。

## 二、读懂公司的公告

掘金ST股要从读懂公司的公告开始。上市公司的公告不仅含金量非常高，而且具有法律效力。公司发布的公告，前面都会有这样一段文字："本公司及其董事会全体成员保证信息披露内容的真实、准确、完整，没有虚假记载、误导性陈述或重大遗漏。"这表明该公告具有真实性、可信性和法律性，ST 股掘金者要读细、读懂、读深上市公司的公告，以从中发现有价值的信息。

对于上市公司发布公告，证监会有明确规定。上市公司发布的公告中，除了定期发布的公告，还有临时发布的公告。定期公告一般包括公司季报、中报、年报等，临时公告一般为事件型公告，如并购重组、重大订单、召开股东大会和管理层变更等。我们可以从证监会指定的渠道获悉上市公告，如《中国证券报》《上海证券报》、巨潮资讯网等。

鉴于 ST 公司的特殊性，其发布的公告有许多特别的规定，要求更严、更规范。一般来说，公司被实施风险警示、申请撤销风险警示、撤销风险警示、强制退市等，都要发布公告，具体梳理如下。

（1）上市公司股票交易被实施风险警示，应当及时发布公告。公告包括股票的种类、简称、证券代码以及实施风险警示的起始日、触及情形；实施风险警示的主要原因；董事会关于争取撤销风险警示的意见及具体措施；股票可能被终止上市的风险提示；实施风险警示期间公司接受投资者咨询的主要方式等。同时发布会计师事务所、独立董事、监事会等专项说明。

（2）上市公司认为其出现的风险警示情形已消除的，应当及时公告，并向交易所申请撤销相关风险警示情形。交易所决定撤销退市风险警示的，上市公司应当及时披露公司股票撤销退市风险警示公告。交易所决定不予撤销退市风险警示的，上市公司应当在收到交易所有关书面通知的次一交易日开市前披露公告。

（3）上市公司出现交易所规定的强制退市情形，交易所在规定期限内向公司发出拟终止其股票上市的事先告知书。公司应当在收到交易所终止上市事先告知书后及时披露。

（4）交易所在作出终止上市公司股票上市决定之日起两个交易日内，通知上市公司并以交易所公告形式发布相关决定，公司应当在收到交易所关于终止其股票上市的决定后，及时披露股票终止上市公告。股票终止上市公告应当包括终止上市股票的种类、简称、证券代码以及终止上市的日期；终止上市决定的主要内容；终止上市后其股票登记、转让、管理事宜；终止上市后公司的联系人、联系地址、电话和其他通信方式等。

（5）上市公司触及交易类强制退市情形中1元退市、市值退市、股东人数退市的，连续十个交易日之后，应当在次一交易日开市前披露公司股票可能被终止上市的风险提示公告，其后每个交易日披露一次，直至相应的情形消除或者交易所作出公司股票终止上市的决定之日止；触及其他交易类强制退市情形的，连续九十个交易日之后，应当在次一交易日开市前披露公司股票可能被终止上市的风险提示公告，其后每个交易日披露一次，直至相应的情形消除或者交易所作出公司股票终止上市的决定之日止；上市公司触及交易类强制退市情形之一的，应当在事实发生的次一交易日开市前披露，公司股票于公告后停牌。

（6）上市公司预计将触及财务类强制退市情形的，应当在相应的会计年度结束后一个月内，披露公司股票交易可能被实施退市风险警示的风险提示公告，并在披露年度报告前至少再披露两次风险提示公告。

（7）上市公司出现财务类强制退市情形的，应当在披露年度报告或者追溯重述财务数据的同时，披露公司股票交易被实施退市风险警示公告。

（8）上市公司因财务造假触及强制退市情形的，应当在收到行政处罚决定书后，立即披露相关情况及公司股票交易被实施退市风险警示公告。

（9）上市公司实际触及财务类强制退市情形，其股票交易被实施退市风险警示的，应当在其股票交易被实施退市风险警示当年会计年度结束后一个月内，披露股票可能被终止上市的风险提示公告，并在披露该年年度报告前至少再披露两次风险提示公告。

（10）上市公司触及规范类强制退市情形之一的，应当立即披露股票交易可能被实施退市风险警示的风险提示公告。公司在规定期间内整改到位后，也要及时公告。

（11）依据相关行政处罚事先告知书、人民法院裁判认定的事实，上市公司可能触及强制退市规定情形的，公司应当在知悉相关行政机关向其送达行政处罚事先告知书或者知悉人民法院作出有罪判决后立即披露相关情况及公司股票交易被实施退市风险警示公告。公司股票于公告后停牌一个交易日，自复牌之日起，交易所对公司股票交易实施退市风险警示。

（12）上市公司退市影响重大，会使投资者产生重大损失。为了提高ST股公司风险提示公告的披露频率，公告内容的针对性和时效性，督促"关键少数"和中介机构归位尽责，沪深交易所增加了财务类退市风险公司提示公告的披露次数，要求退市风险公司在首次风险提示公告披露后至年度报告披露前，应当每十个交易日披露一次风险提示公告，提醒投资者相关公司存在退市风险。

明确退市风险公司如果涉及7类较高终止上市风险情形的，应当予以重点揭示，主要包括业绩预告相关指标触及退市标准、尚未聘请会计师事务所、会计师事务所对公司是否触及退市情形的判断与公司存在重大分歧、影响公司是否触及退市情形的事项尚未核实并履行信息披露义务、公司预计退市风险与前期披露出现重大变化情形等。

还应当在年度报告预约披露日前二十个交易日和十个交易日披露年度报告编制及最新审计进展情况，说明重大会计处理、关键审计事项、审计意见类型、审计报告出具时间安排等事项是否与会计师事务所存在重大分歧。会计师事务所就前述事项与公司存在重大分歧的，可以直接向交易所报告并同步出具专项说明文件，说明具体分歧及最新审计进展情况。切实保障投资者的知情权，避免ST公司突然被强制退市给投资者带来巨大伤害。

ST公司发布公告，除了这些规定动作，还要及时发布风险警示期间相关事项进展的公告、回复证券交易所有关情况问询函的公告、股票异动风险提示公告等临时公告，以及就回答热点问题、公司重大利好或利空等发布自选的公告。

提高信息披露要求，保证信息披露的针对性、时效性，让市场交易更加透明，更有利于投资者，尤其是保护中小投资者，同时有利于规范退市风险公司的行为。ST股掘金者选股时，要密切关注上市公司发布的各类公告，认真阅读、仔细推敲，从中发现蛛丝马迹，以帮助我们选股或规避风险。

比如，按照规定，上市公司预计将触及财务类强制退市情形的，应当在相应的会计年度结束后一个月内，披露公司股票交易可能被实施退市风险警示的风险提示公告，并在披露年度报告前至少再披露两次风险提示公告。亦即，如果上市公司股票预计被ST，那么在1月31日之前要发布风险提示公告。我们要认真分析公司被实施风险警示的可能性有多大。

比如，按照规定，上市公司股票被ST时要发布公告，并停牌一天。公告不仅包括股票的种类、简称、证券代码以及实施风险警示的起始日、触及情形，而且包括实施风险警示的主要原因，董事会关于争取撤销风险警示的意见及具体措施，股票可能被终止上市的风险提示（如适用），实施风险警示期间公司接受投资者咨询的主要方式等。这些都是十分重要和实用的信息。我们要仔细阅读，字斟句酌，深刻领会。上市公司为什么被实施风险警示？触及的是哪一类？严重到什么程度？董事会关于争取撤销风险警示的意见及具体措施有哪些？这些措施的针对性强不强、可行性到底有多大？有没有并购重组概念、司法重整措施、股权转让计划、借壳概念……必要时，还要按照公告公布的咨询方式进行咨询、求证。只有吃透公告的内容，我们选出的股票才更有可能带来丰厚回报。

比如，按照规定，上市公司要及时发布风险警示期间相关事项进展情况。我们要通过阅读公告，了解上市公司为消除风险警示的措施进度，分析其可行性、时间性，据此作出我们是否买入的决策。

比如，上市公司出于某种目的，会发布一些临时性公告。我们要密切关注，认真分析，上市公司这个时候发布这样的临时公告的目的是什么？是重大利好还是利空？对今后撤销风险警示是有利还是有弊？对今后公司股价会产生何种影响？等等。

总之，读懂ST公司的公告要下足功夫。天道酬勤，功夫不负有心人。

### 三、分析公司披露的信息

公司披露的信息除了公告，还有很多（ST公司发布的公告太重要且具有法律效力，单独作为一部分内容进行阐述）。我们可以通过沪深证券交易所网站和证券公司交易软件上查询。

## （一）查看互动

股民可以登录证券交易所的网址，输入上市公司的代码，查询上市公司的提问及回复，还可以通过证券公司的软件查看董秘互动。股民自己也可以向上市公司提问，与上市公司互动。

## （二）浏览大事提醒

证券公司的软件一般都收集了上市公司的大事提醒、重大事项，主要标明公司的一些重大事项，如股权质押、机构调研、股东增减持股、龙虎榜、增发、股东大会、诉讼事项、关联交易、大宗交易等，这些都可以作为选股的参考。

## （三）查阅资料

不同证券公司的软件，查阅资料的方法和资料归类都不同。比如，东方财富软件直接点击"资料"进入，其资料主要有操盘必读、公司概况、财务分析、股本股东、核心题材、分红融资、交易数据、大事提醒等内容。有的证券公司软件可以通过点击"F10"查阅，资料主要有最新提示、公司概况、财务分析、股本机构、股东研究、机构持股、分红融资、高管治理、交易大事、重大事项、热点题材、公司公告、公司报道、经营分析、行业分析、价值分析等。我们要经常查阅，至少要看两家证券公司软件收集的资料，才能比较鉴别，发现端倪。

## （四）分析公司的股东及股东人数

公司的股东特别是大股东、控股股东代表着公司背后老板的实力。大股东的实力强、掌握的资源多，ST 公司消除风险警示的办法就多、可行性就强，"摘星""摘帽"的希望就大。特别是那些国资委控股的央企、国企以及地方国资委控股的 ST 公司，一般来说退市的风险很小。我们还要关注有机构投资者作为股东的 ST 公司，如证券公司、投资公司、保险公司、公募私募基金、各种福利基金、养老基金和金融财团等参股的 ST 公司，如果其持股数保持不变，那么这样的 ST 公司退市风险也比较小。我们还要关注股东中是否有股市"大 V"持股或增持，分析 ST 公司是否有股东增持、举牌，如果有，也是可以优先考虑跟进的。反之，对于股东实力不强、没有机构投资者参股或者参股以后退出、股东减持的 ST 股，我们都要谨慎选择。

股东人数的变化是衡量筹码集中度情况，跟踪主力机构动向的重要风向标之一，通常在公司年报和季报中可以看到上市公司的股东人数变化和人均持股等信息。一般来说，股东人数增加，说明股票的筹码开始分散，主力资金开始抛售手中的筹码，往往股价下挫概率大，不利于股价拉升；反之，股东人数减少，人均持股数量越多，表明主力开始收集筹码，越有可能是主力控盘，后市出现拉升行情概率大，如果该股股价涨幅不大，我们就要考虑提前埋伏。

当然，任何事物都不是绝对的，对于股东人数变化、筹码集中程度的分析要灵活掌握，特别是股东人数变化的披露有一定的局限性和滞后性，在考虑筹码集中度的同时，还要分析其他因素的影响，如股价活跃度、总市值和流通市值等。

# 第三节　选股的方法

选股的方法有许多，因人而异。除了基本面分析，还有技术分析，既有手动选股，还有借助软件选股。哪种选股方法更好，没有定论，适合自己的方法就是好方法。根据我的经验，建议 ST 股掘金者还是自己选股，不要盲目相信软件选股。因为我们在手动选股的过程中，能对 ST 公司有更深刻的了解。下面主要介绍三种实用的选股方法，供学习交流。

## 一、排除法

排除法又叫淘汰法，是指依据类比、对比和可行性进行判断，对事物存在的假命题予以排除的方法。具体到掘金 ST 股，就是依据强制退市情形规则，进行比照类比，对 ST 公司拟采取的撤销风险警示措施的真实性、可行性进行分析判断，对可能存在退市的股票进行排除，避免踩雷；对可能"摘星""摘帽"的股票予以关注，以便选股备用。

在我国资本市场中，被风险警示的股票毕竟是少数，我们对 ST 股逐一进行筛选，其工作量不算大（实现注册制以后，上市公司股票有几千家，从中选出我们中意的股票，那才犹如大海捞针）。

第一个予以排除的是带有"退"字的股票。"退"字股票虽然也有投机机会，但我们作为中小投资者真的不适合参与，因为面临的风险太大，原因有三。其一，时间有限。交易时间为 15 天，在这么短的时间内，稍有闪失，就会成为"真正的股东"，被动长期持股。其二，流动性不足。买卖"退"字股票有许多投资限制，导致流动性不足，买进容易，卖出困难，有行无市，没有人接盘。其三，恢复上市的希望非常渺茫。由于信息不对等，中小投资者很难掌握"退"字股票的内幕和大股东的真实意图，加上按照上市交易新规，"退"字股票几乎不可能重新上市，希望太渺茫。

第二个予以排除的是那些触及重大违法类强制退市的 ST 股。触及重大类强制退市的情形主要是两条：其一，上市公司存在欺诈发行、重大信息披露违法或者其他严重损害证券市场秩序的重大违法行为，其股票应当被终止上市的情形；其二，公司存在涉及国家安全、公共安全、生态安全、生产安全和公众健康安全等领域的违法行为，情节恶劣，严重损害国家利益、社会公共利益，或者严重影响上市地位，其股票应当被终止上市的情形。随着我国法制制度的逐步完善，依法治国理念深入人心，我国执法水平得到大幅提升，执法人员在办案过程中都是依法依规严格执法，一旦公司触及重大违法，比如欺诈发行，购买资产并构成重组上市的申请或者披露文件存在虚假记载、误导性陈述或者重大遗漏，财务严重造假，触及五大安全领域等，这些触及情形一般都被证监会立案调查终结并下发处罚事先告知书、被人民法院判决有罪、被有权部门作出认定和处罚，基本都是事实清楚、证据确凿、板上钉钉，已经形成既定事实，很难改变。退市是迟早的事，只是时间问题，这些

ST公司最终难逃退市的厄运。因此，对于触及重大违法类强制退市的ST股，我们要及时排除、远离，切不可心存侥幸，盲目参与。当断不断反受其乱，否则，可能会遭受巨大损失。

第三个予以排除的是那些财务造假严重的公司。重拳出手打击财务造假是这次新规的重点之一。对于行政处罚决定书已经载明，上市公司连续三年及以上年度财务造假，或者虽然财务造假是一年或连续二年，但金额巨大、占净资产比例高的上市公司，我们要在第一时间予以排除，因为这类ST公司被强制退市的风险很大。

第四个予以排除的是那些营业收入低于3亿元且扣非净利润为负值的上市公司，原因有三。其一，公司营业收入低于3亿元且净利润为负值，表明其可持续经营能力严重不足。并非一朝一夕造成这种局面，"冰冻三尺非一日之寒"，要想单纯依靠自身努力很难一下子有所改变。其二，新规出台以后，对营业收入扣除和净利润扣非要求非常严格，特别是营业收入扣除，除了会计师事务所要进行专项说明，证券交易所也会认真核查，公司要想虚增营业收入几乎不可能。其三，公司营业收入低于3亿元且扣非净利润为负值，公司经营肯定遇到前所未有的困难和压力，人心涣散，加上在地方众多的企业中地位下降，对地方政府（如就业、税收等）的贡献度下降，可能拖累地方经济的发展，各方救市的积极性不高，容易任由其自生自灭，陷入退市的窘地。相反，我们要选择那些营业收入高于3亿元（越高越好）和利润总额、净利润和扣非净利润为正值的ST公司，加入自选股予以密切关注。特别是那些营业收入大于其现有市值且预报扭亏为盈、利润总额、净利润和扣非净利润大幅增长的ST公司，退市的可能性很小。

第五个予以排除的是营业收入近3亿元但扣非净利润为负值的上市公司。我们把重点放在营业收入上，只要营业收入大于3亿元，扣非净利润为负值仍然是可以"摘帽"的。因此，营业收入大于3亿元（越大越好），虽然净利润为负值，但没有进一步扩大，而是大幅减亏减负，这样的ST公司，我们不能一棒子"打死"。

第六个予以排除的是营业收入低于3亿元且扣非净利润为负值，同时没有资产重组、司法重整、股权转让、购买资产借壳等预期的上市公司。如果有资产重组、司法重整、股权转让、购买资产借壳等能够快速扭转公司持续经营能力的举措的预期（股民可以通过读懂公司的公告和分析披露的信息以及其他方式方法了解并作出判断），这样的 ST 公司我们不仅不能排除，还要特别关注，说不定 ST 股中的大牛股就潜藏其中。哪一天，公司资产重组、司法重整、股权转让、购买资产借壳等措施落地，公司经营能力得到彻底扭转，营业收入和净利润大幅提升，公司的基本面就会得到彻底改观，公司经过凤凰涅槃，乌鸦变凤凰，股价也会一改昔日的颓废状态，由跌转涨，连续拉升，不断创出你无法想象的新高，说不定一鸣惊人，一飞冲天，一匹大黑马就此诞生。

第七个予以排除的是净资产为负值，又没有扭亏为盈、资产注入、并购重组、司法重整等情形的 ST 公司，对于此类公司要格外小心。按照规定：公司最近一个会计年度经审计的期末净资产为负值，或者追溯重述后最近一个会计年度期末净资产为负值的要被实施退市风险警示。如果第二年年报净资产仍然为负值，就要强制退市。在这一年内，公司如果不能大幅扭亏为盈，又没有资产注入、并购重组、司法重整，次年净资产很有可能继续为负值，就会被强制退市。反之，虽然其净资产为负值，通过加强经营管理、成本管理，实现大幅扭亏为盈，或者采取资产注入、并购重组、司法重整等强有力的措施，使公司资产结构发生根本性改变，净资产由负值转正值，那么就不可能退市。由此可见，企业生死在一负一正之间。我们选择股票，就要排除那些净资产为负值（净资产越少越要排除），又没有大幅扭亏为盈、资产注入、并购重组、司法重整等情形的 ST 公司，而要保留那些净资产为正值（净资产越多越好），甚至破净的 ST 公司，或者净资产虽然为负值（负数较小），但有大幅扭亏为盈、资产注入、并购重组、司法重整等情形的 ST 公司。

第八个予以排除的是被会计师事务所连续出具非标意见的公司，对于此类公司要引起注意。一家会计师事务所对一家上市公司连续出具非标意见，表明这家公司的财务数据和内部控制存在诸多问题，财务数据的真实性值得怀疑。我们可以查看公司年报得知审计意见是标准还是非标。如果该公司连续两年（含）以上都是非标，我们对这样的 ST 公司要引起注意。如果不是连续的非标审计意见，上市公司是很容易改正的，比如，续聘该会计师事务所，与之密切合作，续聘的会计师事务所以前年份都是出具的标准审计意见，对公司的财务有所了解，非标因素消除后，就可以获得标准审计年报。或者，合同到期，该公司重新聘用新的会计师事务所，由于不是连续的非标意见，该公司会与新聘的会计师事务所通力合作，也很容易获得标准审计意见。这样就消除了退市风险警示情形，容易"摘星""摘帽"。反之，如果是连续的非标意见，该公司问题不少，整改的难度较大，无论是续聘的会计师事务所还是重新聘任新的会计师事务所，要出具标准审计意见，他们会特别谨慎小心，所以这样的公司"摘星""摘帽"的难度较大。

第九个予以排除的是股票面值连续低于1元、市值连续低于5亿元的ST公司。比如，一家ST公司的股票面值连续10天都低于1元，且第10天股价只有0.5元/股时，即使后期连续涨停，每天也只能涨5%，连续10天涨停也不可能达到1元的股价，这样的ST公司我们就要及时排除。

总之，我们要运用排除法，排除可能退市的股票，保留不太可能退市的股票，缩小选股范围，集中精力，挖掘值得投资的股票。

## 二、列表法

列表法是指列出表格来分析思考、寻找思路、求解问题的方法。列表法可以使要分析的对象直观清晰明了，便于我们分析比较，揭示规律，也有利于记忆犹新。具体到ST股掘金，就是把通过排除法保留下来的股票分门别类，用列表的方式进行直观分析，找出它们的共同点和差异点，选出我们中意的股票进行投资。

每个人关注的重点不同，列出的表格的样式和内容不尽相同。我们在用列表法分析ST股时，有些是必须列明的，有些是我们可以参考列入的。比如，ST公司的简称和全称，股票代码，"戴星""戴帽"原因、日期，主营业务，控股股东、实际控制人，拟采取"摘星""摘帽"的措施，预期概念，主要基本面等必须纳入列表内容。我们进行列表分析要亲自动手，尽量不要借鉴别人的表格，便于做出自己独立的有见地的判断。

### 三、比较法

随着运算能力的提升和普及，智能选股、机器人选股层出不穷，遍地开花。证券公司的操作系统一般都有选股的功能，股民可以自行设置选股条件，借助高科技选股。但我们在借助人工智能选股的同时，也要充分发挥自己的主观能动性，根据上市公司的基本面、技术面、财务状况、股东分布等多因素来考虑，作出自己独立的判断，不能完全依赖人工智能选股。

有比较才有鉴别。比较法是一种很常见的选股方法。在 ST 股掘金时，我们往往面临着不知道选哪只 ST 股投资的问题。选对了，将获得丰厚收益；选错了，将满盘皆输。因此，ST 股掘金者必须潜心研究，认真对比，根据自己的判断能力、风险承受能力以及投资风格，选取能够为自己带来最大收益的 ST 股。在众多的 ST 股中，我们可以选择两只相似的股票进行比较，然后决定自己值得重点投资的那一只股票。

有人可能会说，在不好决策时，把两只 ST 股都买入，分散风险，不把鸡蛋放在一个篮子里。ST 股是风险警示类股票，如果两只都买入，反而增加了风险而不是减少风险。

比较两只相似的 ST 股时，要把是否存在退市的可能放在第一位。如果 A 股票退市的可能大于 B 股票，无论 A 股票的基本面、技术面还是财务状况等都比 B 股票要好，我们也要坚持选择 B 股票。投资 ST 股，要把防止退市、防控风险放在第一位。投资 ST 股，不像投资一般的上市公司股票，股价跌了，只要我们不卖出，股价仍然有回升的可能。世上没有只涨不跌的股票，也没有只跌不涨的股票，三十年河东，三十年河西，股价总有上涨的时候。如果 ST 股退市，我们将遭受巨大的资金损失，陷入万劫不复的绝境。虽然国家采取多种方式保护投资者利益，退市的股票还可以在三板和其他交易网上交易，但退市股票要想再上市或者回本，这种概率太小，我们只能仰天长啸，愿赌服输。

我们要全面比较两只 ST 股。一要比较看被退市风险警示的原因和董事会为消除退市风险警示拟采取的措施，哪家公司更容易消除风险警示。二要比较基本面，看公司简介、公司主营业务等，明确哪家公司实力更强，更有发展前景。三要比较技术面，看股价走势是否触底、股性是否活跃等。四要比较公司财务状况，重点关注营业收入是否超过3亿元，净资产是否为正值，扣非净利润是否为正值，财务年度审计报告会计师事务所的审计意见是不是标准类型等。五要比较股东分布，看股权分布状况、大股东控股程度，是否有国资背景，是否有私募大咖新进等。

我们在对两只ST股进行比较时，要追溯比较。不仅要看公司最近的年报和季报，还要看公司近几年的年报，勾画出公司被退市风险警示的路线图。不仅要看公司最近年报的审计意见类型，还有追溯以往年报的审计意见类型，从而判断公司财务报表的真实程度和消除风险警示的可能性有多大。不仅要看公司最近的股权分布，还要看公司以前的股权分布，通过股权分布的变化，了解公司大股东的实力强弱，一般来说，公司大股东实力强，消除退市风险警示的能力就强，退市的可能性就小。不仅要看公司股票现在的简称，还要看公司以前的股票简称，了解公司被风险警示的过程，以前是否存在借壳、被风险警示的情况等。

我们以ST大有（600403，已更名为大有能源）和ST维维（600300，已更名为维维股份）为例。通过比较，两只股票的相同点主要包括以下内容。

① 两只股票都是由于2020年大股东占用资金被冠以ST。大有能源2021年4月28日公告，希格玛会计师事务所为公司2020年度内部控制出具了否定意见审计报告，认为公司违反中国证监会《关于规范上市公司与关联方资金往来及上市公司对外担保若干问题的通知》（证监会公告〔2017〕16号，以下简称《16号文》）有关规定，与关联方交易的财务报告内部控制存在重大缺陷，根据《上海证券交易所股票上市规则（2020年修订）》第13.9.1条的规定，公司被实施其他风险警示。维维股份2021年4月27日公告，立信会计师事务所出具了否定意见的内部控制审计报告，认为公司违反了《16号文》有关规定，大股东维维集团占用上市公司资金，未按要求对关联资金拆借事项及时进行信息披露，与关联方交易的财务报告内部控制存在重大缺陷，根据《上海证券交易所股票上市规则（2020年修订）》第13.9.1条的规定，公司被

实施其他风险警示。

② 两只股票风险警示情形已经消除，没有退市风险，都有"摘帽"预期。2021年4月27日，ST大有在《关于股票交易实施其他风险警示暨公司股票停牌的提示性公告》中明确表示，公司董事会已于2021年4月20日前全部解决了资金占用问题，收回了占用资金本息，公司董事会将全面加强内部控制管理，规范公司与控股股东及其他关联方的资金往来，确保不再发生类似情况。2021年4月26日，ST维维在《关于股票交易实施其他风险警示暨公司股票停牌的提示性公告》中明确说明，公司新一届董事会已于2021年4月21日前全部解决了资金占用、违规担保问题，收回了占用资金本息。公司新一届董事会已全面加强内部控制管理，杜绝类似问题发生。

③ 两只股票都有国资背景。ST大有控股股东是义马煤业集团，实际控制人是河南省国资委。ST维维的控股股东是徐州市新盛投资控股集团，实际控制人是徐州市国资委。

④ 两只股票基本面、财务状况良好。ST大有属于煤炭行业，有预增预盈、资产重组概念。主要从事原煤开采、煤炭批发经营、煤炭洗选加工。煤炭资源是不可再生资源，也是重要的煤化工材料。2020年年报显示，该公司年营业收入68.26亿元，扣非亏损2.51亿元，每股净资产2.84元，每股经营现金流0.12元，资产负债率69.99%。2021年第一季度，该公司营业收入17.06亿元，扣非净利润1.3亿元，每股净资产2.69元，公司业务经营得到了提升，扣非净利润实现了反转。ST维维属于食品饮料行业，有创投、参股银行、电商、生态农业、粮食等概念，主要从事豆奶粉、植物蛋白饮料、乳业、茶叶等系列产品的研发、生产、销售，以及粮食收购、仓储、贸易、加工业务。"维维豆奶，欢乐开怀"的广告语深入人心，维维商标具有很大价值。2020年年报显示，该公司年营业收入达到47.99亿元，扣非净利润6112万元，每股净资产1.77元，每股经营现金流0.54元，资产负债率55.09%。2021年第一季度，该公司营业收入10.47亿元，扣非净利润6096万元，净资产1.81元，公司经营一切正常。

⑤ 两只股票都续聘了会计师事务所。这说明两家公司对2020年年报审计意

见是认可的，与会计师事务所的关系是融洽的，2021年年报基本上是标准的。

两只股票的不同点主要包括以下内容。

① 股东背景有强弱。ST大有的大股东是河南能源集团，实际控制人是河南省国资委，资金和实力雄厚。ST维维的大股东是徐州市政府下属的一家投资公司，实际控制人是徐州市国资委，相比较而言，资金和实力要弱于ST大有。

② 公司的属性有差别。ST大有主要从事煤炭行业，随着用电量逐年增加，煤炭价格水涨船高，煤炭企业利润有较大提升空间。ST维维主要从事豆奶、粮食加工销售，属于大农业板块，农业属于弱质产业，利润空间有限。

③ 股权分布有区别。ST大有股权分布集中，大股东占比高达62.48%，处于绝对控股地位，这对于提升股价有非常明显的优势。ST维维股权分布非常分散，大股东控股占比仅29.9%。

④ 股价拉升的原动力不一样。ST大有2011年增发7.06亿股，每股增发价11.6元。2012年增发3.62亿股，增发价20.84元，其间没有一次转增股本。而ST大有"戴帽"后的股价断崖式下跌，一度创下3.17元/股新低，大股东的持仓价高出几倍，大股东亏损惨重，拉升股价的原动力非常强烈。ST维维"戴帽"后，股价也是断崖式下跌，一度触及3.22元/股的低价，之后开始横盘震荡抬升。二股东徐州市新盛投资控股集团持仓价格比较低，又以高出当时市场价的20%，以每股4.26元的价格收购大股东维维集团的股份，取得控股权。总体来说，控股股东徐州市新盛投资控股集团的持仓价格比较低，有亏损但亏损不大，拉升股价的原动力相对来说较弱。

⑤ 经营业绩反转程度不一样。ST大有2020年扣非亏损2.51亿元，2021年第一季度扣非净利润1.3亿元，预计2021年全年营业收入和净利润比2020年有大幅提升，净利润超10亿元，经营业绩出现明显反转。ST维维2020年扣非净利润6112万元，2021年第一季度扣非净利润6096万元，预计2021年全年营业收入比2020年略有减少，净利润与2020年相比有所增加，经营业绩非常平稳。

⑥ 股性活跃度不同。通过分析，ST大有的股性活跃，而ST维维的股性相

对钝化，不够活跃。

通过对两只股票的对比分析，我们可以得出结论，选择 ST 大有作为掘金股票，买入持有，放弃 ST 维维。

后来的实践也充分说明，选择 ST 大有比选择 ST 维维收益更大。ST 大有"戴帽"后，股价经过断崖式下跌到 3.17 元 / 股后企稳回升，到 2021 年 10 月 12 日达到一个阶段性高点 4.64 元 / 股，经过一段时间的调整，股价又开始拉升，直到"摘帽"前，2022 年 4 月 14 日又达到一个阶段性高点 6.89 元 / 股。经过短暂的调整，"摘帽"后，股价上冲至 2022 年 5 月 30 日的高点 7 元 / 股。从"戴帽"到"摘帽"，股价上涨幅度达到 221%。ST 维维"戴帽"后，股价也经过断崖式下跌到 3.22 元 / 股后企稳震荡回升，到 2021 年 7 月 19 日达到一个阶段性高点 4.26 元 / 股。然后又开展回调，到"摘帽"前，2022 年 3 月 4 日又达到一个阶段性高点 4.76 元 / 股。"摘帽"后，股价不升反降，一路下跌，2022 年 4 月 27 日触及新的低点 3.15 元 / 股，再没有高过前期高点。从"戴帽"到"摘帽"，股价上涨幅度仅为 148%。如果"摘帽"前不卖出，操作不当，还有亏损的可能。

通过对这两个案例的分析，我们在选股时要全面比较，选出有潜力的 ST 股买入，这样才能使我们更可能获得最大收益。

# 5

第五章
CHAPTER 5

## 掘金 ST 股：操盘

别希望自己每次都正确，如果犯了错，越快止损越好。

——伯纳德·巴鲁克

股神巴菲特第一投资原则：独立思考和内心平静。这是 ST 股掘金者必须具备的心理素养。ST 股掘金者，不能做随风飘曳的野草，人云亦云，听信谣传，见风转舵，要保持良好的平静心态。当 ST 股的股价有一个大的波动时，我们要守住丹田，要相信自己独立思考作出的判断，不要浮躁盲动；当 ST 股的股价横盘，一直趴在一个很小的区间波动时，我们要耐得住寂寞，保持内心的平静，因为掘金 ST 股本身就是一段孤独寂寞、波涛汹涌的非凡旅途。

# 第一节　建仓

建仓又叫开仓，就是对自己选中的 ST 股买入、持有。对于我们中小投资者来说，建仓时机的把握非常重要，它是今后交易能否盈利的关键。不管你炒股多么优秀，如果没有控制好建仓成本，也很难赚钱。每一个股民都希望自己的建仓成本最低，为今后盈利打下基础，抢占先机，但市场是无情的，做到这一点几乎不可能。因此，对于 ST 股掘金者来说，要掌握好的建仓技巧和方法，尽量降低建仓成本，夯实盈利基础。

每个股民资金量不同，风险偏好、风险承受能力、心理状态不一样，炒股习惯、方式方法各有差异，决定了每个人有每个人的建仓方法。我们介绍几种建仓方法，为 ST 股掘金者提供一个参考。

## 一、常规建仓方法

### 1.金字塔形建仓法

一般来说，对金字塔形建仓的理解就是股民分批建仓，先投入一部分资金买入股票，如果股价下跌，再投入资金买入。最先时候用较大资金量买进，后面买进的资金逐渐减少，形状如正金字塔，称为正金字塔形建仓法；反之，投资者最先用较少资金买进股票，在之后买进的资金逐渐增加，形状如倒金字塔，称为倒金字塔形建仓法。无论是正金字塔建仓还是倒金字塔建仓，目的都是提高容错率，摊薄建仓成本，降低投资风险。

金字塔形建仓，我们要注意以下两点：一是必须是一只股价已经跌至前期底部的ST股，这时我们才能建仓，主要是因为这个阶段前期底部可以起到支撑作用，大多数的ST股在前期底部都有一波反弹。二是选择股价相对较低的ST股，一般来说，这种股票只要我们耐心持有，后期涨幅力度不会太小。正金字塔形建仓法如图5-1所示。

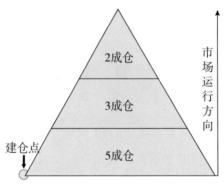

图5-1　正金字塔形建仓法

### 2.柱形建仓法

柱形建仓法是指在建仓的过程当中平均买入股票的方法，买进个股之后若是个股继续下跌，那么则继续投入相等金额的资金继续购买。类似于基金定投，目的还是摊薄建仓成本，降低投资风险。

### 3. 菱形建仓法

菱形建仓法指开始先买入一部分筹码，当确定的消息或者机会出现的时候再加大买入力度，当再次上涨或者下跌的时候再少量补仓。这适合稳健投资者，目的仍是摊薄建仓成本，降低投资风险。

总之，以上三种常规建仓方法不仅适合非ST股，同样适合ST股，其核心原理是基于股民不可能总在最低价建仓，避免错误买入，只好分批分次建仓，摊薄建仓成本，最大限度地规避判断失误带来的风险和损失，降低投资风险。按照规定，购买 ST 股有数量限制，投资者每日通过竞价交易、大宗交易和盘后定价交易累计买入的单只风险警示股票，不得超过 50 万股（上市公司回购、5% 以上股东根据已披露的增持计划增持股份等情形除外），因此，对于资金量比较大的 ST 股掘金者，分批分次建仓更适合、更有利。

## 二、跟着主力建仓

### 1. 主力建仓方法揭秘

（1）主力建仓的第一阶段：收集筹码。当 ST 股的股价经过一段时期的下跌并进入一个相对低价区域的底部阶段时，主力资金开始对他们选中的目标股建仓。相对大部分 ST 股而言，由于受到退市风险警示的影响，股价会有一个加速下跌的过程。鉴于 ST 股交易数量的限制，高明的中长线主力在其股价即将进入底部时就会介入建仓。不过，往往这一阶段建仓所获得的筹码不是锁定不动的，而是用来砸盘的。它是制造空头陷阱的武器。主力利用较低成本的砸盘动作，制造股价加速下跌的恐慌气氛，使股民在盘中斩仓，筹码蜂拥而出，主力则在低位照单全收，此时的建仓成本极低。

（2）主力扩大仓位的操盘思路。ST 股经过一段时间下跌见底后，逐渐进入缩量整理阶段，盘面气氛死寂，交易冷淡。场内中小机构和散户对该股逐渐失去兴趣，折磨的时间越长，低价"割肉"的中小机构和散户们就越多，持仓成本就越高，失望情绪就越大。当成交量萎缩到极致时，股价即将面临异动。在这种情况下，主力机构盘中建仓的时间被拉长，虽然成本降低，但继续吸纳更多低价筹码的可能性同时也在降低，这时候建仓变得很艰难，需要改变策略。因此，主力机构决定采用试盘的操盘手法来测试盘中筹码的稳定性，并进一步加大建仓力度。

（3）主力扩大仓位的操盘手法。通常情况下，主力采取试盘的手法无外乎两种，其一是向上试盘，做出放量上攻的架势，让场内筹码明显感觉到主力进场操作，此时，股价快速上升后在重要阻力位遇阻回落。场内筹码不愿错过股价反弹上涨斩仓的机会，因此大部分筹码会获利了结，出现松动，主力则趁机收集筹码，扩大仓位。其二是向下试盘，主力故意作出横盘的姿态，高低点之间振幅越来越窄，最后，股价于某日突然破位下跌，下跌时成交量放大，场内散户以为股价要再次大跌，于是纷纷恐慌卖出，主力趁机在低位再次扩大仓位，并于当天收盘时将股价拉回至开盘附近，在K线图上留下一根带较长下影线的阴（或阳）线。通过这两种方法折腾之后，主力的仓位得到了进一步扩大。

**2. 如何跟着主力建仓**

（1）主力砸盘时与狼共舞。主力在建仓的第一阶段，往往分两步操盘。第一步，在选定的ST股股价第一波下跌的过程中，开始收集用于砸盘的筹码。第二步，砸盘，加速ST股股价进一步下跌，人为制造恐慌盘面，股民出于退市风险恐慌情绪，纷纷恐慌性抛盘，主力借机低价建仓，获得成本更低的筹码。聪明的ST股掘金者如果想跟着主力建仓，就要学会与狼共舞，在ST股股价第一波下跌时，不要轻举妄动，密切关注，待主力在第二步砸盘股民出现恐慌情绪时，保持清醒，悄悄跟着主力建仓。这正是股神巴菲特所说的"别人贪婪时我恐惧，别人恐惧时我贪婪"的建仓妙图。这个时候，我们的建仓成本与主力相比更低、更有优势。

（2）主力试盘时拓展仓位。主力为了进一步建仓和以后拉升股价打基础，肯定会有一个试盘动作。试盘动作一是为了创造进一步收集筹码的条件。二是为了测试筹码的稳定性。主力试盘向上拉升股价，让获利者、不坚定者、小富即安的一部分散户离场，剩下的就是持仓成本较高、看好公司、与主力同心的投资者。主力试盘向下打压股价，再次制造恐慌盘面，让散户交出"带血"的筹码，目的是获得更低价格的筹码。但这是一着险棋，"杀敌一千、自损八百"，一是股价进一步下跌，对主力不利，今后拉升很费周折。二是若被人识破，反而容易丢失低价筹码。因此，主力向下试盘一般不会将股价打压太低、时间不能太长，很快就要拉回原来的水平。对此，ST股掘金者，在主力试盘时要择机增加自己的仓位：在主力向上试盘时，适量参与；主力向下试盘是进一步增加仓位的好机会，要大胆参与。

### 三、特殊建仓方法

#### 1.一次性建仓

一般来说，ST公司发布公告，被"披星""戴帽"，受到退市风险警示这一重大利空信息影响，股民才知道原来自己买入的股票存在这么大、这么多问题，害怕投资的股票退市，纷纷斩仓出局，股价自然会有一个连续下跌的动作，有的甚至连续多个跌停（主力也借机打压）。当公司股价跌到地板价，出现止跌回升信号时，资金量较少的投资者可以一次性建仓。因为：一是利空出尽就是利好。公司股价受到风险警示利空影响，连续杀跌，风险得到了充分释放，在这个时候建仓，利好已经在路上，风险不是很大。二是建仓成本相对较低。公司股价已经跌到地板价，这时不出手更待何时。三是一次性建仓，省去了许多费用如交易费、佣金等，也省心省力。既然我们通过认真分析，认为ST股没有退市风险，具有投资价值，我们就要相信自己，坚定信心，大胆建仓，在其股价跌成地板价时一次性建仓、持有，坐等抬轿。

#### 2.做T建仓

我国资本市场股票交易采取的是"T+1"模式，即当天买入的股票必须要等到次一个交易日才可以卖出。做T就是当天买卖，即"T+0"模式。做T建仓，就是投资者当天买入的股票数量多于当天卖出的股票数量，结余部分作为仓位在下次做T时滚动使用，但总体仓位是增加的。例如，某ST股掘金者手中已经持有A股票10000股，成本价2.3元/股，因为当天价格振幅较大，在股价为2.19元/股附近时投资者又买入10000股。之后，股价大幅上涨，在2.4元/股附近时（涨跌幅±5%），投资者卖出8000股，总持仓变为12000股。要注意，投资者此时卖出的8000股是之前持有的10000股，而不是当天买入的10000股。如果投资者卖出10000股，那么总仓位没有变化，总持仓还是10000股，这就变成了一个标准的"做T"操作。投资者只卖出8000股，总仓位变为12000股，增加了2000股，这样既有一个"做T"的动作，也有一个建仓的行为，其目的是既摊薄持仓成本，又增加仓位，看好后期涨势。

根据做T建仓的操作方向，我们可以分为顺向操作和逆向操作。

（1）顺向操作。顺向操作是指先买后卖，买入数量多于卖出数量。ST股掘金者持有某只股票，当某个交易日该股严重超跌或低开，投资者乘机买入一定数量的同一只股票，待其上涨到一定程度之后卖出一定数量，使买入数量多于卖出数量，从而在一个交易日之内低吸高抛、低买高卖，摊薄持仓成本、增加持仓数量。

（2）逆向操作。逆向操作是指先卖后买，卖出数量少于买入数量。ST股掘金者持有某只股票，当某个交易日该股大幅高开或急速上升，投资者乘机卖出一定数量的同一只股票，待其下跌到一定程度之后再买入一定数量，使卖出数量少于买入数量，从而在一个交易日之内高抛低吸、高卖低买，摊薄持仓成本、增加持仓数量。

做T建仓可以加速投资者的资金流动，增加盈利，摊薄持仓成本、增加持仓数量。但在实际操作中，对投资者提出了更高的要求：一是要求投资者对行情有精准的把握；二是要求投资者在委托下单时速度要快，准确度要高。否则，操作不当很容易偷鸡不成蚀把米。

# 第二节　交易

会买的不如会卖的。建仓只是第一步，会买不算本事，会卖才是真本事。会买只是为以后盈利打下了一个好的基础，会卖才是盈利的关键。会买但掌握不好卖点，不仅不会赚钱，反而可能亏本。如果建仓操作不当，成本偏高，但把握时机卖出，也可能赚钱。因此，在股市上有人说：会买的是徒弟，会卖的才是师傅。在掘金ST股实战中，怎样操作才能把握最佳买卖点？没有人敢吹牛。本书只是介绍一些基本的操作方法，供大家参考。

## 一、从价量关系中找到最佳买卖点

价量关系理论不仅适合非ST股交易，同样也适合ST股交易。股市中唯有股价永远是对的（市场永远是对的），成交量总是真实存在的。价是量的体现，量是价的保证，股价的变动与成交量的变动息息相关。价量分析是非常基础的分析，也是非常重要的一环。如何从价量关系中找到最佳买卖点？下面具体分析9种经典的价量关系模型。

### 1. 价升量增

如果某只ST股经过一段时期或一轮下跌后企稳，此时股价上升，成交量也增加，意味着该股由空头态势转为多头态势，ST股掘金者可以考虑建仓；如果某只ST股经过一段时期或一轮上升后不太稳定，此时股价继续上升，成交量也继续增加，就要警惕该股可能由多头态势转为空头态势，ST股掘金者最好提前平仓。

### 2. 价升量平

如果某只ST股经过一段时期或一轮下跌后企稳，此时股价上升，成交量平衡，意味着该股由空头态势转为多头态势，ST股掘金者可以考虑建仓；如果某只ST股经过一段时期或一轮上升后不太稳定，此时股价继续上升，成交量平衡，就要警惕该股在高位盘整后可能由多头态势转为空头态势，ST股掘金者最好提前平仓。

### 3. 价升量跌

如果某只ST股经过一段时期或一轮下跌后企稳，此时股价开始小幅上升，成交量还在减少，意味着该股底部基本形成，空头态势转为多头态势指日可待，ST股掘金者可以考虑建仓；如果某只ST股经过一段时期或一轮上升后不太稳定，此时股价继续上升，成交量开始减少，就要警惕该股可能由多头态势转为空头态势，ST股掘金者最好提前平仓。

### 4. 价跌量增

如果某只ST股经过一段时期或一轮下跌后企稳，此时股价还在小幅下跌，成交量开始小幅上升，意味着该股由空头态势转为多头态势，ST股掘金者可以考虑建仓；如果某只ST股经过一段时期或一轮上升后不太稳定，此时股价开始暴跌，成交量却大幅上升，就要警惕该股可能由多头态势转为空头态势，ST股掘金者最好提前平仓。

### 5. 价跌量平

如果某只ST股经过一段时期或一轮下跌后企稳，此时股价还在小幅下跌，但成交量平衡，意味着该股底部基本形成，空头态势将转为多头态势，ST股掘金者可以考虑建仓；如果某只ST股经过一段时期或一轮上升后不太稳定，此时股价开始暴跌，成交量平衡，就要警惕该股可能由多头态势转为空头态势，ST股掘金者最好提前平仓。

### 6. 价跌量减

如果某只ST股经过一段时期或一轮下跌后企稳，此时股价还在小幅下跌，成交量也还在小幅减少，意味着该股底部将要形成，空头态势将转为多头态势，ST股掘金者可以考虑建仓；如果某只ST股经过一段时期或一轮上升后不太稳定，此时股价开始暴跌，成交量减少，就要警惕该股可能由多头态势转为空头态势，ST股掘金者最好提前平仓。

### 7. 价平量增

如果某只ST股经过一段时期或一轮下跌后企稳，此时股价处于平衡，成交量开始小幅增加，意味着该股底部将要形成，空头态势将转为多头态势，ST股掘金者可以考虑建仓；如果某只ST股经过一段时期或一轮上升后不太稳定，此时股价高位平衡，成交量增加，可稍微观察一段时间，但要警惕该股可能由多头态势转为空头态势，ST股掘金者最好提前平仓。

### 8. 价平量平

如果某只ST股经过一段时期或一轮下跌后企稳，此时股价处于平衡，成交量也处于平衡，意味着该股底部将要形成，空头态势将转为多头态势，ST股掘金者可以考虑建仓；如果某只ST股经过一段时期或一轮上升后不太稳定，此时股价高位平衡，成交量也高位平衡，就要警惕该股可能由多头态势转为空头态势，ST股掘金者最好提前平仓。

### 9. 价平量减

如果某只ST股经过一段时期或一轮下跌后企稳，此时股价处于平衡，成交量还在小幅减少，意味着该股底部将要形成，空头态势将转为多头态势，ST股掘金者可以考虑建仓；如果某只ST股经过一段时期或一轮上升后不太稳定，此时股价高位平衡，成交量高位减少，就要警惕该股可能由多头态势转为空头态势，ST 股掘金者最好提前平仓。

## 二、与庄共舞，找到最佳买卖点

庄家是指资金主力，即那些能够影响某只股票市场行情的大资金投资者，他们拥有一定的持股份额，对股价走势有重要影响。

一般来说，我国资本市场上的每只股票都有庄家的身影。ST 股也一样，这是资本的属性决定的（有利可图、无孔不入），只不过 ST 股庄家的隐蔽性更强。散户股民对庄家在股市上呼风唤雨是爱恨交加。爱的是庄家炒作股票，股价会上涨，跟对了会赚钱；恨的是庄家行踪诡秘，如果错过庄家出货时机，就会在高位被套。面对庄家存在的客观事实，散户股民唯有适者生存，识别庄家的招法，与庄共舞，找到最佳买卖点，才能博取丰厚回报。

再狡猾的狐狸也会露出尾巴。不管庄家多么狡猾、隐蔽，其操作手法万变不离其宗，按照时间顺序，可以分为建仓、试盘、初升、洗盘、拉升、出货六步，简称建仓、拉升、出货"三部曲"。

### 1. 建仓

庄家在经过认真分析和调查研究后，会选择一只 ST 股作为目标股，然后采取隐蔽的手法在低位建仓，尽量降低持仓成本。

### 2. 试盘

庄家建仓后，要测试筹码的稳定性和控盘程度，就要试盘（向上或向下），同时进一步吸筹。

### 3. 初升

庄家完成建仓控盘后，开始小幅拉升，成交量逐渐上升，股价逐渐上涨，庄家建仓的个股股价迅速脱离成本区。

### 4. 洗盘

庄家为了清除场内持仓不坚定者，采取打压、震荡、边拉边洗等手法清洗出浮筹，目的是后续股价拉升更轻松。

### 5. 拉升

庄家经过洗盘以后，就会开始拉升股价。手法狠、急切的庄家会采取直线拉升，稳扎稳打的庄家会采取台阶式拉升。

### 6. 出货

庄家在高位将持股抛售，获利了结。

我们了解了庄家操盘的基本步骤和常用手法，就要与庄共舞。当某只ST股大幅下跌企稳后，就要大胆建仓。在庄家试盘时，也可以跟进建仓。建好仓后，待股价大幅拉升时大胆卖出，获利了结。散户跟庄最容易犯的错有两点。一是容易被庄家洗盘。洗盘时，散户已经小有获利，庄家打压散户，这时散户担心后期股价大跌，加上小富即安的思想，容易斩仓出局，殊不知等股票一卖，股价就开始拉升，后悔莫及。二是耐不住寂寞。散户建仓以后，看着别人的股票猛涨，自己的股票一直躺平不涨，就容易心情急躁，卖出这只股票去追逐其他热点股票。殊不知炒股中获利最大的往往是能耐住寂寞的人。ST股掘金者与庄共舞，就要耐得住寂寞、忍受住煎熬，才能浴火重生，获得丰厚回报。

## 三、落袋为安，设好止盈点

股市中没有永远下跌的股票，也没有永远上涨的股票。ST股掘金者，选对了一只股票，且获得了盈利，是不是就老拿着不卖，希望获得更大的收益？这要因人而异。风险偏好型投资者往往选择继续持股，相信该股会继续上涨。稳健型投资者往往选择卖出股票，落袋为安。落袋为安就是股市中常说的要设好止盈点。那么掘金ST股一般设置多少利润率为好？我认为，20%～30%是一个比较好的范围。

对ST股来说，利润率20%～30%相当于4～6个涨停板（涨跌幅±5%），利润算是较好的了。如果我们每年能够获得20%～30%的投资回报，按照复利计算，很快就能实现本金翻番。作为散户，我们应该知足常乐。

许多投资者总是担心，达到止盈点后就卖出股票，可能会错过行情中更高的卖出价格。这种情况是客观存在的，实际操盘中很多时候会出现一卖即涨的情况。但是，如果投资者贪心到试图赚取每一分利润，不懂得适时放手，风险将是巨大的。我们要记住"水满则溢，月满则亏"。我们不可能买在股价的最低点，也不可能卖在股价的最高点，这是因为：第一，我们的信息、资金、能力等和主力不在一条起跑线上，主力是控盘的主体，想拉就拉，想走就走。散户人微言轻，没有话语权和主动权，想狠赚一笔的可能性不大。第二，现在我国处于高质量发展阶段，经济总量居世界第二位，虽然 GDP 增长速度有所放缓，但经济发展质量在提高。与之相对应的，银行利率保持低位运行，各行业平均利润率不到 10%。我们用手机、计算机在网上炒股，能赚到 20%～30% 的利润，就应该知足了。不要太贪心，我们只能赚取自己认知能力范围内的利润，心态一旦膨胀，说不定不赚反亏。*ST 绿庭（600695，现已退市）是上海本地老牌股票，还有港资背景，不仅有 A 股，还有 B 股，在 ST 期间，大股东逆势增持，信心满满。我的一个朋友将自己的 300 多万元资金全部跟进，后来该股股价一路上涨，还出现连续涨停。朋友赚得盆满钵满，高兴至极，而且扬言该股"摘星""摘帽"后还会一飞冲天。我当时提醒他要注意防范风险，既然已经获取了翻倍的利润，就应当知足常乐，设好止盈点，落袋为安，但他没有听取我的建议。后来，该公司触及财务类强制退市，营业收入不到 1 亿元且连续亏损，最终不得不退市。朋友以前赚的钱成为"镜中花，水中月"，不仅如此，本金也亏了不少。这是血淋淋的教训。

当然，20%～30% 的利润率是相对的、动态的，而不是绝对的、静态的。在实际操盘中，我们不能机械性执行，而要视具体情况及时调整。动态止盈就是当我们投资的某只 ST 股盈利已经达到 20%～30%，但由于股价上升形态完好等原因，投资者认为该股还有继续上涨的动力，因而继续持股，一直等到股价出现回落，形态转弱，再获利卖出。还有就是当我们投资的某只 ST 股盈利已经达到 20%～30%，投资者认为由于该股股价涨跌幅偏离值累计超过 15%（根据全面实行注册制的规定，主板 10 天 4 次异动，或者 10 天 100% 涨跌幅偏离就要停牌，并且还有 30 天 200% 涨跌幅限制），公司要发布交易异常波动风险提示，股价有可能回落，先卖出股票，等其回落到一定的价位后再买入。

我们还要辩证地看，如果我们是在低位买入的某只ST股，而该股又正好处于热点之中，发布撤销风险警示的兑现落地措施，股价处于启动行情期间，那我们就可以持股待涨，争取更多利润。假如我们是在该股已经上涨了一段时间后的中部位置买入，持仓成本相对较高，还是以20%~30%为止盈范围较妥。假如我们是在高位不慎买进的，成本太高，而且被套，就要灵活掌握，不要奢望20%~30%的盈利了，要学会止损，能解套或挣10%就得跑，避免更大损失。

买入不急、卖出不贪。止盈中最重要的就是要有卖出的决心，克服人性的弱点，下定决心止盈。当ST股撤销风险警示情形的措施不具有可行性，难以兑现落实，股价出现滞涨或回落时，已经盈利的投资者不可能不知道防控风险和止盈的重要性，但往往被盈利所迷惑，缺乏止盈的决心。因此，ST股掘金者在止盈时不能犹豫不决贻误时机。

## 四、大胆假设，小心求证，获取丰厚盈利

股市存在的意义最基本的是融资和股权的流通，其次才是股民的投资盈亏。市场是无情和残酷的，也是很难预测的。我们都希望自己在股市中能够抓住一只大牛股，给自己带来丰厚的利润，但由于个体获得的信息与整体市场的不对称性，真正能够成功的人凤毛麟角。尽管如此，我们仍然不甘心，仍然在股市中苦苦挣扎，这是人性决定的——生来充满期待。

能够给投资者带来高额利润的股票就是好股票。我们购买股票在某种程度上就是买预期、买未来。我们必须要有大胆的假设，否则投资很难取得成功。

股市如战场，《孙子兵法》说："攻其无备，出其不意。"三国时期，诸葛亮兴师北伐，一出祁山，大将魏延献计，让诸葛亮与魏军正面作战，自己则领5000名精兵，奔小路出子午谷，奇袭长安，一战可胜。但诸葛亮谨小慎微，没有采纳，后来出师未捷身先死，大业未成，抱憾终生。到了三国末期，魏国兵分三路，大举攻蜀。魏国镇西将军钟会与姜维正面作战，僵持不下。将军邓艾亲率精兵，抄小路出奇兵，逢山开路、遇水架桥，披荆斩棘，直捣成

都，蜀主刘禅开城投降。

　　ST股掘金者要剑走偏锋、出奇制胜，就必须有大胆的假设。大胆的假设是基于我们对ST股的充分调查了解、认真分析，再加上我们依据其炒作热点、发展远景作出的想象。我们的所得不过是对世界认知的变现。

　　在ST股中，黑马层出不穷，不会因为ST股交易规则的改变而改变，也不会因为全面注册制就消除，"沉舟侧畔千帆过，病树前头万木春"。比如，以前的ST酒鬼、ST宜化、ST盐湖、ST江特、ST活力、ST凤凰、ST盈方等，都是翻几倍、翻十几倍的ST股。无论交易规则如何变化、无论是否实行注册制、无论时间如何推延，今后ST股中仍然会出现像前面举例的大牛股。问题是我们为什么抓不到呢？一方面是由于我们缺乏想象力，不敢大胆假设；另一方面是我们虽然可能买到了，但拿不住。

　　我们怎样才能抓住ST股中的大牛股，使自己的财富获得持续增长？

　　我们运用前文介绍的选股方法，选出中意的ST股，建立股票池。然后大胆假设，按照翻1倍、翻3倍、翻5倍、翻10倍的顺序进行排列。要赚大钱，我们最好能找到一只翻倍的股票。如果涨1倍不够，最好是能找到上涨10倍的股票！因为涨1倍的股票实际收益率可能只有30%～50%，但是如果能够找到上涨10倍的股票，我们大概率可以实现本金3～5倍的增长。但我们所有的假设、操作也可能是错的，更多的是失败的例子，这是市场的不可预测性决定的。

　　因此，我们对选中的ST股进行大胆假设后，就要试探性地建仓买入，第一次买入的仓位最好控制在资金量的1/3。然后小心求证，不符合预期就可以考虑减仓，符合预期再考虑加仓。这样才能保证把有限的资金集中到少数最有确定性的股票上去，才能让我们的资产最大限度地实现保值和增值。

　　符合预期时，可以考虑加仓。每次回调就是加仓的好时机。最好忽略小波段，大波段地操作才能获取更多的利润，在ST股股价处于相对低位时，就要大胆假设目前的小波段调整只不过是正常的调整。大部分ST黑马股需要漫长的等待，需要在"摘星""摘帽"后才进入主升浪。

　　不符合预期时，就说明我们的分析判断与市场相违背，可能在哪个地方出现了遗漏和错误。我们要及时止损。亏损本身就是交易成本的一部分，特别是还有仓位管理，这样能够保障在股票不符合预期的时候亏小钱，在符合预期的时候赚大钱。止损不是一件可耻的事，而是明智之举。胜败乃兵家常事，失败乃成功之母。

# 第三节　时空的维度

时空，即时间和空间，是人类文明古老的概念之一。爱因斯坦在相对论中提出了相对时空观，时间和空间相互联系又相互制约，物体运动对时间和空间有一定的影响，时空是弯曲的。爱因斯坦还把时间看作第四维，与三维空间一起组成了四维时空。

霍金在《时间简史》中对时空作了进一步的阐述，时间的起点为宇宙大爆炸起点，时间的终结是黑洞。

时空确实是一个深奥的科学概念，我们将它引入股市，是为了形象地说明股市运行的规律。时间是股票的横轴，空间即股价的涨跌幅度为股票的纵轴，构成股票的二维时空（如果加上股票的一些技术分析，则构成股票的多维空间）。ST股由于有其特殊的交易规则和涨跌幅限制，因此有其特殊的时空维度，ST股掘金者不可不察。

## 一、ST股的时空规则

（1）上市公司预计将触及财务类强制退市情形的，应当在相应的会计年度结束后一个月内（每年1月31日前），披露公司股票交易可能被实施退市风险警示的风险提示公告，并在披露年度报告前至少再披露两次风险提示公告。

（2）上市公司出现股票交易被实施风险警示情形的，应当披露公司股票交易被实施风险警示公告，公司股票于公告后停牌一个交易日，自复牌之日起，证券交易所对其股票交易实施风险警示（每年4月30日之前）。

（3）上市公司可以在收到或者交易所公告送达终止上市事先告知书之日起五个交易日内，以书面形式向交易所提出听证要求，并载明具体事项及理由。上市公司在规定期限内提出听证要求的，由交易所上市委员会按照有关规定组织召开听证会，并在听证程序结束后十五个交易日内就是否终止公司股票上市事宜形成审核意见。

（4）强制退市公司应当在交易所作出终止其股票上市决定后立即安排股票转入全国中小企业股份转让系统等证券交易场所转让的相关事宜，保证公司股票在摘牌之日起四十五个交易日内可以转让。

（5）公司股价在交易所交易系统连续二十个交易日收盘价均低于1元，将触及交易类强制退市，直接退市。上市公司连续十个交易日每日股票收盘价均低于1元，应当在次一交易日开市前披露公司股票可能被终止上市的风险提示公告，其后每个交易日披露一次，直至相应的情形消除或者交易所作出公司股票终止上市的决定之日止（以在先者为准）。

（6）财务类强制退市的时间跨度一般以一个会计审计年度为准，即"戴帽"时间为年报公布时间（每年4月30日之前），"摘帽"时间为次年年报公布时间（次年4月30日之前）。符合"摘帽"条件，公司在公布年报后五个交易日内提出"摘帽"申请，交易所在十五个交易日内决定是否撤销退市风险警示。

（7）上市公司股票被实施退市风险警示的，在退市风险警示期间，公司进行重大资产重组且符合全部条件的，可以随时向交易所申请对其股票交易撤销退市风险警示。

（8）触及交易类强制退市的时间是连续一百二十个交易日和二十个交易日。触及财务类强制类的退市时间一般是一个会计审计年度。触及规范类强制退市的整改时间一般是两个月。触及重大违法类强制退市的时间为收到行政处罚事先告知书和法院裁定认定事实之日。

（9）上市公司股票被交易所作出终止上市决定的（不包括交易类强制退市情形，交易类强制退市没有退市整理期，直接退市），自公告终止上市决定之日起五个交易日后的次一交易日复牌并进入退市整理期交易。退市整理期时间为十五个交易日。

（10）上市公司申请主动终止上市的，公司应当向交易所申请其股票自股东大会股权登记日的次一交易日起停牌。公司可以在股东大会决议后的十五个交易日内向交易所提交主动终止上市的书面申请。交易所在收到上市公司提交的终止上市申请文件后五个交易日内作出是否受理的决定并通知公司。

（11）上市公司被实施其他风险警示的，在风险警示期间，应当至少每月披露一次进展公告，披露资金占用或者违反规定程序对外担保的解决进展情况，直至相应情形消除。公司没有采取措施或者相关工作没有进展的，也应当披露并说明具体原因。

（12）交易所决定撤销其他风险警示的，上市公司应当及时披露股票交易撤销其他风险警示公告，公司股票于公告后停牌一个交易日，自复牌之日起，交易所对公司股票交易撤销其他风险警示。

（13）沪深主板（含中小板，下同）ST股的涨跌幅限制为±5%，其他（科创板、创业板）ST股的涨跌幅限制为±20%。

（14）放开退市整理股票首个交易日价格涨跌幅限制，盘中成交价较开盘价首次上涨或下跌达到或超过30%、60%的，实施为期10分钟的盘中临时停牌机制。此后涨跌幅限制比例为主板±10%、其他±20%。

ST股掘金者必须熟知ST股的时空规则，通过这些时空规则披露的信息，可以很好地规避踩雷和掌握最佳的ST股买卖点，这对于我们操盘是非常实用的。

## 二、ST股的操作时空

我们生活在地球上，地球是我们人类赖以生存的绿色家园。月球围绕地球转，地球围绕太阳转，年复一年，春夏秋冬，寒来暑往，周而复始，生生不息，这是自然规律，这是我们人类的生存时空。ST股掘金者，除了顺势而为，还有掌握操作时空，随时空而动。

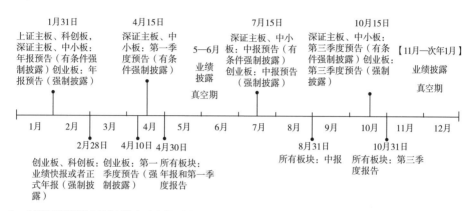

### （一）上市公司财报时间轴与操作时空

#### 1. 上市公司财报时间轴

根据交易所相关规定，上市公司财报预告和披露有严格的时间要求，整理为下面上市公司财报时间轴，如图5-2所示。

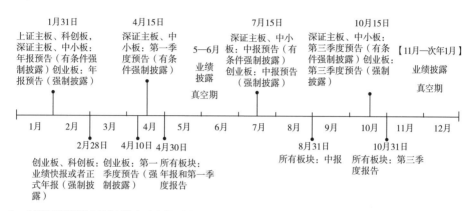

注：1.有条件披露指的是满足以下条件必须披露：1）净利润为负值；2）净利润与上年同期相比上升或者下降50%以上（基数过小的除外）；3）扭亏为盈。
2.创业板：第一季度预告：年报预约披露时间在3月31日之前的，应当最晚在披露年报时，披露第一季度预告；年报预约披露时间在4月的，应当在4月10日之前披露第一季度预告。
3.创业板和科创板，年报预约披露时间在3月—4月的，需在2月底之前披露业绩快报。

图5-2 上市公司财报时间轴

#### 2. 操作时空

根据上市公司财报时间轴，ST股掘金者可以做出如下操作。

（1）1月31日之前，上证主板、科创板，深证主板、中小板如果满足以下任一条件，必须年报预告：①净利润为负值；②净利润与上年同期相比上升或者下降50%以上；③扭亏为盈。创业板必须年报预告。

通过上市公司1月31日之前的预告，我们可以知道：①哪些上市公司可能会触发"披星""戴帽"风险警示。对于这些上市公司，我们要予以规避，避免踩雷。②已经被ST的股票，通过其预告分析，没有"摘帽""摘星"的希望，甚至可能被强制退市，我们也要回避，避免陷入雷区。③已经被ST的股票，通过其预告分析，公司有"摘帽""摘星"的预期，我们可以把握该股撤销风险警示情形的机遇，积极布局。

（2）2月28日之前，创业板、科创板业绩快报或正式年报（强制披露）。

2月28日之前，通过创业板、科创板业绩快报或正式年报，我们可以知道：①如果公司触及风险警示情形，就要正式被冠以ST，这时我们要密切关注，此时，公司股价有可能会连续下跌，也有可能利空出尽，企稳回升，要视具体情况具体分析，作出是否回避和买入的决断。②已经被ST的股票年报披露以后，没有"摘星""摘帽"的希望，甚至可能被强制退市，我们就要回避，避免陷入雷区。③已经被ST的股票年报披露以后，公司满足条件正式申请"摘星""摘帽"，我们可以把握该股撤销风险警示情形的机遇，积极布局。

（3）4月10日之前，创业板第一季度预告（强制披露）。

4月10日之前，创业板第一季度预告，可以检验我们投资的ST股是否符合我们的预期，符合预期的可以保留或加仓，不符合预期的砍掉或减仓。

（4）4月15日之前，深证主板、中小板第一季度预告（有条件强制披露）。

4月15日之前，深证主板、中小板第一季度预告，可以检验我们前期作出的分析判断。①哪些上市公司第一季度财务状况进一步恶化，可能会被"披星""戴帽"风险警示，我们要予以规避，避免踩雷。②哪些上市公司虽然年报预告可能会被ST，但第一季度财务状况明显好转，我们可以密切关注，该股可能成为我们的掘金ST股。③已经被ST的股票第一季度财务状况进一步恶化，没有"摘星""摘帽"的希望，甚至可能被强制退市，我们也要回避，避免陷入雷区。④已经被ST的股票第一季度财务状况明显改善，公司有"摘星""摘帽"的预期，我们要把握该股撤销风险警示的机遇，积极布局，该股可能成为我们掘金ST股的一匹黑马。

（5）4月30日之前，所有板块年报和第一季度报告披露结束。

4月30日之前，所有板块年报和第一季度报告披露结束后，尘埃落定，我们可以知道：①已经被ST的股票，我们要具体情况具体分析，是否会连续下跌，还是利空出尽迎来利好，企稳回升？②已经申请撤销风险警示的股票，我们要把握该股"摘星""摘帽"的机遇，积极布局。③可能只"摘星"不"摘帽"的股票，我们要继续予以关注。④即将被强制退市的股票，我们要及时规避，避免踏入雷区。

（6）5—6月是业绩披露真空期。

在5—6月业绩披露真空期，ST股处于震荡筑底时期，ST股掘金者可以逐步建仓，利用震荡筑底降低持仓成本。

（7）7月15日之前，深证主板、中小板中报预告（有条件强制披露），创业板中报预告（强制披露）。

通过中报预告，可以知道我们投资的ST股是否符合预期。①符合预期的可以保留或加仓。②不符合预期的砍掉或减仓。③有的ST股中报财务状况明显改善，非常亮眼，可以考虑调仓换股。

（8）8月31日之前，所有板块中报披露结束。

中报披露结束后，我们可以进一步对我们投资的ST股进行检视，看是否符合预期。①符合预期的可以保留或加仓。②不符合预期的砍掉或减仓。③中报财务状况明显改善，非常亮眼的ST股，可以考虑调仓换股。

（9）10月15日之前，深证主板、中小板第三季度预告（有条件强制披露）。创业板第三季度预告（强制披露）。

通过第三季度预告，可以更加确定我们投资的ST股值与不值。①值得投资的保留或加仓。②不值得投资的砍掉或减仓。③第三季度报预告财务状况明显改善，业绩突出的，可以考虑调仓换股。

（10）10月31日之前，所有板块第三季度报披露结束。

第三季度报披露结束以后，我们投资的ST股更加明朗化。① 符合预期的坚决保留和适时加仓。② 不符合预期的坚决砍掉。③ 第三季度报财务状况明显改善，非常亮眼的ST股，可以考虑调仓换股。

（11）11月—次年1月是业绩披露真空期。

在11月—次年1月业绩披露真空期，ST股处于撤销风险警示情形密集兑现期，利好公告频频披露，股票会迎来一波上涨，ST股掘金者这个时候要做的就是持股待涨，不要盲目操作，错过收获期。

从上市公司财报时间轴的分析，我们可以窥探ST股在一年中的大致时空走势。在每年1月31日（年报预告结束）后，我们可以知晓哪些股票可能会被ST，哪些股票可能会"摘星""摘帽"。

对于那些可能被ST的股票，我们要密切予以关注。我们要防止这些股票因为被ST，出现下跌甚至暴跌，规避这些股票由于被ST带来的风险，避免踩到股票被ST的地雷。新规发布实施及新旧规则衔接安排时间期满，在可预见的将来，我国资本市场可能出现许多公司被ST。已经被ST的公司，风险摆在那里，属于明枪易躲，而那些看似正常实际却存在重大风险的上市公司，属于暗箭难防。因此，我们投资股市要重点防控那些可能被ST的股票。如何擦亮我们的慧眼，规避可能暴雷的公司？2024年5月15日发表于微信公众号"趋势交易的奶爸"的《爆雷了……》这篇文章很有借鉴意义，兹摘录如下。

我们做投资讲究好公司、好价格，在寻找好公司的过程中，首先应该回避业绩暴雷的公司，那么容易出现业绩暴雷的公司都有什么特点。

第一，谨慎对待盈利能力、成长能力、运营能力明显异于同行的上市公司。其中的逻辑就是，在一个充分竞争的市场，长期来看，单个企业只能取得平均的利润率，除非这家企业有过硬的实力，如先进的技术、很深的"护城河"属性、垄断地位等，不然其财务真实性就值得怀疑。

第二，当心货币资金很多，同时有息负债也很多（大存大贷）的公司。这里以*ST美尚举例，其2017年年报显示公司有超7.5亿元货币资金，但同时又有短期借款9.5亿元。谁都知道用存款收入支付贷款利息不划算，中间很可能有问题。通过观察衡量公司营运能力的"营业周期天数"可以发现，早在2017年，*ST美尚的回款周期便达到了惊人的462天（最终因财务造假被强制退市）！无独有偶，2015年至2018年，康得新财报显示其银行存款总额为565.1亿元，其中存于北京银行332.28亿元，却因无法偿还15亿元的借款而引起债务纠纷，经查证，没有任何反转，康得新存于北京银行账户各年末的实际余额为0元（最终暴雷被强制退市）。所以现金流真正充裕的企业理应具备偿还负债的能力，大存大贷不仅意味着不合理的负债结构，同时可能是为了掩盖公司的财务问题。

第三，关注"现金收入比"，警惕指标长期低于100%的公司。现金收入比指的是公司销售商品收到的现金和营业收入之间的比值（收现比=销售商品、提供劳务收到的现金/营业收入），如果卖出了商品但没有完全收到现金，那么比值小于100%；若一家公司的现金收入比长期低于100%（一般用三年维度衡量），则意味着挂的账太多而难以回笼资金，需要规避。

第四，小心"商誉净资产比"超过50%的公司。商誉是一家企业在并购过程中产生的，指的是所涉及的收购对价大于或小于被并购对象可辨认的对应净资产，俗称溢价或折价的那部分差价。举个例子，A公司拥有1亿元资产，我花5亿元进行溢价收购，多出来的4亿元就形成了商誉；如果这部分溢价高得夸张，就可以合理怀疑其存在利益输送。在财务报表中，商誉通常列示在"非流动资产"中，被收购的公司一般都会做出业绩承诺，在业绩承诺期过后，商誉不会自行消失，而是需要定期做减值测试来判断变现价值。如果因为种种原因，被收购的企业无法实现承诺的业绩，就需要考虑上市公司资产减值的风险。多数上市公司商誉"爆雷"都是高溢价并购的后遗症，由于上市公司商誉的绝对金额都比较大，我们可以关注商誉净资产比率，即商誉占公司净资产的比例。一般来说商誉净资产比大于50%的公司就比较危险，因为公司超过一半的净资产是像品牌、客户关系这样无法量化的无形资产。

第五，两头在外的民营公司尽量别碰。两头指的是公司的营收和资产都在海外，尤其是在发展中国家的。倒不是说这些公司的业绩一定会爆雷，但是持有他们的股票总不是那么放心。虽然随着国内经济的增速放缓，投资者偏好有出海业务的公司，但对于两头都在外的上市公司，我们很难弄清这些海外资产的真实情况，且信息披露也不透明，公司想要动用"钞能力"钻财务漏洞是比较容易的。

第六，实际控制人股权质押、公司法律纠纷较多的不要碰。据统计，在已有的财务造假公司案例中，"股东行为异常——股权质押或股权冻结"出现的频率最高，其次是"监管预警异常——法律纠纷风险"。股权质押就是大股东因为缺钱，把自己的股份以一定折扣率抵押给券商或者银行。作为一家上市公司的大股东还这么缺钱就不太合理，可能会衍生出公司业务盲目多元化的隐患。不仅如此，过高的股权质押比例还可能引起大股东丧失公司实际控制权的风险。而不碰面临较多法律纠纷的公司就比较好理解了，这样的公司，管理层的法律意识可能比较淡薄、公司的内部控制可能存在问题，估值也会受到负面新闻的影响。

第七，特定行业的公司不要碰。"农、林、牧、渔"的账目是出了名的混乱，例如，我国的假账第一案蓝田股份、獐子岛"扇贝历险记"，都是典型的农业股造假。这些企业往往拥有树木、牲畜、海产品之类的生物资产，在审计环节中，很难验证对应的存货和资产。

第八，少碰非主营业务利润占比过高的公司。财务造假最直接的方式就是虚增利润，想要多少利润就自己写，通过编造虚假合同，达到虚构业务、增加收入的目的。一家公司赚钱、上市肯定是通过主营业务。如果在主营业务上进行财务造假，公司为了将毛利率稳定在一个相对正常的水平，需要先编造采购数据、生产记录等一系列虚假资料，再同步编造大量的成本支出予以匹配。相比主营业务的公开透明，其他业务收入更好操纵，因为不需要披露得很详细，所以如果一家公司的其他业务收入大幅增长，且没有合理的解释，就有造假的嫌疑。

第九，警惕董监高和审计师异常变动的公司。上市公司，尤其是民企的高管基本都是最早一批跟着实控人打天下的，一般很少变动。核心人员流出意味着不稳定的组织架构，会带来一系列不确定性，如公司未来战略方向是否会变更？新任职的高管是否可以快速熟悉公司的经营？至于上市公司突然无故更换审计师事务所，也比较好理解。审计师是财务报表最后的"看门人"，更改审计师事务所可能是因为原来的三方审计公司不愿再对上市公司的财务报表出具"标准无保留意见"，其财报的健康程度就值得怀疑。

第十，小心关联交易占比高的公司。关联交易是指上市公司或者其控股子公司与上市公司关联人之间进行的股票买进卖出、转移资产的行为。比如，管理层可能会用高价购买或低价出售资产，人为夸大或缩小公司的业绩表现，从而编造利润情况。关联交易往往涉及利益冲突，而受到损害的便是中小股东（散户），对于关联交易占比过高的公司（超过20%），我们需要审慎怀疑其业绩真实性。

第十一，少碰机构持股比例低、分析师研究报告少的公司。随着国内资本市场的不断发展完善，现在的机构团队和卖方分析师团队可以说是汇聚了

A股市场中最顶尖的投资研究资源，足以将A股的5000余家上市公司研究遍了。如果是这样一群人都不愿关注的公司，大概率是质地不佳的。

上市公司可能被ST，股价经过一段时间的下跌后，我们要对这些可能被ST股理性分析，从中挖掘出值得我们投资的、有潜力的股票，进一步关注。待到正式年报披露（每年4月30日年报披露结束）后，股票正式被ST时，股价可能还有一个惯性下跌，到5月中旬的时候，一般处于低谷，ST股可能见底回升。我们可以在5月中旬寻找那些有潜力、有"摘星""摘帽"预期的、企稳回升的、超低价的ST股建仓买入持有。5—6月处于财报的真空期。由于ST股的特殊性，加上一些朦胧的利好预期，ST股可能会触底反弹，出现一波上涨行情，然后开始分化。善于做波段的ST股掘金者，可以考虑获利了结，落袋为安，以备再战。8—10月，随着中报披露结束以及第三季度财报尚未披露，由于前一波上涨，ST股可能会出现回调。这个时候，前期落袋为安的或没有建仓的ST股掘金者，可以考虑建仓，买入持有，锁定仓位，直到ST股"摘星""摘帽"之时（次年4月30日年报披露完毕），再根据具体实际情况作出卖出还是持有的决策。

对于那些年报预告结束后（每年1月31日）可能"摘星""摘帽"的股票，有仓位的股民要坚定继续持有，直到该ST股正式"摘星""摘帽"之时，再根据具体实际情况作出卖出还是继续持有的决策。对于没有仓位的股民，要积极布局，积极建仓买入持有，不要错过难得的建仓机会，大胆积极炒作一波ST股的"摘星""摘帽"行情。

## （二）节气的变化与操作时空

### 1.气节的变化

图5-3是二十四节气图，它直观地表达了一年二十四节气的含义和变化。我国农作物生产要按照节气来安排，企业的生产虽然与节气联系的紧密程度不如农业生产，但节气的变化对企业生产有时也会产生一定影响。我们炒股也可以跟随节气的步伐，按照自然规律进行操作。

图 5-3　二十四节气图

### 2. 分月操作时空

1月，炒农、林、牧、渔板块。一年之计在于春，每年春节前后都会发布"中央一号文件"，而"中央一号文件"十多年来，全是关于"三农"问题的，所以1月农业、种植业都会迎来一轮爆发。

2月，炒消费、食品、饮料板块。春节常常在2月，大家忙碌了一年，春节期间大多在吃喝玩乐、消费放松，容易形成一轮炒消费高峰。

3月，炒两会政策预期。因为3月是各项重大会议的召开时间，两会的重要政策关系到接下来全年甚至几年的产业经济规划，这里面会出现持续性较强的主线题材。

4月，炒业绩财报、高送转。每年4月是上市公司集中公布上年年报，和当年第一季度财报的时间段，会有高送转超预期情况，市场会有一大波炒作，但是也要注意规避绩差股，规避上市公司可能被"披星""戴帽"，避免业绩踩雷。

5月，炒酒店、旅游、客运板块。五一长假来临，又是春意盎然的时候，往往会迎来一大波旅行游玩潮，相关的酒店、景点、航空股通常会被大家关注。

6月，炒中小市值概念股。有句话叫"五穷六绝"，所以6月市场波动可能较大，而中小市值公司更容易受到影响，引发概念游资炒作，注意的是金融机构年中结算，市场流动性可能紧张，需要做好仓位管理。

7月，翻身抓新概念板块。这个时候进入下半年，市场资金也会再次开始活跃，下半年是妖股起飞好时节，经过前两个多月休整，很多概念题材往往会迎来新的机会。

8月，炒科技板块。从这个月开始，全球各大品牌手机厂商都会陆续发布新品，如苹果、华为将引发市场科技热潮，此时是掘金科技股产业链的好时节。

9月，炒军工相关板块。因为9月在建军节、国庆节中间，市场惯例就是逢九必炒军工。

10月，炒餐饮、影视、文娱等板块。这些都是与国庆节相关的概念股，和五一国际劳动节逻辑类似，不过这些股票往往需要提前关注。

11月，炒零售、物流板块。这和电商一年一度的购物节相关，如"双11""双12"等，会迎来各大电商平台拼抢客源，提前炒作电商零售、货运物流就理所应当了。

12月，炒煤炭、燃气板块和ST股。进入冬季，气温骤降，供气、供暖需求会有阶段性暴增，所以相关公司业绩预期较高，往往会迎来一轮大炒。ST股有"摘星""摘帽"预期，也会被众多投资者追捧炒作。

### （三）ST股的经验时空

从笔者多年投资ST股的经验来总结分析，ST股有以下操盘时空。

#### 1. 分化期

每年1—4月，是ST股的分化期。这个时候，ST股要么退市，要么"摘星""摘帽"，出现两极分化。退市的ST股股价暴跌，"摘星""摘帽"的ST股有可能出现一波炒作上涨。因此，我们要及时回避退市股，避免资金遭到重大损失，同时，积极布局有望"摘星""摘帽"的ST股，持股待涨，博取收益。

#### 2. 黄金期

每年5—9月，是投资ST股的黄金期。特别是在5月，由于一些公司触及风险警示情形，被冠以ST或*ST，股价出现一波连续下跌。这个时候，我们在别人恐惧的时候，大胆建仓买入，等待利空出尽，ST股出现"摘星""摘帽"题材，股价将迎来一波企稳回升上涨。运气好的时候，股价翻番也是有可能的。

### 3.震荡期

ST股经过前期黄金期的上涨，到每年10—12月，ST股会有一个震荡期。如果上市公司存在"保壳"措施落地的情况，有"摘星""摘帽"预期，股价经过震荡后又会有一波炒作。ST股掘金者也要善于把握机会，操盘一番ST股，获取收益。反过来，如果上市公司存在"保壳"措施无法落地，有无法"摘星""摘帽"预期，甚至可能会被强制退市，股价经过震荡后，将进入下跌，ST股掘金者不可恋战，避免资金遭受损失。

## 三、ST股的时空维度

### （一）ST股不是恐龙

许多人谈及ST股，都避之不及。ST股真的如恐龙，非常吓人，风险非常大吗？其实，只要我们把功课做到位，ST股并不是恐龙，炒ST股风险并不大，甚至比炒别的股票风险更小。因为：

（1）ST股虽然业绩不佳，有强制退市风险，但有一个好处就是信息披露一般都比较透明，我们能够准确了解ST股的实际情况，做到知己知彼、百战不殆。而在众多的非ST股中，信息披露不规范、不透明的不在少数，非ST股同样也存在风险。俗话说得好，"明枪易躲、暗箭难防"，ST股的风险大多属于"明枪"，容易防范，部分非ST股造假、瞒天过海以及绩优股业绩大变脸属于"暗箭"，令人防不胜防。非ST股还很容易受负面消息、网络谣传影响，出现黑天鹅、灰犀牛事件，让人猝不及防、大跌眼镜。加上还有机构开展融券做空，散户股民面对高价白马股是如履薄冰、心有余悸，担忧遭受飞来横祸。明白了这一点，就知道炒ST股的风险其实并不比炒非ST股的风险大，并没有别人说得那么恐怖。

（2）主板ST股的涨跌幅只有±5%，我们可以稳健持股。跌幅小，我们不容易被吓跑。不要小看涨幅最高 5%，由于 ST 股一般市值较低，主力用少量资金就可以很容易连续拉涨停，涨起来也还是挺疯狂的。涨跌幅只有 ±5%，可以给我们更多的思考时间，我们可以更加理性地作出判断。非 ST 股主板涨跌幅是 ±10%，创业板、科创板涨跌幅 ±20%。在炒股实践中，在某种程度上，涨跌幅越大散户股民越容易被割韭菜，增加涨跌幅，是增加投资难度和投资风险。正是因为这一点，为确保我国资本市场稳健运行，避免暴涨暴跌，大幅波动，我国资本市场有严格的涨跌幅限制，而不像西方资本市场没有涨跌幅限制。

（3）ST 股受到各种利空打压以后，股价往往比较低，有的甚至成为白菜价。只要 ST 股不触及强制退市情形而被强制退市，在风险完全释放以后，股价进一步下跌的空间有限，其实风险不是很大。加上低价股上涨空间大，往往是产生黑马股的摇篮，因此，每年 ST 股里面都能产生一些股价翻番的黑马股，只要抓住一只能收益就相当不错了。

## （二）ST 股是孤勇者

ST 股是特别处理的股票，是资本市场的孤勇者，它们的特殊性决定了它们有自己的特殊走势，我行我素，不理会大盘，有时还与大盘走势相背离。ST 股的走势一般有以下特点：

（1）很多时候，ST 股的走势是和大盘相反的，在大盘强势的时候，其走势通常较弱；而在大盘持续低迷的时候，其走势通常较强。

（2）年初和年末，正逢 ST 股业绩预告以及发布年报，这段时间是 ST 股最活跃的时候。

（3）ST 股的走势具有必然的持续性，经常呈现持续上涨或持续下跌的现象。

（4）ST 股之间具有联动效应，经常呈现齐涨齐跌的现象。

（5）ST 股除了受政策性影响较大，其波动性还受公司披露信息的影响较大。

（6）每年年报发布时，总会有一些 ST 股会被强制退市，但更多的是"摘星""摘帽"，这将成为一种常态。

面对 ST 股特殊的走势，掘金 ST 股，就要做孤勇者。我特别喜欢《孤勇者》这首歌，歌词写道："都是勇敢的……人只有不完美，值得歌颂。谁说污泥满身的不算英雄。爱你孤身走暗巷，爱你不跪的模样。爱你对峙过绝望，不肯哭一场。爱你破烂的衣裳，却敢堵命运的枪。爱你和我那么像，缺口都一样……"我们要保持自己的个性，在那黑夜中呜咽与怒吼。针对 ST 股的特殊走势，ST 股掘金者要善于把握以下几点：

（1）当大盘走势强劲、ST 股走势偏弱，别人赚钱、我们的 ST 股躺平甚或下跌亏钱的时候，不要眼红，不要心动，不要动摇，不要悲观，要保持一颗平静之心，耐心持有等待，甚至还可以静悄悄地分批加仓。当大盘走势偏弱、ST 股走势强劲，别人亏钱、我们 ST 股盈利的时候，要具体情况具体分析，冷静应对，可以设好止盈点落袋为安，也可以持股待涨让子弹飞。

（2）当年末和年初 ST 股最活跃的时候，我们要持股待涨，争取获得最大收益，不要频繁操作。

（3）当 ST 股连续上涨的时候，我们可以持股待涨或者设好止盈点，落袋为安。当 ST 股连续下跌的时候，我们要果断止损，切不可恋战，没有出现明确的企稳信号时不要买入建仓。要记住：通常，连续上涨的股票，可能会继续上涨；连续下跌的股票，可能会继续下跌。

（4）ST 股之间具有联动效应，经常呈现齐涨齐跌的现象。别的 ST 股涨的时候，可能要轮到自己的股票涨了；别的 ST 股跌的时候，可能要轮到自己的股票跌了。当然，市场可能不是这样的，我们选择的 ST 参照股很关键。

（5）ST 股的波动性受公司披露信息的影响较大，我们要密切关注公司发布的各种信息，仔细认真阅读，从中找出蛛丝马迹，这对我们的操盘很重要。

（6）每年年报发布时，我们要及时砍掉可能被强制退市的 ST 股，保留和加仓可能"摘星""摘帽"的 ST 股。

（三）ST 股的时空布局

ST 股的时间轴。我们可以定为每年的 1 月 31 日至次年的 5 月 31 日。因为每年 1 月 31 日之前，如果上市公司可能触及风险警示情形，必须强制发布年报预告。次年 4 月 30 日之前，年报披露结束，ST 股要么"摘星"，要么"摘星""摘帽"，要么继续"戴帽"，要么强制退市，都已经尘埃落定。但申请、审批还需要经过一定程序和一段时间，一般来说，次年5月31日之前，ST股的命运才正式确定。因此，我们把ST股的时间轴定为每年的1月31日至次年的5月31日，一共16个月。

ST股的空间轴。涨跌幅主板为±5%，创业板、科创板为±20%。在时空轴内，ST股都要经过生与死、存与退的考验，要么杀身成仁，要么黯然谢幕，所以波动性很大。

（1）每年1月31日之前，如果上市公司发布可能触及风险警示情形的年报预告，那么该公司股票可能要开启下跌走势。这个时候，我们要规避该股，避免踩雷。

（2）每年4月30日之前，年报披露完毕，触及风险警示情形的公司股票要被ST，这个时候，会出现两种情况。一是经过前期较长时间的下跌，市场已经消化了该股被ST的利空消息，等到正式"披星""戴帽"，利空出尽，股价可能触底反弹向上。二是受到"披星""戴帽"的影响，股民出现恐惧心理，加上主力借机打压，该股股价可能进一步加速下跌。这时，我们掘金ST股，要具体情况具体分析，作出我们的独立判断。

（3）如果是第二种情况，该股股价经过一段时间的下跌，一般到5月中旬会企稳。这个时候，是我们买入建仓的绝好时机。

（4）5月中旬至10月31日（第三季度报披露结束），是ST股震荡筑底阶段。我们可以逐步建仓或者进行波动操作，降低持仓成本。这段时期，也不排除受到公司披露利好消息的影响，ST股掀起一波上涨小高潮，股价可能创出一个阶段性的高位。

（5）10月31日至12月31日（一个会计年度结束），是ST股非常活跃的时期。基本上在每年第四季度，ST公司会紧锣密鼓地落实前期出台的撤销风险警示情形的办法、实施方案。还会使出浑身解数，出台众多新的有力措施来规避退市和"摘星""摘帽"，所以，ST股这个时期非常活跃，加上股民和主力炒作，股价可能会连创新高，我们要做的就是持有。

（6）12月31日至次年4月30日，是ST股分化时期。年末和年初，正逢ST公司业绩预告以及发布年报的时候，这段时间是决定ST股生死存亡的关键时期，是ST股最活跃的时候，也是ST股分化的时期。有的ST股满足撤销其他风险警示条件，可能"摘帽"；有的ST股满足撤销退市风险警示条件，可能"摘星"但继续"戴帽"；有的ST股满足撤销退市风险警示条件，可能"摘星""摘帽"，一步到位。这些都构成利好，股价有走强的动力，股价可能进一步上涨。相反，有的ST股不能满足撤销其他风险警示条件，可能继续"戴帽"；有的不能满足撤销退市风险警示条件，股票可能被强制退市。这些都构成利空，股价有走弱的推力，股价可能进一步下跌。我们要密切关注公司披露的信息，作出是持有还是卖出的理性决策。

（7）4月30日至5月31日，是ST股两极分化时期。年报披露完毕，一切盖棺论定。如果某只ST股确定要"摘星"或要"摘星""摘帽"，股价可能进一步上涨并创出新高；如果某只ST股要继续"戴帽"，股价可能震荡下行；如果某只ST股要被强制退市，股价可能加速断崖式下跌。这个时期，我们要做的是卖出股票。对于确定要"摘星"、要"摘星""摘帽"的ST股，我们要逢高减仓，收获果实；对于要继续"戴帽"的ST股，我们要先卖出观察，再见机行事；对于要被强制退市的ST股，我们要毫不犹豫果断卖出，保存资金实力和流动性，以备再战。

（8）5月31日以后，可望而不可即。"摘星""摘帽"的股票大多数回归正常，融入非ST股的汪洋大海。极少数股票有可能通过短期回调后，进入主升浪行情，加速上涨。正如我们前面所讲的，如果符合ST股掘金者的大胆假设、小心求证的预期，可以继续持有，收获更丰厚的利润。因为这些可能涨几倍、十几倍的ST股"摘星""摘帽"以后，取消了涨跌幅限制和购买数量限制，一些机构投资者也可以大胆介入，加上持续经营能力得到了交易所的背书认可，业绩大幅提升，大股东也有拉升股票的愿望，主力配合，所以股价通过一段时间的调整后，快速上涨。但这对于我们大多数散户朋友来说，真的是可望而不可即。继续"戴帽"的ST股，又进入我们掘金ST股的视野。被强制退市的ST股，进入其他交易市场交易，进入至暗时期——没有最终的成功，最可贵的是拥有继续前进的勇气。

第六章
CHAPTER 6

# 掘金 ST 股：
# 技术分析

市场趋势不明显时，宁可在场外观望。

——威廉·江恩

股票技术分析是指通过研究过去股票市场的数据（主要包括股票过去的成交价和成交量及其对应的时间和空间），来预测股价未来走势的分析方法。其目的是寻找最佳的买入、卖出、止盈、止损信号，并通过资金管理在股市中稳定获利。由于股票技术分析贴近市场，对市场变化的反应快，直观明了，股民都喜欢进行技术分析，乐此不疲。经过多年的积累沉淀，形成了多种多样的股票技术理论和技术指标。特别是现在，各种软件的算法非常强大，技术分析更全面、更直观、更简单，提高了市场分析的科学性、适用性、时效性和可靠性，为股民选择买入、卖出时机提供了参考和技术支撑。

股票技术分析具备全面、直接、准确、可操作性强、适用范围广等显著特点，与基本面分析相比，技术分析对市场的反应比较直接，分析的结果也更接近市场，据此进行买卖往往比较准确。因此，技术分析要领先于基础面分析，在操作上更为实用。

但是，世界上没有完美无瑕的事物，技术分析也是一样。我们在运用技术分析投资时，也应该正视技术分析的局限性，知道如何规避和补遗。

技术分析的先天不足在于其建立在三大假设之上：一是认为股票市场的行为包容一切，所有经济事件、社会事件、战争、自然灾害、人为操作等作用于市场的因素都反映到股票价格变化之中；二是股票价格总是以趋势方式演变；三是历史会重演。

目前的技术分析以股票市场历史数据资料为基础预测股票未来的走势，既然是预测，就存在"符合"与"不符合"的情况，而不是只有"符合"一种状态。历史有惊人相似的一幕，但不会是简单的重演。这就造成了技术分析的盲区和误区。

许多股民依据技术分析买入或卖出股票，市场反应却不符合个人预期，就是因为没有认识到技术分析的局限性。

纳西姆·尼古拉斯·塔勒布在《随机漫步的傻瓜》中对这一现象做了最好的阐释："人们总喜欢根据过去的历史来推断未来的走向，这种推测往往非常不可靠，其原因在于我们所处的世界充满非对称现象，黑天鹅事件频发，这种推断实际上受两种因素影响至深：随机性的影响程度以及最初的样本数量。"

这里还要特别提醒大家，ST 股的走势往往有其特点，我们在运用技术分析时不能沉醉其中，要保持清醒。技术分析在西方股市中的生存条件之一就是西方股市股价没有涨跌幅限制，而我国资本市场股价有涨跌幅限制，特别是 ST 股股价涨跌幅限制更严，降低了 ST 股股价的波动性和投机风险，这在某种程度上是对投资者的一种保护，但也钝化了 ST 股的技术分析力量，降低了 ST 股技术分析的弹性、准确性和敏感性。

因此，建议大家在重视技术分析的同时，也要结合基本面分析，才能实现效用最大化。

下面，我们选取三种常用的、经典的技术分析进行介绍，并进一步对 ST 股的技术分析进行探索。

# 第一节　K 线分析

## 一、K 线的含义

K 线又称阴阳线或日本阴阳烛，它能将每一个交易期间的开盘与收盘的涨跌以实体的阴阳线表现出来，并将交易日中曾出现的最高价、最低价以上影线、下影线的形式直观地反映出来，从而使得投资者能对变化多端的市场行情有一种一目了然的直接感受（见图 6-1）。

K 线最大的优点是简单易懂、运用灵活，最大的缺点在于忽略了市场价格在变动过程中的各种纷繁复杂的因素，而只将其基本特征展现在投资者面前。

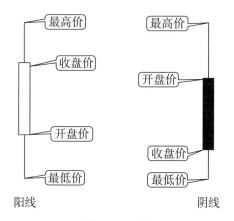

图 6-1　K 线

K线从时间上分为日K线、周K线、月K线、年K线，以及将一日内交易时间分成5分钟K线、15分钟K线、30分钟K线、60分钟K线等。这些K线有着不同的作用。其中，周K线、月K线、年K线反映的是市场价格的中长期趋势，对中长期投资者有必要的参考作用。5分钟K线、15分钟K线、30分钟K线、60分钟K线反映的是市场价格的超短期趋势，特别是60分钟K线，是短线投资者经常使用的。

K线所包含的市场信息极为丰富。

以单根K线而言，一般上影线和阴线实体表示市场价格的下压力量，下影线和阳线实体表示市场价格的上升力量；上影线和阴线实体比较长就说明市场价格的下跌动能比较大，下影线和阳线实体较长则说明市场价格的上升动力比较强。

如果将多根K线按不同规则组合在一起，又会形成不同的K线组合。这样的K线形态所包含的市场信息就更丰富了。如在涨势中K线组合出现乌云盖顶的形态就说明可能升势已尽，多头应尽早离场；在跌势中K线组合出现曙光初现的形态，说明市场价格可能见底回升，是逢低建仓买入的时机。

在运用K线分析走势时，要注意以下几点。

### 1. 与成交量配合使用

K线分析的只是价格，在实战过程中，为了更精准地判断动能的变动情况，投资者应该结合成交量进行综合分析。

## 2. 主力的影响

级别越低的K线，如15分钟K线、30分钟K线、60分钟K线、日K线，越容易受到主力或大户的操纵。过去某些主力的操盘高手甚至能够故意制造特殊的K线组合来迷惑散户。

与此相反，级别越高的K线越不容易受到操纵。

## 3. 影线的长度

影线越长，说明多空双方斗争越激烈，股价越有可能逆袭原来的市场趋势，投资者对这一点要有清醒的认识。

# 二、K线的十个经典买入形态

## 1. 锤子线

锤子线形态是指类似于锤子的单根K线，其实体部分较小，且位于K线的上端，有着较长的下影线，其长度一般达到K线实体的两倍以上，一般没有上影线或上影线极短，锤子线的实体既可以是阳线也可以是阴线。如图6-2所示。

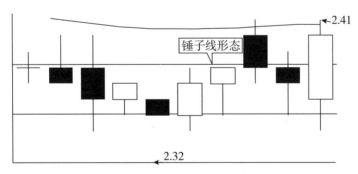

图6-2　锤子线

当股价经过一波较大的下跌趋势之后，在底部出现锤子线，表明市场上涨动能已经开始积聚，接下来有可能出现一波上涨走势。投资者面对该形态，要密切关注后市，当股价越过锤子线实体时，就可以短线买入。如图6-3所示。

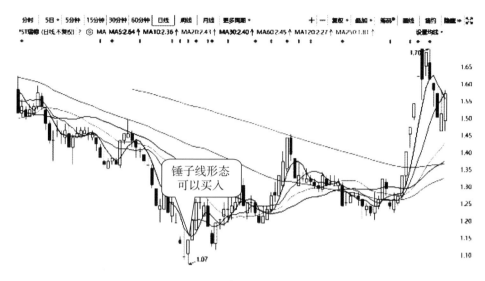

图 6-3　*ST 瑞德日 K 线

2022年4月29日，*ST瑞德（600666，已更名为ST瑞德）在"披星""戴帽"的影响下，股份出现了一波下跌走势，创出新低。公司当日发布公告，股价连续三日跌幅偏离值累计达到15%，属于异常波动。公司经过自查，生产经营情况正常，未发生其他重大变化，所处市场环境、行业政策也未发生重大调整，但公司存在可能被终止上市的风险，实际控制人发生变更风险。这时，在底部出现锤子线形态，表明上涨动能即将启动，2022年5月5日，股价大幅上涨，是买入的时机。

### 2. 启明星

启明星又称早晨之星，形态出现在股价下跌途中，由三根K线组成，第一根是阴线，第二根是十字线，第三根是阳线，第三根K线实体可以"吞没"第一根K线实体。如图6-4所示。

启明星形态表明股价上涨动能在经过十字线的搏斗之后已经战胜了下跌动能，后市看涨。投资者一旦发现该形态，要加以关注适时买入。如图6-5所示。

2022年7月6日，*ST亚联（002316，已更名为亚联发展）由于前期"披星""戴帽"，股价连续下跌，经过一段时间的盘整，在底部区域出现启明星形态，表明市场上涨动能已经占据优势，后市开启连续上涨行情。投资者看

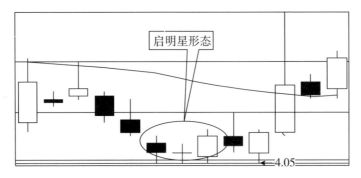

图6-4 启明星

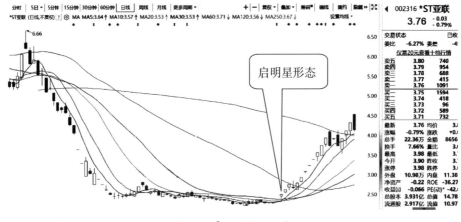

图6-5 *ST亚联日K线

到启明星形态后，可以积极买入。

实际操作中，启明星形态中间的K线除了十字星，还可以是小阴线、小阳线、锤子线等，其本质上都是一样的。

### 3. 看涨吞没

看涨吞没形态出现在下跌趋势中，由两根K线组成，第一根K线是实体较小的阴线，第二根K线是实体较长的阳线，且这根阳线的实体将前根阴线的实体从下到上全部"吞没"。如图6-6所示。

看涨吞没形态是强烈的看涨信号。该形态中阳线实体完全吞没阴线实体，说明上涨动能已经完全占据优势，股价接下来有较大可能出现一波涨势。投资者要注意把握买入机会。如图6-7所示。

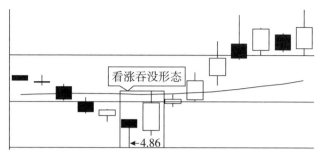

图 6-6　看涨吞没

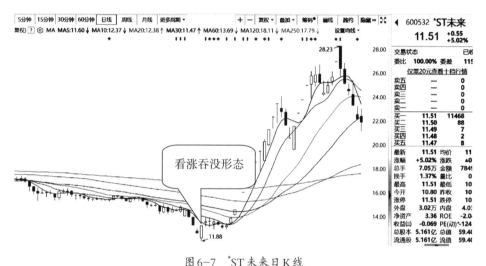

图 6-7　*ST 未来日 K 线

2022 年 7 月 6 日，*ST 未来（600532，已更名为退市未来）经过前段时期的下跌，收出一根小阴线，2022 年 7 月 7 日，收出一根大阳线，出现看涨吞没形态，掘金 ST 投资者这个时候可以把握机遇大胆买入，经过短暂的小幅调整，该股股价进入主升浪行情，连续拉升涨停，投资者获利丰厚。

可见，看涨吞没形态发出的买入信号是比较强烈的。

### 4. 曙光初现

曙光初现形态出现在下跌途中，由一阴一阳两根 K 线组成。该形态先出现一根大阴线或中阴线，接着出现一根大阳线或中阳线，阳线的实体可以"吞没"阴线实体的 1/2 以上。如图 6-8 所示。

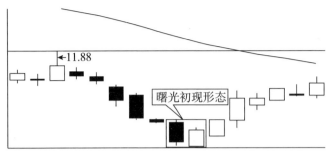

图 6-8　曙光初现

曙光初现形态表明在市场下跌动能急剧释放的同时，上涨动能突然而至，并占据上风，之后股价有较大可能出现一波上涨走势。但其可靠性不如看涨吞没形态。掘金 ST 股的投资者见到该形态，就要引起注意，一旦后市股价继续上涨，就要短线买入。如图 6-9 所示。

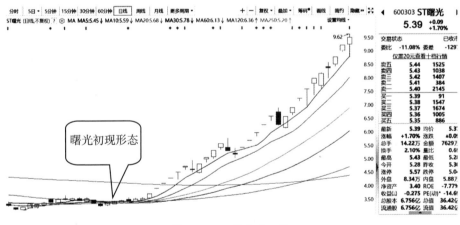

图 6-9　ST 曙光日 K 线

2022 年 8 月 2 日，ST 曙光（600303）收出一根大阴线。2022 年 8 月 3 日，该股又收出一根中阳线，曙光初现形态出现。2022 年 8 月 4 日，又一根大阳线出现，进一步确立了股价上涨走势。掘金 ST 的投资者在曙光初现时应积极买入，在确立股价上涨走势后大胆买入，后期股价开启了一波上涨走势。

### 5. 旭日东升

旭日东升形态出现在股价下跌途中，由一阴一阳两根 K 线组成。与曙光初现形态类似，先是一根大阴线或中阴线，接着出现一根高开的大阳线或中阳线，阳线的收盘价要高于前一根阴线的开盘价，如旭日升起。如图 6-10 所示。

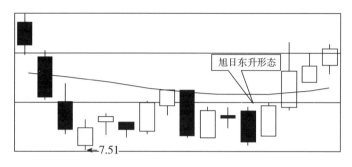

图 6-10　旭日东升

旭日东升形态是见底信号，且看涨意义更强于曙光初现形态。阳线实体高出阴线实体部分越多，转势信号就越强。投资者见到该信号后，要注意及时买入。如图 6-11 所示。

图 6-11　*ST 沈机日 K 线

2022 年 5 月 26 日，*ST 沈机（000410，已更名为沈阳机床）收出一根中阴线。2022 年 5 月 27 日，该股高开收出一根阳线，收盘价高于前一天的开盘价，出现旭日东升形态。2022 年 5 月 28 日，又跳空高开，股价涨停收盘，进一步确认了上涨走势。果然，*ST沈机后期开启了一波不错的上涨走势。如果掘金ST的投资者在旭日东升形态时积极买入，会获得不错的收益。

### 6. 低位孕线

低位孕线形态出现在下跌走势中，由两根K线组成。第一根K线实体较长，第二根K线实体较小，且被包括在第一根K线的实体之内。两根K线的颜色没有限制。如图6-12所示。

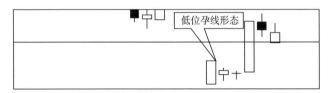

图6-12　低位孕线

低位孕线形态表明市场在低位，多空双方正在进行激烈的交锋，空方占据优势的局面正在改变，之后股价有较大可能出现一波上涨走势。投资者见到此形态，只要后市不跌破形态最低点，就可以积极买入。如图6-13所示。

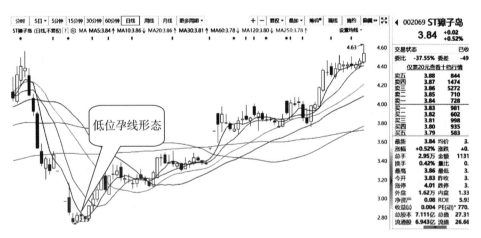

图6-13　ST獐子岛日K线

2022年5月12日，ST獐子岛（002069，已更名为獐子岛）股价连续跌停，创下历史低位。2022年5月13日，该股收出一根阳线，多方开始发力。2022

年5月16日和17日，该股虽然收出两根小阴线，但股价始终没有低于前期低点，形成低位孕线形态。2022年5月18日，该股又收出一根大阳线，确认了上涨走势。如果我们在见到低位孕线形态时积极买入，在确认上涨走势后大胆买入，后期回报可期。

### 7. 平底形态

平底形态又称平头底部，在下跌走势中出现，由两根或两根以上的K线组成，且其最低价处于同一水平位置上。这个最低价既可以是实体，也可以是下影线。如图6-14所示。

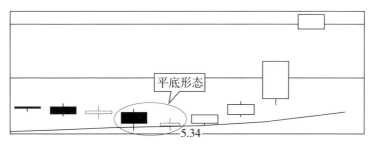

图 6-14　平底形态

有时候，构成平底形态的两根K线可以不直接相邻，中间间隔一条或几条K线，这并不影响平底形态的市场意义。

平底形态是一种比较典型的股价受到有力支撑的走势，是看涨信号，但其信号强度并不是特别强烈。ST股掘金者可以在后市股价继续上涨的时候积极买入。如图6-15所示。

2021年6月9日，ST冠福（002102，已更名为冠福股份）股价经过连续下跌，创出新低，最终以红盘报收（今日收盘价高于上日收盘价）。然后股价开始震荡筑底，经过较长时期的整理，始终没有跌破前期的低位，形成平底形态。直到2021年7月2日，该股收出一根大阳线，突破平底形态，开启上涨走势。如果我们在该股处于平底形态时关注，在后期股价上涨、突破平底形态时买入，有不错的收益。

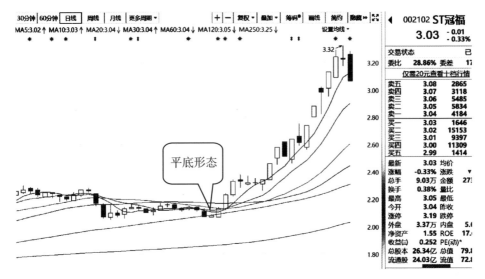

图6-15　ST冠福日K线

### 8. 塔形底

塔形底形态是由多根K线所组成的看涨形态。在下跌走势中，先是一根大阴线或中阴线，后为一连串的小阴线、小阳线，最后出现一根大阳线或中阳线，因其形状像个倒扣的塔顶故称为塔形底形态。如图6-16所示。

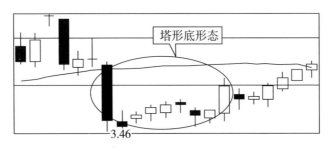

图6-16　塔形底

塔形底形态表明上涨动能在经过一段时间的积聚之后（小阴线、小阳线的低位调整），已经彻底战胜下跌动能（大阳线或中阳线将上涨动能的优势地位确立），股价即将出现一波上涨走势。投资者一旦见到该形态，要注意及时买入。如图6-17所示。

2022年6月14日，*ST大通（000038，已更名为大通退）股价经过前期连

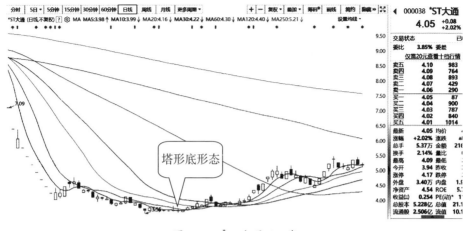

图 6-17 ＊ST 大通日 K 线

续下跌，创出历史低位。然后开始企稳，连续小阴线、小阳线，逐步抬升股价，集聚上涨动能，形成塔形底形态。后期出现了一波上涨行情。掘金 ST 的投资者在塔形底形态时积极买入，短期将获得收益。

### 9. 红三兵

红三兵形态是由三根阳线组成的看涨形态。其中每根阳线的开盘价均处于前一根阳线的实体之内，或者相距不远；其收盘价则呈依次上升的态势。如图 6-18 所示。

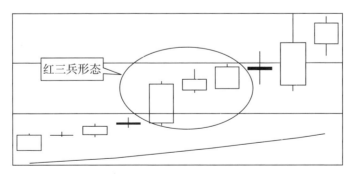

图 6-18 红三兵形态

红三兵形态多出现在上涨走势中，它表明上涨动能持续强劲，股价接下来将延续原来的上涨走势。投资者一旦发现该形态出现，就要注意伺机买入，顺势而为。如图 6-19 所示。

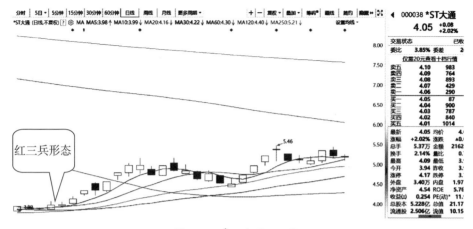

图 6-19  *ST大通日K线

2022年7月12—14日，*ST大通（000038）股价连续三天收涨，形成红三兵形态，表明上涨动能持续强劲。2022年7月15日，股价又跳空高开，以涨停价收盘，并开始了一波上涨行情。掘金ST的投资者在红三兵形态时积极买入，收获短期收益。

### 10．上升三法

上升三法形态又称上升三部曲，一般出现在股价上涨途中，由大小不等的五根K线组成。

这五根K线中，第一根K线为大阳线或中阳线，接下来三根为小阴线（也可以有多根，也可以是小阴线、小阳线），但都没有跌破前面第一根阳线的开盘价，之后出现了一根大阳线或中阳线，且其收盘价要高于第一根阳线的收盘价，其走势有点类似英文大写字母的"N"。如图6-20所示。

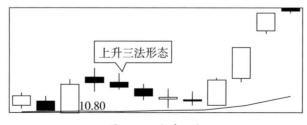

图 6-20  上升三法

上升三法形态表明下跌动能只是昙花一现，上涨动能再次夺取控制权，股价接下来仍会延续上涨走势。投资者要注意及时买入。如图6-21所示。

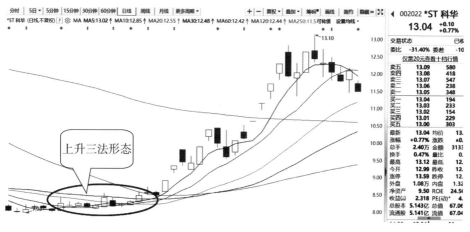

图6-21　*ST科华日K线

2022年7月7日，*ST科华（002022，已更名为科华生物）收出一根中阳线，然后是小阴线、小阳线。2022年7月14日，该股又收出一根中阳线，形成上升三法形态，接着又开始小阴线、小阳线。2022年7月20日，该股又出现一根中阳线，再次形成上升三法形态，股价开启一波上涨行情。掘金ST的投资者，在该股形成上升三法形态时，积极买入，后期回报可期。

## 三、K线的八个经典卖出形态

### 1. 上吊线

上吊线形态实际上就是上涨走势中的锤子线。它一旦出现在上涨走势中，就表明本来多方占据优势的局面有较大可能被扭转，之后股价有可能出现下跌走势。如图6-22所示。

上吊线出现，投资者就要提高警惕，一旦后市股价下跌，就要注意短线卖出。上吊线在走势图中极为常见，多与其他K线一起，构成K线看跌组合。如图6-23所示。

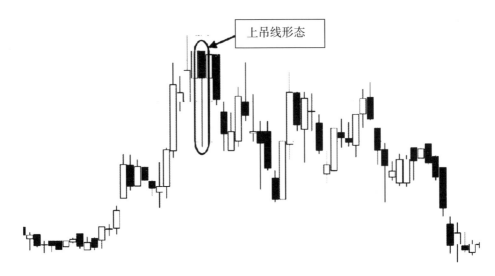

图6-22　上吊线

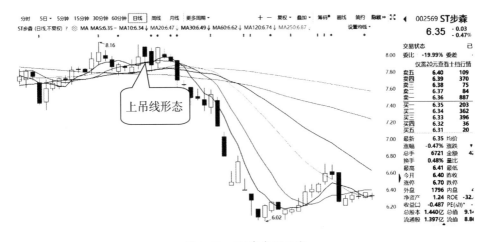

图6-23　ST步森日K线

2022年4月7日，ST步森（002569）上涨收出一根阳线，第二天收出一根上吊线形态阴线，第三天又收出一根中阴线，进一步确认下跌趋势。掘金ST的投资者在出现上吊线形态时要高度注意，适时减仓卖出，当进一步确认时，要果断出局，避免下跌造成资金损失。

### 2. 黄昏星

黄昏星形态与启明星正好相反，它出现在上涨走势途中，由三根K线组成。第一根是阳线，第二根是十字线，第三根是阴线。第三根K线实体可以"吞没"第一根K线实体。如图6-24所示。

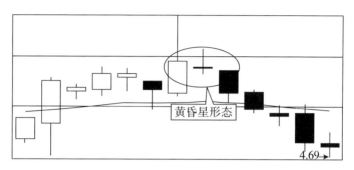

图6-24 黄昏星

黄昏星形态是较为强烈的看跌信号，它表明下跌动能在经过十字线的搏斗之后已经战胜了上涨动能，后市看跌。投资者一旦发现该形态，要注意及时卖出。如图6-25所示。

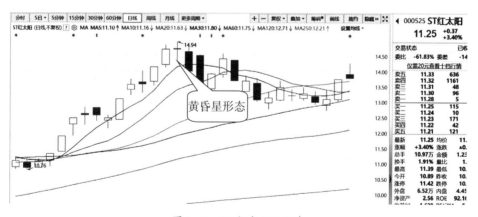

图6-25 ST红太阳日K线

2022年7月1日，ST红太阳（000525）股价经过一段时间的上涨，收出一根阳线。第二天，该股收出一根十字线，表明多空双方势均力敌。第三天，该股又收出一根中阴线，表明空方开始占据主动，形成黄昏星形态。第四天，又出现一根大阴线，开启一段时间的下跌走势。掘金ST的投资者在看到黄昏星形态后，如果果断卖出股票，可以很好地规避暂时的风险。

实际上，黄昏星形态中间的K线除了十字星之外，还可以是小阴线、小阳线、锤子线等。

### 3.看跌吞没

看跌吞没形态出现在上涨趋势中，由两根K线组成。第一根K线是实体较小的阳线，第二根K线是实体较长的阴线，且这根阴线的实体将前阴阳线的实体从上到下全部"吞没"。如图6-26所示。

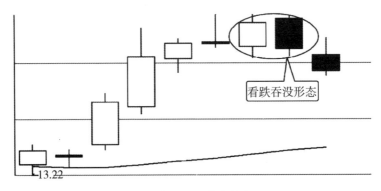

图6-26 看跌吞没

看跌吞没形态是强烈的看跌信号。该形态中阴线实体完全吞没了阳线实体，说明下跌动能已经完全占据优势，股价接下来有较大可能出现一波跌势。投资者要注意把握卖出机会。如图6-27所示。

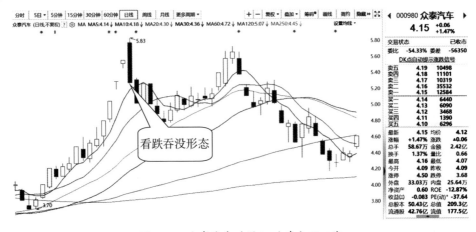

图6-27 众泰汽车（原ST众泰）日K线

2022年8月23日，ST众泰（000980，已更名为众泰汽车）股价经过一段时间的连续上涨，多方占据主动，收出一根阳线。第二天，股价冲高回落，收出一根大阴线，吞没了前期的阳线实体，出现看跌吞没形态，空方占据优势，股价接下来出现了一波跌势。掘金ST的投资者要把握机会，果断卖出。

### 4. 乌云盖顶

乌云盖顶形态出现在涨势中，由一阳一阴两根K线组成。其中前根K线为中阳线或大阳线，后根K线为中阴线或大阴线，且阴线的开盘价要高于阳线的收盘价，阴线实体可以"吞没"阳线实体的1/2以下。如图6-28所示。

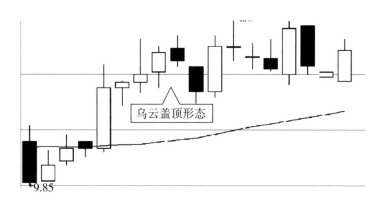

图 6-28　乌云盖顶

乌云盖顶形态表明在市场上涨动能急剧释放的同时，下跌动能突然而至并占据上风，之后股价有较大可能出现一波下跌走势。但其可靠性不如看跌吞没形态。投资者一旦见到该形态，就要引起注意，一旦后市股价继续下跌，就要短线卖出。如图6-29所示。

2022年9月13日，ST新城（000809，已更名为铁岭新城）股价经过前期上涨，收出一根中阳线。2022年9月14日，该股收出一根中阴线，阴线实体可以"吞没"阳线实体的1/2以下，形成乌云盖顶形态。第三天，又出现一根大阴线，空方完全占据主动。掘金ST的投资者在乌云盖顶形态时应主动卖出，在确认时果断斩仓，可以避免资金损失。

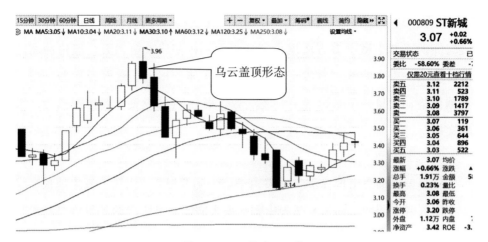

图 6-29　ST新城日 K 线

在实战中，阴线实体深入阳线实体部分越多，转势信号就越强烈。当阴线完全跌破阳线实体时，就转化为看跌吞没形态。因此，投资者就可以理解为什么看跌吞没形态的看跌意义强于乌云盖顶形态了。

### 5. 倾盆大雨

倾盆大雨形态出现在股价上涨途中，由一阳一阴两根 K 线组成。与乌云盖顶形态类似，先是一根大阳线或中阳线，接着出现一根低开的大阴线或中阴线，阴线的收盘价要低于前一根阳线的开盘价。如图 6-30所示。

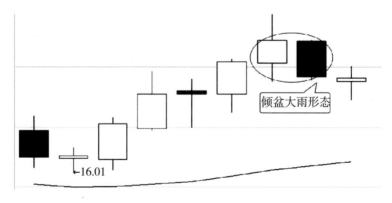

图 6-30　倾盆大雨

倾盆大雨形态是见顶信号，且看跌意义强于乌云盖顶，甚至强于看跌吞没形态。阴线实体高出阳线实体部分越多，转势信号就越强。投资者见到该信号后，要注意及时卖出。如图 6-31 所示。

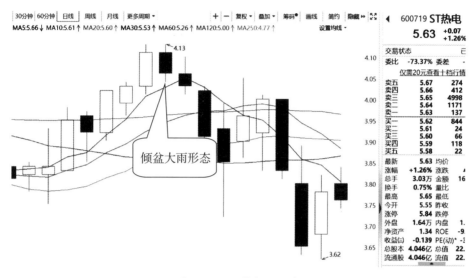

图 6-31　ST 热电日 K 线

ST 热电（600719，已更名为大连热电）股价经过前期上涨，2022 年 3 月 3 日收出一根中阳线。第二天，该股出现一根低开的中阴线，阴线的收盘价低于前一根阳线的开盘价，形成倾盆大雨形态，后期出现一波下跌。掘金 ST 的投资者在看到倾盆大雨形态时，要及时斩仓出场，规避后期的下跌。

### 6. 高位孕线

高位孕线形态出现在上涨走势中，由两根或多根 K 线组成。第一根 K 线实体较长，从第二根开始，每一根 K 线实体均较小，且全部被包括在第一根 K 线的实体之内。两根或多根 K 线的颜色没有限制。如图 6-32 所示。

与低位孕线形态类似，有时候高位孕线形态会出现多根 K 线组合在一起的"孕育"形态，这是因为后面几根 K 线的实体都较小，都被包括在第一根 K 线的实体之内，因此可以将后面几根 K 线叠加在一起。

高位孕线形态表明市场在高位，多空双方正在进行激烈的交锋，多方占据优势的局面正在改变，之后股价有较大可能出现一波下跌走势。投资者见到此形态，只要后市不向上突破形态最高点，就要卖出。如图 6-33 所示。

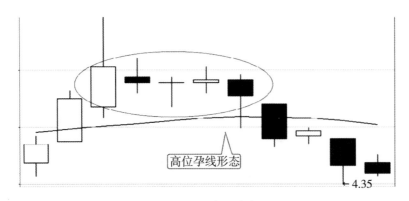

图 6-32　高位孕线

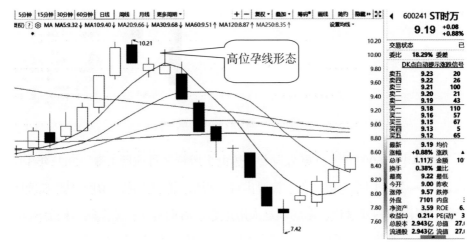

图 6-33　ST 时万日 K 线

　　ST 时万（600241，已更名为时代万恒）股价经过前期上涨，2022 年 3 月 2 日收出一根实体较强的阳线。2022 年 3 月 3 日，该股又收出一根实体较小的阴线，出现高位孕线形态。接着两天，都出现了实体较小的阳线，没有突破前期高点，延续高位孕线形态，股价出现一波下跌走势。掘金 ST 的投资者见到高位孕线形态，如果后市不向上突破形态最高点，就要及时卖出，避免损失。

### 7. 三只乌鸦

　　三只乌鸦形态又称暴跌三杰，顾名思义是指在上涨走势中，连续出现的三根阴线所组成的 K 线形态。这三根 K 线多为大阴线或中阴线，且每次均以高价开盘，最后以下跌收盘。如图 6-34 所示。

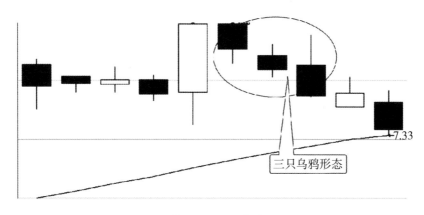

图 6-34　三只乌鸦

有观念认为乌鸦是不祥之物，三只乌鸦形态出现，预示着后市看跌意味深重。投资者要注意及时出场。如图 6-35 所示。

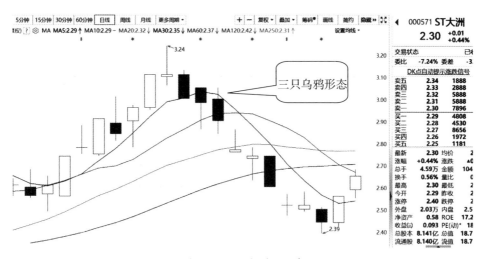

图 6-35　ST 大洲日 K 线

ST 大洲（000571，已更名为新大洲 A）股价经过前期上涨，从 2021 年 12 月 8 日到 12 月 10 日，连续收出三根阴线，这三根 K 线为大阴线或中阴线，且每次均以高价开盘，最后以下跌收盘，形成三只乌鸦形态，开启了一波下跌走势。掘金 ST 的投资者在看到三只乌鸦形态后，要及时卖出，避免资金损失。

### 8. 下降三法

下降三法形态又称下跌三部曲，出现在股价下跌途中，由大小不等的五根K线组成。这五根K线中，第一根K线为大阴线或中阴线，接下来三根为小阳线（也可以有多根，也可以是小阴线、小阳线），但都没有向上突破前面第一根阴线的开盘价，之后出现了一根大阴线或中阴线，且其收盘价要低于第一根阴线的收盘价。如图6-36所示。

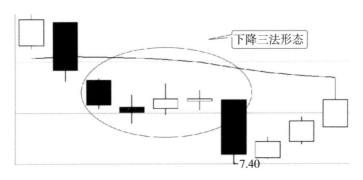

图6-36　下降三法

下降三法形态表明上涨动能只是昙花一现，空方再次夺取控制权，股价接下来仍会延续下跌走势。投资者要注意持币观望，不要急于入场。如图6-37所示。

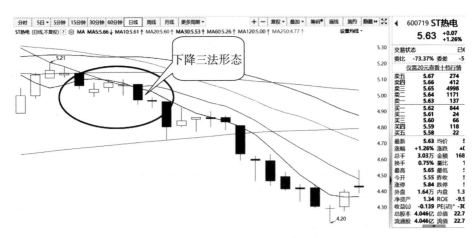

图6-37　ST热电日K线

2022年9月8日，ST热电（600719，已更名为大连热电）收出一根中阴线，接下来收出三根小阳线，但都没有向上突破前面第一根阴线的开盘价，之后又出现了一根中阴线，且其收盘价低于第一根阴线的收盘价，出现下降三法形态。掘金 ST 的投资者要及时卖出股票，如果没有仓位，要进一步观察，不可轻易入场。

# 第二节　均线分析

## 一、均线的含义

移动平均线（Moving Average，MA）是一种最为常用的技术指标，它的主要作用就是帮助我们把握趋势的运行状态。移动平均线以著名的道·琼斯的"平均成本概念"为理论基础，以统计学中的"移动平均"原理为核心，通过统计某一时间周期内的市场平均持仓成本的变化情况，进而指出趋势的运行情况。

### 1. 移动平均线的设计原理

在股票市场中，价格走势是有趋势可言的，趋势就是价格走势的中长期发展方向。价格走势只是一种表面现象，其实，它是由市场平均持仓成本变化所推动的。一般来说，价格的走势取决于两方面，一方面是源于市场平均持仓成本的变化情况，另一方面则是源于后续场内外资金的出入情况，两者各有 50% 左右的影响力。移动平均线可以很好地呈现出市场平均持仓成本的变化情况，透过均线的排列形态，我们可以很好地了解市场平均持仓成本的变化情况，进而明确趋势的运行与发展方向。

除此之外，利用中长期平均持仓成本的变化与短期持仓成本的变化，我们还可以了解市场的理性价位是多少，如果个股短期内出现了较大幅度的波动，它随后势必还会有向理性价位区回归的倾向，因而，利用中长期均线与短期均线之间的位置关系变化，我们还可以很好地把握个股的短期走势。

### 2. 移动平均线的计算方法

我们以 5 个交易日这一时间周期为例，来看 5 日均线（$MA_5$）的计算方法，

以 $C_n$ 来代表第 $n$ 日的收盘价（注：在计算时，用当日的收盘价来近似地代表当日的平均价），$MA_5(n)$ 表示第 $n$ 日的均线数值，将每个交易日的均线数值依次连接成平滑的曲线，就可以得到5日移动平均线 $MA_5$ 了。

$$MA_5(n) = (C_n + C_{n-1} + C_{n-2} + C_{n-3} + C_{n-4})/5$$

依据同样的方法，可以计算出 $MA_{10}$、$MA_{30}$、$MA_{60}$ 等均线。在实际应用中，5日均线 $MA_5$、30日均线 $MA_{30}$、60日均线 $MA_{60}$ 最常用。

## 二、均线的种类

均线按照计算的天数分为5日、10日、20日、30日、60日和120日均线。

按照时间长短，可以将其分为短期均线、中期均线、长期均线。

短期移动平均线主要是5日均线和10日均线。由于5日均线起伏较大，震荡行情时该线形态极不规则，几乎没有轨迹可寻。10日均线简单易算，是短线交易者参考与使用最广泛的移动平均线。它能较为正确地反映短期内股价平均成本的变动情形与趋势，可作为短线买卖的依据。

中期移动平均线包括20日、30日、60日均线。其中20日均线可以称为月线（因为一个月的交易日大概为20天），60日均线可以称为季线。中期均线，由于其波动幅度较短期移动平均线平滑且有轨迹可寻，较长期移动平均线敏感度高，因而优点明显，成为中期投资者的主要参考指标。

长期移动平均线为120日线，又称半年线。这是价值投资者、超级大户、职业炒手们操作股票时参考的依据。

## 三、均线的特点

### 1. 追踪趋势

均线最重要的作用是追踪趋势。由于均线消除了短期价格波动的干扰，能更多地与趋势保持一致。而原始数据的股价图表不具备这个保持追踪趋势的特性。

### 2. 滞后性

在股价原有趋势发生反转时，由于均线的追踪趋势的特性，均线的行动往往过于迟缓，调头速度落后于大趋势。这是均线的一个极大的弱点。等均线发出反转信号时，股价调头的深度已经很大了。因此，短线、超短线交易者运用均线指标时需要结合 K 线、分时线等工具来综合判断。

### 3. 稳定性

通常，越长期的移动平均线，越能表现稳定的特性，即均线不轻易往上往下，必须等股价涨势真正明朗了，移动平均线才会往上延伸，而且经常股价开始回落之初，移动平均线却是向上的，等到股价下滑显著时，才见移动平均线走下坡，这是移动平均线最大的特色。

越短期的移动平均线稳定性越差，越长期的移动平均线稳定性越强，但也因此使得移动平均线有延迟反应的特性。

### 4. 助涨助跌

当股价突破了均线时，无论是向上突破还是向下突破，股价都有继续向突破方面再走一程的惯性，这就是 MA 的助涨助跌性。

### 5. 支撑、阻力特性

由于均线的上述四个特性，使得它在股价走势中起支撑线和压力线的作用。

## 四、均线的实战分析

### 1. 突破

当股价向上突破均线，就表明市场上涨趋势初步形成。之后，股价一般会出现冲高回落，然后在均线处得到支撑再次向上，这是上涨趋势彻底形成的标志。

一般来说，所突破的均线停留时间周期越长，看涨意义越强烈。因此，当股价向上突破均线时，一般有两个买点：一是突破时；二是回调确认时。

有时，上涨动能极为强烈，可能不会出现上涨趋势的回调确认过程，那么此时就只有买点 1 而没有买点 2。如图 6-38 所示。

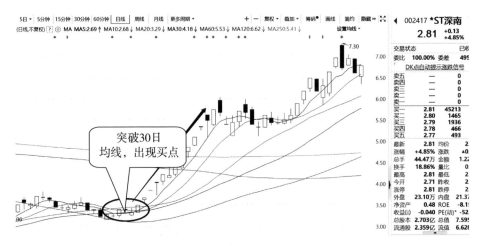

图6-38 *ST深南日K线

2022年7月18日，*ST深南（002417，已更名为深南退）股价以涨停方式突破30日均线，上涨动能强劲，没有出现回调确认，开启一路上涨趋势。掘金ST的投资者如果在形成突破时或次日及时买进，将获得好的收益。

有时，上涨动能不是很强烈，可能会出现连续上涨趋势的回调确认过程，此时就可能出现连续多个买点。如图6-39所示。

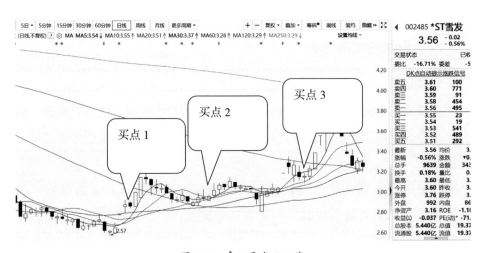

图6-39 *ST雪发日K线

2022年6月28日，*ST雪发（002485，已更名为ST雪发）股价跳空高开突破30日均线，形成买点1。2022年7月15日，股价经过前期回调，在30日均线附近获得支撑，出现买点2。2022年8月8日，股价再次在30日均线形成突破，出现买点3。掘金 ST 的投资者在买点出现后入场，获得收益。

### 2. 支撑、阻力

均线具有支撑、阻力作用，这种作用在趋势行情中表明得最为明显。

在上涨趋势中，一旦股价回调，就可能是投资者买入的良机。一旦股价回调到重要均线处，受到均线支撑作用而再次向上时，就表明上涨趋势仍将持续，投资者可以果断买入。

在确定的下跌趋势中，一旦股价反弹，就可能是被套牢投资者卖出的良机。一旦股价反弹到重要均线处，受到阻力作用而再次向下时，就表明市场下跌趋势仍将延续，投资者可以果断卖出。

这类买点和卖点如果结合 K 线组合进行综合判断，可以大大提高买卖点的精准度。

股价在上涨途中出现回调，回调到重要均线位置获得支撑，同时，出现 K 线买入信号，此时，投资者在买点买入股票，将获得不错收益。如图6-40所示。

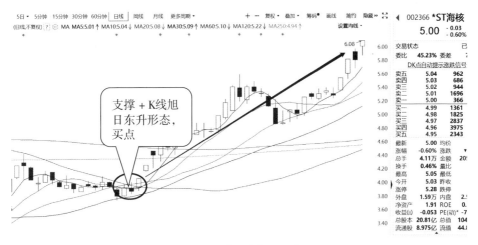

图6-40　*ST 海核日 K 线

2022年7月5日，*ST 海核（002366，已更名为融发核电）股价下跌获30日均线支撑，随后出现 K 线旭日东升形态，买点出现。

股价在下跌途中出现反弹，反弹到重要均线位置遇到阻力，同时，出现

K线卖出信号，此时，投资者在卖点卖出股票，将避免资金损失。如图6-41所示。

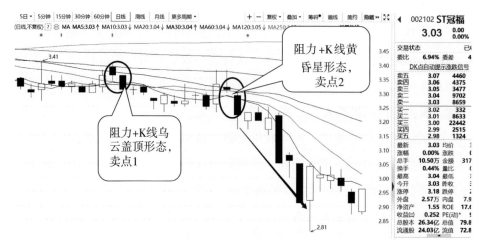

图6-41　ST冠福日K线

2022年8月24日，ST冠福（002102，已更名为能特科技）股价遇到30日均线阻力下跌，并形成K线乌云盖顶形态，出现卖点1。2022年9月8日，股价又遇到30日均线阻力，并形成K线黄昏星形态，出现卖点2。掘金ST的投资者在出现卖点时及时出场，避免资金损失。

**3. 黏合与发散**

均线的黏合与发散是多条均线的综合运用。

在一组均线系中，几条均线黏合在一起，说明市场正处于震荡，多空双方的鏖战还没有分出最终的胜负。投资者要静待结果的出现。

而当一组均线经过较长时间的黏合之后，股价突然放量大涨，形成一根大阳线并一举突破多根均线（即一阳破多线），就表明经过长期的震荡之后，多方占据优势，股价接下来将出现一波上涨趋势；反之，当股价突然下跌，形成一根大阴线并一举跌破多根均线（一阴破多线），就表明空方占据优势，下跌趋势即将出现。

因此，当一阳破多线形成，买点出现；一阴破多线形成，卖点出现。

在实战中，投资者还要注意以下几点：

（1）黏合的时间。一般来说，几条均线黏合的时间越长，之后的趋势性行情就越大。这就是所谓的"横有多长，竖就有多高。"

（2）参数的选择。实战中，一般用三条均线，其参数为 $MA_5$、$MA_{20}$、$MA_{60}$。

（3）多头排列与空头排列。一阳破多线形成后，上涨趋势出现，之后几条均线将形成短期均线在下、长期均线在上的向上发散局面，也即均线多头排列；而一阴破多线形成后，下跌趋势出现，之后几条均线将形成短期均线在上、长期均线在下的向下发散局面，即均线空头排列。

多头排列、空头排列是趋势彻底形成的标志，也可以当作买卖点。

均线出现黏合后，一阳突破多根均线，形成上涨走势，此时，投资者可以在买点买入股票。均线发散，出现多头排列，此时，回调就是买点，投资者可以在买点买入股票。如图6-42所示。

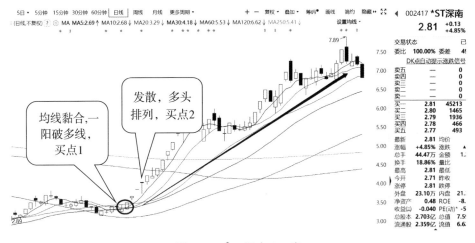

图6-42 *ST深南日K线

从2022年7月8日到7月17日，*ST深南（002417，已更名为深南退）经过震荡整理，多条均线出现黏合。2022年7月18日，一根大阳线破多线，表明多方占据主动，确立上涨趋势，出现买点1。接着股价连续上涨，均线向上发散，形成多头排列。2022年7月21日，股价震荡整理，收出一根带长下影线的锤子线形态，继续多头排列，出现买点2。后期股价连续上涨，均线向上发散，延续上涨趋势。

均线出现黏合后，一阴向下突破多根均线，形成下跌走势，此时，投资者可以在卖点卖出股票。均线发散，出现空头排列，此时，反弹就是卖点，投资者可以在卖点卖出股票。如图6-43所示。

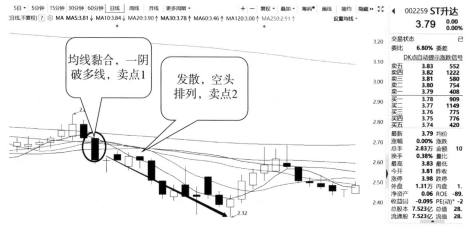

图6-43　ST升达日K线

从2022年9月6日到2022年9月15日，ST升达（002259）股价经过震荡整理，均线出现黏合。2022年9月16日，一根大阴线破多根均线，表明空方占据主动，确立下跌趋势，出现卖点1。接着股价下跌，均线向下发散，形成空头排列。2022年9月21日，股价无力反弹，继续空头排列，出现卖点2。后期股价连续下跌，均线向下发散，延续下跌趋势。

# 第三节　MACD 指标分析

## 一、MACD指标的概念与含义

### 1. MACD指标的概念

MACD指标，也即指数平滑异同移动平均线指标，由查拉尔·阿佩尔（Geral Apple）所创造，是用来跟踪股价运行趋势、研判股票买卖时机的技术分析工具。该指标是炒股软件中的常用指标，有"指标之王"的美誉。

## 2. MACD 指标的含义

MACD 指标由 DIFF 线、DEA 线、MACD 柱线和零轴这"三线一轴"组成。MACD 指标默认参数为 12、26、9。

DIFF 线与 DEA 线的实际关系：DIFF 线实际上是 12 日 EMA 线与 26 日 EMA 线的差值，而 DEA 线则是 DIFF 线的 9 日 EMA 线。正因为这样，DIFF 线显得更为灵敏（快线），而 DEA 线则更为稳重（慢线）。

从这个角度来说，DIFF 线的用法基本上 DEA 线都可以使用，只不过更可靠一点，但灵敏度会稍有不及。

在炒股软件中，标有 MACD 指标的计算依据，如 MACD（12、26、9）。每个软件版本不同，其颜色的标志不一样。东方财富软件中，DIFF 用湛蓝色线标识，DEA 用紫红色线标识。MACD 指标的零轴就是 0，正值代表 DIFF 线大于 DEA 线的意思，负值代表 DIFF 线小于 DEA 线的意思。如图 6-44 所示。

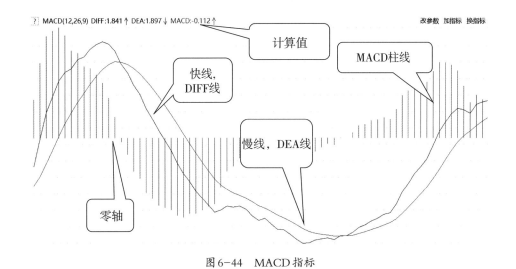

图 6-44　MACD 指标

## 二、MACD 指标的实战分析

### 1. MACD 指标的数值

MACD 指标中的两线一柱均有数值，根据这些数值的大小我们可以对所处的市场行情作出一个判断。

（1）两线一柱值均大于0并向上移动，表示当前属于多头行情，投资者可以买入或继续持有。如图6-45所示。

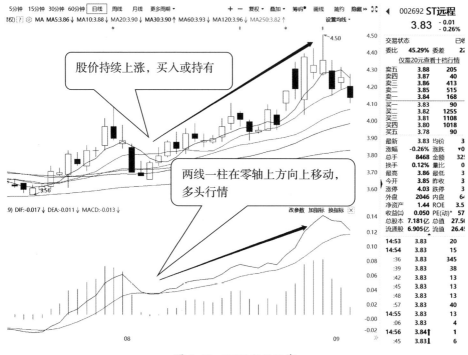

图6-45　ST远程日K线

（2）两线一柱值均大于0并向下移动，表示当前行情面临下跌走势，投资者可以卖出或观望。如图6-46所示。

（3）两线一柱值均小于0并向下移动，表示当前市场处于空头行情，股价将延续下跌走势，投资者可以卖出股票，不要轻易入场。如图6-47所示。

（4）两线一柱值均小于0并向上移动，表示股价行情即将启动，股价将会上涨，投资者可以买入或持股待涨。如图6-48所示。

### 2. MACD指标的交叉实战分析

MACD指标中的DIFF线和DEA线是两条指标线，有时会出现交叉，而这些交叉的现象可以发出比较准确的买卖信号。

（1）零轴上方的金叉。

MACD指标数值位于零轴上方，DIFF线（快线）向上突破DEA线（慢

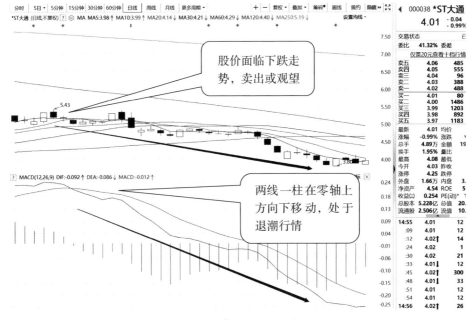

图 6-46　*ST 大通日 K 线

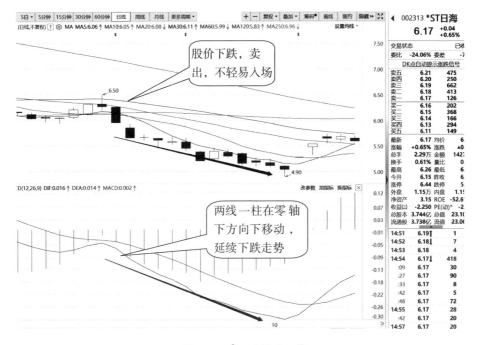

图 6-47　*ST 日海日 K 线

线）时的交叉称为"黄金交叉"或"金叉"，表示股价将上涨，投资者可以买入、加仓或持股待涨。如图6-49所示。

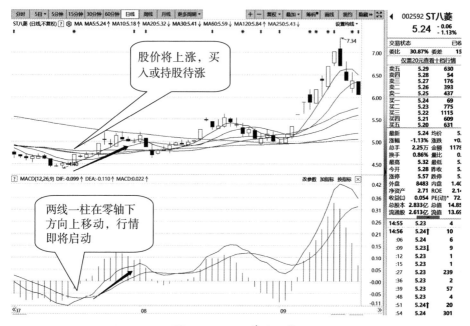

图6-48　ST八菱日K线

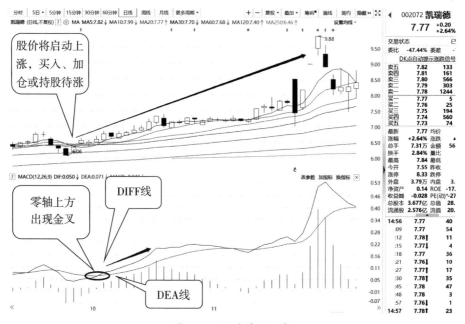

图6-49　凯瑞德日K线

（2）零轴下方的金叉。

当MACD指标数值位于零轴下方，DIFF线向上突破DEA线时，形成金叉，表示股价即将转强，股价跌势将止跌朝上，投资者可以开始买入或持股。

MACD指标数值位于零轴下方，表示当前市场处于空头，股价处于下跌走势，此时出现金叉，有两种情况：一是股价出现反弹走势，反弹结束后继续下跌；二是股价下跌动能耗尽，多头占据主动，出现反转上涨走势。因此，无论属于哪一种情况，股价都将面临一段时间的上涨。如图6-50所示。

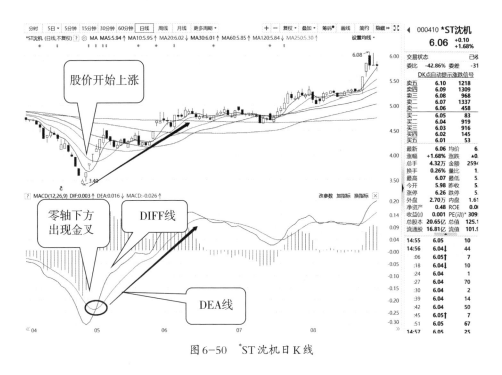

图6-50 *ST沈机日K线

（3）零轴下方的死叉。

MACD指标数值位于零轴下方，DIFF线下穿DEA线时的交叉称为"死亡交叉"或"死叉"，表示股价后市继续处于弱势，将持续下跌，投资者可以卖出或观望。如图6-51所示。

（4）零轴上方的死叉。

当MACD指标数值位于零轴上方，DIFF线下穿DEA线时，形成死叉，表示股市即将转弱，股价将下跌，投资者可以卖出股票。

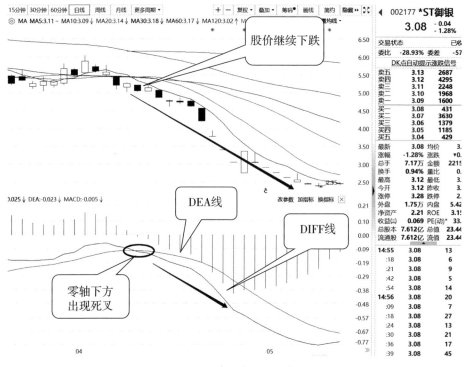

图 6-51　*ST御银日 K 线

MACD 指标数值在零轴上方出现死叉，会发生两种情况：一是股价上涨行情开始调整走势的时候；二是股价在高位见顶，反转下跌。两种情况的股价都将面临一波下跌走势。如图 6-52 所示。

### 3. MACD 指标的背离实战分析

MACD 指标最初的数值来源于指数移动平均线，而移动平均线的数值源于股票的收盘价，因此，指标与股价的走势大多数时候是同步的，如果指标两线的走势与股价出现了背离的形态，则表示股价走势将面临转折。

（1）MACD 指标与股价出现顶背离形态。顶背离形态是指 MACD 指标在股价不断上涨创出新高时反而出现下移，形成与高点背离的形态，后期股价将会从高位滑落，因此，投资者在见到该形态时要考虑卖出股票。如图 6-53 所示。

一般而言，MACD 指标与股价的顶背离现象不会持续太长时间，当股价创出新高滑落之后，很快就会与指标的走势保持一致。

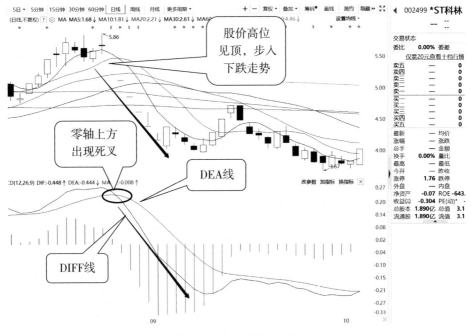

图 6-52　*ST 科林日 K 线

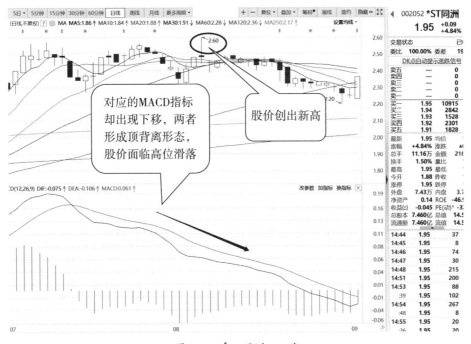

图 6-53　*ST 同洲日 K 线

（2）MACD指标与股价出现底背离形态。底背离是指MACD指标在股价不断下行创出新低时反而开始上行，形成与低点背离的形态，该形态出现一段时间之后，股价将会跟随指标的上行而上涨，因此，投资者在见到该形态时可以考虑买入股票。如图6-54所示。

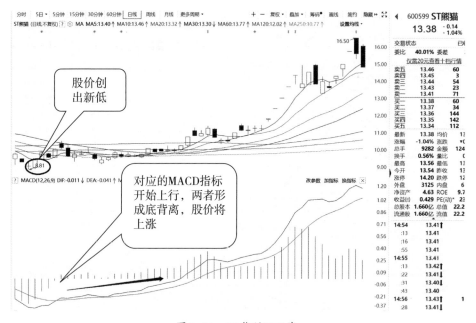

图6-54　ST熊猫日K线

### 4. MACD柱线实战分析

MACD柱线的数值是由DIFF线和DEA线的差值决定的，二者差值越大，该柱线越长，表现在图形上即为两线的距离越远，柱线越长；反之，距离越近，柱线越短。如图6-55所示。

MACD指标中两线的距离越远，表示股价变动的速率越大，即股价变动的量能越大，因此，通过MACD柱线的长短可以轻松发现股价量能变动的情况。

如果MACD柱线在零轴上方增长，表示当前多方占据主导，股价走势以上涨为主；如果MACD柱线在零轴下方增长，表示此时空方占据主导，股价走势以下跌为主。如图6-56所示。

MACD柱线在增长的过程中，股价的量能也在逐渐增加，当柱线达到阶

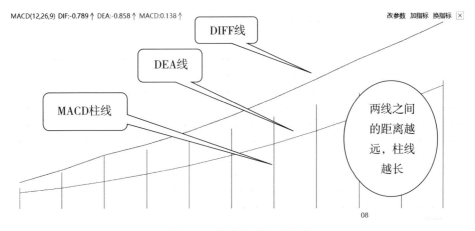

图 6-55 柱线与两线的关系

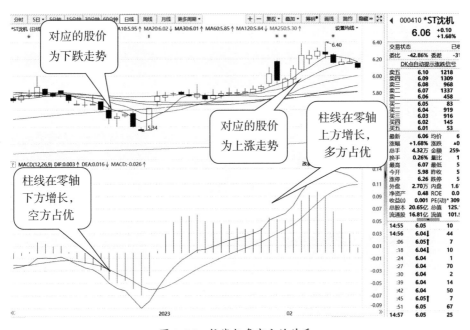

图 6-56 柱线与多空方的关系

段性最长的时候，也是量能放大最明显的时候。之后，MACD柱线会缩短，股价的变动幅度也会缩小，甚至会向相反方向发展。

通过MACD柱线长短的变化情况，我们可以比较容易找到股票的买、卖点。但是，MACD柱线的变化情况比较频繁，因此，我们只能把它作为一种分析工具来参考。

# 第四节 ST股的特殊技术分析

ST股是资本市场的"独行侠""孤勇者",其股价走势和技术分析与大盘和正常股票的技术分析有相同之处,也有其特殊的地方。因此,我们在运用技术分析寻找这类股票的买、卖点时,要高度重视其特殊性。

## 一、ST股的特殊性

### 1. ST股是存在不足的股票

既然被冠名ST,表明这只股票或多或少存在问题和不足,不是正常的股票,这是一个基本事实。因此,决定了其股价走势和技术分析与正常股票存在异同点。

### 2. ST股是有涨跌幅限制的股票

创业板、科创板的ST股涨跌幅为 ±20%;主板、中小板的ST股涨跌幅为 ±5%。正是因为有涨跌幅限制,一方面,缩小了其震荡幅度,限制了投机炒作,保护了投资者;另一方面,钝化了技术分析,技术分析的敏感性、准确性也受到了影响。

### 3. ST股是有许多购买限制条件的股票

投资者在购买ST股时往往受到证券公司设置的条件限制,不能融资买入,只能用自有资金购买。沪深交易所规定同一客户单日买入单只风险警示股票数量不得超过50万股(以本人名义开立在单个或多个证券公司的普通、信用账户合并计算)。一些基金公司、投资公司、理财产品、保险资金等法人类投资者对购买ST股有严格规定,除了有一定购买比例限制外,在购买金额上也有一定的限制等。这些限制条件在某种程度上是为了规避风险,同时减少其交易量,导致技术分析有失真现象。

### 4. ST股一般价格较低、市值较小

如果说我国资本市场中不乏垃圾股,那么,ST股就是垃圾股的代表。正

因如此，ST 股的股价一般都很低，公司市值都比较小。由于 ST 股价格低、市值小，就很容易被主力操控。主力可以操控股价连涨连跌，还可以人为做出技术走势，迷惑散户，诱多诱空。

## 二、ST 股的阴阳实体

由于 ST 股的涨跌幅限制，钝化了 ST 股的阴阳实体。因此，ST 股的阴阳实体概念与正常股票阴阳实体概念有区别。我们定义 ST 股的小阴、小阳、中阴、中阳、大阴、大阳不能套用正常股票的阴阳实体概念。那么如何定义 ST 股阴阳实体？作者认为，ST 股的大阳、大阴可以定义为涨跌幅为 ±3%，中阳、中阴可以定义为涨跌幅 ±1.5% ~ ±3%，涨跌幅小于 ±1.5% 为小阳、小阴。我们定义了 ST 股阴阳实体，对技术分析是有帮助的，特别大阳、大阴，是除了涨跌停板外发出的比较强的买卖信号。

## 三、ST 股的特殊实战技术分析

前面我们已经讲过，ST 股是特别处理的股票，ST 股有其自身的特殊走势，ST 股有涨跌幅限制，这些就决定了我们要对 ST 股进行特殊的技术分析。对 ST 股进行特殊技术分析，是一项特别有意义的工作，作者只是根据自己多年的观察研究，选取其中十个经典技术分析方法，以抛砖引玉，学习交流。

### 1. 仙人指路

ST 股在低位或低价区域出现第一个跳空上涨（最好是涨停），形成仙人指路形态，表明多方占据主动，则可考虑追涨买入，后面将还会上涨。如图 6-57 所示。

2021 年 11 月 22 日，ST 红太阳（000525）股价在低价区域跳空涨停，形成仙人指路形态。接着股价连续涨停，开启上涨走势。ST 股掘金者在涨停时跟进或者在打开涨停时跟进，获得收益。

### 2. 魔鬼附身

ST 股在高位或高价区域出现第一个跳空跌停，形成魔鬼附身形态，表明空方占据主动，则可考虑止损及时卖出，后面还会下跌。如图 6-58 所示。

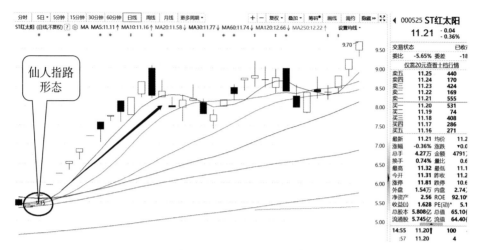

图 6-57　ST 红太阳日 K 线

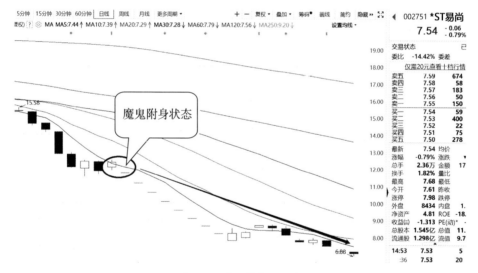

图 6-58　*ST 易尚日 K 线

2022 年 5 月 6 日，*ST 易尚（002751，已更名为易尚退）股价在高位跳空跌停，出现魔鬼附身形态。接着股价连续跌停，开启下跌走势。ST 股掘金者在跌停时卖出或者在打开跌停时卖出，可以避免资金损失。

### 3. 一手遮天

ST 股第一天出现一根实体阳线（最好是涨停实体阳线），第二天出现"一"字形直接涨停，这说明主力已经不管股价高低，直接以涨停拉升抢货，形成一手遮天形态，是ST股的最强劲上涨态势。投资者看到这种一手遮天形态，可以及时跟进买入，后期将收获厚报。如图6-59所示。

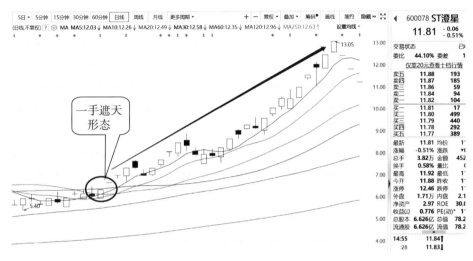

图6-59　ST澄星日K线

2021年10月29日，ST澄星（600078）收出一根光头光脚的实体中阳线。2021年11月1日（第二个交易日）出现"一"字涨停，形成一手遮天形态。ST股掘金者及时跟进或者在打开涨停时买入，收获后期收益。

### 4. 覆手为雨

ST股第一天出现一根实体阴线（最好是跌停实体阴线），第二天出现"一"字形直接跌停，这说明主力已经不管股价高低，直接以跌停派发筹码，形成覆手为雨形态，是ST股的最强劲下跌态势。投资者看到这种覆手为雨形态，可以果断卖出，避免后期资金损失。如图6-60所示。

2022年4月25日，*ST大通（000038，已更名为大通退）收出一根光头阴线，第二天出现"一"字直接跌停，形成覆手为雨形态。ST股掘金者在看到覆手为雨形态后，果断在跌停板卖出或者在跌停板打开后卖出，可以避免后期资金损失。

### 5.三级跳

ST股的涨停在低位阶段很多时候都是连续三个涨停板，第四天高开后就开始低走。这是因为：三个涨停板后要看公告，公告可以在一定程度上消除

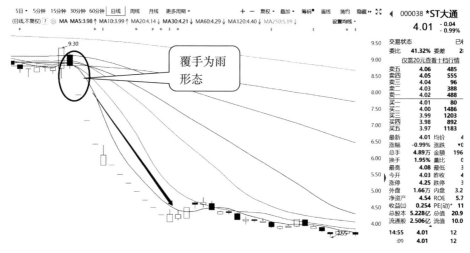

图 6-60　*ST 大通日 K 线

投资者的联想，当然主要的还是获利因素。三级跳形态后，有不少投资者会考虑获利回吐，当然最关键的是超过三个板后，投资者追高的热情会大幅减弱。因此，三级跳形态是很多 ST 股的连板极限，否则再往上的压力非常大。当然，直接封涨停也比较容易，关键看公告内容是否有隐藏的利好消息、市场的解读以及主力的意图。因此，ST 股如果超过三个板后要接着走涨停的话，基本上一开盘（或者 10 分钟内）直接封涨停。如图 6-61 所示。

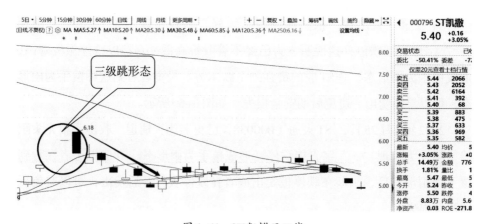

图 6-61　ST 凯撒日 K 线

从 2022 年 6 月 28 日到 6 月 30 日，ST 凯撒（000796，已更名为 *ST 凯撒）股价在高位连续涨停，形成三级跳形态。2022 年 6 月 30 日，公司发布股票交易异常波动公告，没有实质性利好。2022年7月1日，股价高开后就开始低走。

### 6.三板斧

ST股的跌停在高位阶段往往出现连续三个跌停板，第四天低开后就开始反弹。这是因为：三个跌停板后公司一般要发公告，公告可以在一定程度上消除投资者的悲观情绪，当然还有主力自救。后期如何走？关键看公告内容、市场的解读以及主力的意图。但斧头会伤人，如果没有确定的入场信号，建议投资者还是不要着急买入。如图6-62所示。

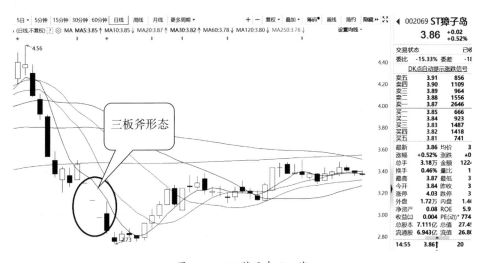

图6-62　ST獐子岛日K线

从2022年5月5日到5月10日，ST獐子岛（002069，已更名为獐子岛）三个交易日连续跌停，出现三板斧形态。2022年5月11日，公司发布股票交易异常波动公告，公司一切正常，在一定程度上消除了投资者悲观情绪。2022年5月11日，股价低开后反弹，但反弹力度不大，延续下跌后出现企稳迹象。

### 7.天地板

ST股变化无常，对于连续涨停的ST股，一个交易日内突然间从涨停板到跌停板，形成天地板形态。而跌停后，又是新一轮下跌的开始，ST股的此类走势，是由涨跌停板的特殊性、投资者的心理以及ST股的高危险性所决定的。很少有散户投资者会在涨停板卖出股票，因此主力为了让散户不高位套现，只能从涨停直接砸到跌停了，虽然这一过程出不了多少货，但是在继续下跌过程中，通过假突破、强势整理欺骗不少散户，从而达到出货的目的。如图6-63所示。

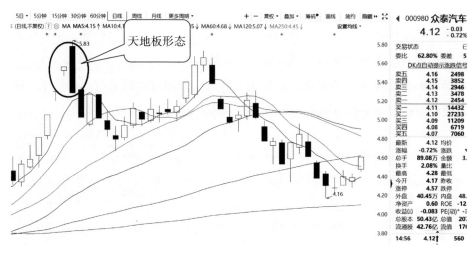

图6-63　众泰汽车日K线

2022年8月24日，ST众泰（000980，已更名为众泰汽车）股价经过前期一波上涨，从涨停突然到跌停，形成天地板形态，表明有主力资金参与做空，后期股价又开始下跌。

### 8.地天板

对于连续跌停的ST股，一个交易日内突然间从跌停板到涨停板，形成地天板形态。而涨停后，又是新一轮上涨的开始，ST股的此类走势，预示着该股有主力强势买入。如图6-64所示。

2022年8月8日，*ST未来（600532，已更名为退市未来）股价经过前期一波下跌后，突然从跌停到涨停，形成地天板形态，表明有主力资金强势买入做多，后期开启一波上涨。

### 9.向上背离

ST股的走势有其自身的特殊性。当我们通过技术分析，认为股价会上涨的时候，它却由于众多因素的干扰反而出现下跌，我们称其为向上背离形态。如图6-65所示。

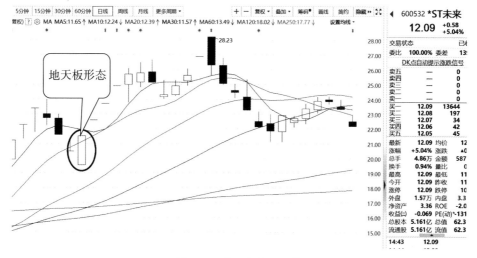

图 6-64　*ST 未来日 K 线

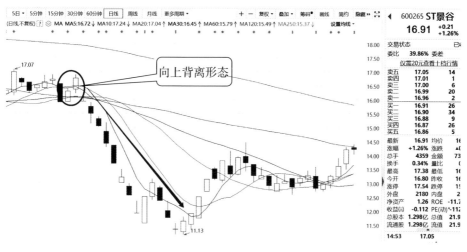

图 6-65　ST 景谷日 K 线

　　2022 年 5 月 30 日，ST 景谷（600265）收出一个中阴线。2022 年 5 月 31 日收出一根阳线。2022 年 6 月 1 日又收出一根阳线，覆盖第一天的阴线，确立上涨走势。但 2022 年 6 月 2 日，股价却突然掉头，跳空低开跌停，形成向上背离形态，投资者措手不及。原因主要是该股在 2022 年 6 月 1 日晚上，突然发布公司股票可能被终止上市的风险提示，股民受到此公告影响，纷纷斩仓出局，形成一波下跌走势。

### 10.向下背离

当我们通过技术分析，认为 ST 股股价会下跌的时候，它却由于众多因素的影响反而出现上涨，我们称其为向下背离形态。如图 6-66 所示。

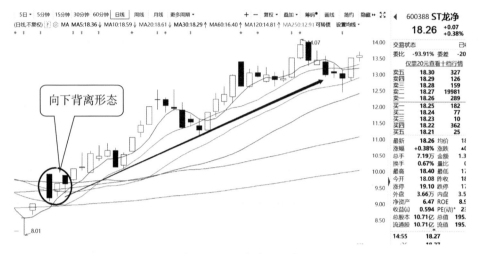

图 6-66　ST 龙净日 K 线

2022 年 5 月 11 日，ST 龙净（600388，已更名为龙净环保）股价涨停收盘。2022 年 5 月 12 日股价冲高回落，收出一根大阴线，形成乌云盖顶形态。通过技术分析，股价可能面临一波下跌走势。但是，由于公司签署终止非公开发行股票协议和公告详式权益变动报告书的影响，市场解读为正面利好，股价却企稳上涨，开启了一波上涨行情。

ST 股出现向上背离形态和向下背离形态都是比较常见的，原因主要有：一是技术分析本身存在局限性、滞后性；二是 ST 股有自身的特殊性；三是 ST 股受到基本面、消息的影响较大。因此，我们不能成为技术分析奴隶，盲目迷信技术分析。

如何避免背离现象影响投资者的买卖？我们可以：一是不要只看一种技术分析方法，而要至少结合两种以上的技术分析方法来作出买卖决策；二是技术分析方法要与 ST 股的基本面、消息结合起来分析，这一点非常重要；三是如果发现自己决策失误，要及时止损或止盈。我们始终要记住："对的是市场，错的是自己，不要找理由麻醉自己！"

# 7

第七章
CHAPTER 7

# 掘金 ST 股：
# 退市案例分析

吃一堑，长一智。

# 退市案例分析一
# 明修栈道，暗度陈仓
## ——\*ST绿庭退市案例分析

\*ST绿庭（600695，已退市，已更名为退市绿庭）全称为上海绿庭投资控股集团股份有限公司，是一家位于上海市开展投资管理，不良资产处置，投资信息咨询，商务信息咨询，财务管理咨询，企业管理咨询，信息科技、智能化科技、网络科技咨询与服务，建筑材料、五金材料、钢材、电梯、空调、物业管理，自有房屋出租，住房租赁经营业务的上市公司，而且拥有B股。

2021年4月20日公告，由于公司2020年归属上市公司股东的净利润为负值且营业收入低于1亿元，根据《上海证券交易所股票上市规则》第13.3.2条第（一）项的规定，公司股票被实施退市风险警示（含B股），公司股票简称为\*ST绿庭，绿庭B股变更为\*ST绿庭B。公司股票的日涨跌幅限制为5%。同时，公布了公司董事会关于争取撤销退市风险警示的意见及主要措施。一是聚焦公司发展战略，扩大营业收入规模。公司确立了"中国不动产投资服务商"的战略定位，利用自身的不动产投资管理和资产管理能力，发掘提升不动产的内在价值。2021年，公司将继续夯实资产管理业务，着力聚焦不动产不良资产业务发展，抓住目前国内经济结构调整的阵痛以及整体宏观经济增速放缓带来的不良资产规模持续增长的机会，加大对不良资产业务的投资力度，打造提升公司原不良资产投资的优势和专业能力在不良资产领域的实践能力，扩大营业收入规模，寻找新的利润增长点，改善公司的持续经营能力。二是收缩非核心业务，优化公司资产配置。公司将继续收缩非战略核心业务、非主营业务的发展规模，进一步优化资产负债结构，集中资源强化核心竞争力，为夯实公司主营业务以及实现战略目标提供持续、有力的支持。后续公司将持续推动资产处置和业务优化重整，以改善利润为核心，以实现资产效益和价值最大化为原则，积极妥善处置不符合公司战略的资产及业务。三是强化公司内部管理，降低公司运营成本。公司将进一步强化公司内部管理，提升财务管理水平、人力资源管理水平，以提升管理水平为抓手使管理更加精细化、信息化，提升企业运营效率，降低公司运营成本。结合公司业务的战略目标，积极开展成本"瘦身计划"，激发内部活力，一方面降低人力资源成本、不断提高人均效能，另一方面通过加强对运营成本的细化、集约化管理，降低公司的其他各项成本费用。

另外，公司也公布了可能被终止上市的风险提示。根据《上海证券交易所股票上市规则》第13.3.12条的有关规定，上市公司股票因第13.3.2条规定情形被实施退市风险警示后，公司出现下列情形之一的，由交易所决定终止其股票上市：

（1）公司披露的最近一个会计年度经审计的财务会计报告存在第13.3.2条第一款第（一）项至第（三）项规定的任一情形或财务会计报告被出具保留意见审计报告；

（2）公司未在法定期限内披露最近一年年度报告；

（3）公司未在第13.3.7条规定的期限内向交易所申请撤销退市风险警示；

（4）半数以上董事无法保证公司所披露最近一年年度报告的真实性、准确性和完整性，且未在法定期限内整改；

（5）公司撤销退市风险申请未被交易所同意。

公司因追溯重述或者行政处罚导致相关财务指标触及第13.3.2条第一款第（一）项、第（二）项规定情形被实施退市风险警示的，最近一个会计年度指前述财务指标所属会计年度的下一个会计年度。

若公司2021年年度出现上述规定情形之一，公司股票将被终止上市。

应该说，这是一份标准的、正规的《关于公司股票被实施退市风险警示暨停牌的公告》，既说清楚了公司股票被冠以*ST的原因，也说明了公司董事会关于争取撤销退市风险警示的意见及主要措施，同时公告了公司可能被终止上市的情形，向投资者充分全面准确地提示了退市的风险，投资者据此买入股票，风险与机遇完全由投资者本人自己承担。

公司股票被冠以 *ST 后，股价从 2021 年 4 月 19 日的收盘价 3.66 元/股，一路下跌至 2.66 元/股，才出现企稳信号。然后，公司开始了一系列"明修栈道，暗度陈仓"的操作手法。

2021 年 5 月 7 日，公司发布了《股份回购实施结果暨股份变动公告》。公司从 2021 年 3 月 17 日开始实施首次股份回购，到 2021 年 5 月 4 日，公司实际累计回购公司股份 11104729 股，占公司总股本的 1.56%，使用资金总额 2553.02 万元（含佣金等）。其中累计回购 A 股股份 5661900 股，占公司总股本的 0.80%，最高成交价 4.33 元/股，最低成交价 3.07 元/股，支付总金额 2000.02 万元（含佣金等）；累计回购 B 股股份 5442829 股，占公司总股本的 0.77%，最高成交价为 0.186 美元/股，最低成交价为 0.136 美元/股，支付总金额为 85 万美元（含佣金等），按照当时的汇率 6.5099 计算，折合人民币约 553 万元。

同时，公告说明，本次回购股份将用于出售，不涉及股份注销安排，也没有承诺回购结束后 6 个月内不出售回购的股份。

投资者看到公司发布的股份回购公告后，认为这是重大利好，极大提振了投资者对公司的信心，投资者纷纷跟风买进，股价开始企稳回升，一路上涨。

紧接着，公司进行了一系列的人事安排，选举新董事长和副董事长，选举新董事会专门委员会成员，聘任新高级管理人员及其相关人员，选举产生职工监事。这使得公司股票获得正面利好评价，股价回升，震荡向上。

2021 年 6 月 3 日，公司又发布《关于投资悦合置业重整暨签订〈重整投资之框架协议〉的公告》。公告称：为积极推进不良资产业务发展，扩大业务经营规模，提升主业盈利能力，公司拟作为重整投资人以共益债方式投资悦合置业，金额为 2.5 亿元，资金来源为自有或自筹，主要用于悦合国际广场项目的续建工程，同时公司作为悦合置业的项目管理受托方，负责悦合国际广场后续的开发续建管理、招商和运营管理、销售管理。公司与悦合置业管理人签署关于对上海悦合置业有限公司《重整投资之框架协议》。

本次交易的目的和对公司的影响：一是本次合同的签订和履行将充分利用公司在不动产领域的投资、运营及服务等方面的优势和专业能力，以实践"价值再造"战略为宗旨，有利于增加公司不良资产业务收入，扩大上市公司不良资产业务规模，为未来业务的持续发展奠定基础，符合公司未来战略发展需要与整体利益；二是对上市公司当年业绩的影响尚无法预计，如项目顺利实施将对公司未来经营业绩产生积极的影响，届时以经审计数据为准。

公告还按部就班地对风险进行了提示。

同时，要求公司董监高参与项目跟投，将项目运营效益和项目团队收益直接挂钩，实现收益共享、风险共担。

上述公告一经发布，投资者认为，公司2021年营业收入肯定会超过1亿元，消除退市风险情形，所以以前买进股票的投资者持股待涨，新的投资者纷纷买入股票。公司股票随之逆势上涨。一直到2021年11月11日，达到巅峰，股价最高8.72元/股。其间，公司增持的股票是否已经全部卖出？不得而知。

2022年1月28日，公司发布公告，对公司股票可能被终止上市进行风险提示，同时公告了2021年年度业绩预告，预计公司2021年年度实现归属上市公司股东的净利润为1800万元至2700万元，扣除非经常性损益的净利润为-3500万元至-2500万元。预计2021年度实现营业收入为7000万元至10500万元，扣除与主营业务无关的业务收入和不具备商业实质的收入后的营业收入为50万元至75万元。预计2021年期末净资产为63000万元至67000万元。因公司2020年经审计的归属于上市公司股东的净利润为负值且营业收入低于1亿元，公司股票已被实施退市风险警示。如果公司2021年度经审计的净利润（以扣除非经常性损益前后孰低者为准）为负值且扣除后的营业收入低于1亿元，根据《上海证券交易所股票上市规则》相关规定，公司经审计的2021年年度报告披露后，公司股票将进入终止上市程序，敬请广大投资者注意投资风险。

此公告一发，投资者如梦惊醒，公司退市已经基本是板上钉钉，于是纷纷开始抛售手中股票，股价呈断崖式下跌，连续11个跌停板。

后来，公司按照常规程序几次发布关于公司股票可能被终止上市的风险提示，直到2022年4月26日正式发布2021年年度审计报告。同日发布《关于收到上海证券交易所关于拟终止上海绿庭投资控股集团股份有限公司股票上市的事先告知书的公告》，股票又进入一波杀跌，跌至0.52元/股，投资者踩雷，亏损严重，不可谓不惨烈。如图7-1所示。

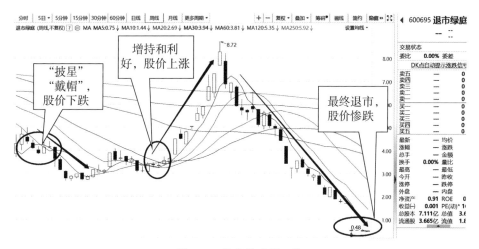

图7-1　退市绿庭周K线

我们可以从 *ST绿庭退市得到以下启示。

一是虽然既有 A 股又有 B 股的上市公司退市比单纯只发行 A 股的上市公司可能性要小，难度要大，但在严厉的新规条件下，只要触及了强制退市情形，一样会退市。我们要严格对照规则，不能心存侥幸。

二是不能被上市公司的假象所迷惑。*ST绿庭在被实施退市风险警示期间，采取大股东增持、不断发布利好信息的手段，诱惑股民跟风买进，却最终退市，教训深刻。我们在 ST 股掘金的时候，要全面分析公司的基本面，守住防止退市的底线，避免上当，蒙受巨额损失。

# 退市案例分析二
# 人为刀俎，我为鱼肉
## ——*ST昌鱼退市案例分析

我们下面要举例警示投资者的股票是一只几次游离于退市边缘最终被退市的*ST昌鱼（600275，已退市，已更名为退市昌鱼）。

上市公司武昌鱼位于湖北省鄂州市，刚开始是一家主营淡水鱼类及其他水产品养殖、加工、销售的养殖企业，2000年8月上市。公司股票名称多次变化：武昌鱼→*ST昌鱼→ST昌鱼→武昌鱼→*ST昌鱼→ST昌鱼→*ST昌鱼→退市昌鱼。从其名称的变化路线可见，该公司为了保壳，规避退市，做过多次垂死挣扎，可惜，在注册制的退市新规下，难以隐形，最终退市。

由于该公司2006年、2007年连续两年亏损，上交所于2008年4月30日开始，对其股票交易实施退市风险警示。

2008年该公司实现盈利，但因其控股子公司北京中地房地产开发有限公司涉及仲裁，且结果具有重大不确定性，导致公司没有申请撤销退市风险警示。2009年，仲裁结果出来以后，该公司及时向上交所申请撤销退市风险警示，获得同意，并被实施其他特殊处理，该公司股票名称由*ST昌鱼变为ST昌鱼，规避了退市风险，逃过一劫。

其后，公司开展了一系列的资本运作，剥离涉诉多年的中地公司，启动重大资产重组，拟转为矿业公司，全面拓展公司业务，调整经营模式。2012年8月，公司认为已经符合撤销其他风险警示条件，及时向上交所提出申请，获得同意，公司股票名称又重新变为武昌鱼，完全消除了退市风险。

然而，好景不长，由于2015年、2016年公司连续两年亏损，根据当时的《上海证券交易所股票上市规则》第13.2.1条第一款的规定，最近两个会计年度经审计的净利润连续为负值或者被追溯重述后连续为负值，公司股票交易在 2016 年年度报告披露以后，又于 2017 年 5 月 2 日"披星"。股票名称重新回到 *ST 昌鱼，再次面临退市风险。

2018 年 4 月，会计师事务所出具了带"与持续经营相关的重大不确定性"事项段的无保留意见的审计报告。经审计，截至 2017 年 12 月 31 日，该公司归属上市公司股东的净资产为 147239955.27 元，实现营业收入 14468145.68 元，实现归属于上市公司股东的净利润 4120369.03 万元。2017 年公司实现盈利，退市风险警示已经消除，也不触及其他退市风险警示的情形，于是再次向上交所提出申请，撤销股票退市风险警示。但公司营业收入较低，仅 1446.81 万元，同比下降 19.13%，扣非后归属上市公司股东的净利润多年为负值，2017 年扣非后归属于上市公司股东的净利润为 –3713.68 万元，表明公司持续经营能力存在重大不确定性，投资者难以判断公司发展前景，公司股票收到其他风险警示。股票名称从 *ST 昌鱼变为 ST 昌鱼，再次逃过退市之劫。

2019 年 4 月，中勤万信会计师事务所（特殊普通合伙）出具了带强调事项段的无保留意见的审计报告，认为公司 2012 年剥离地产业务以后，公司主营为农业养殖、农业资产对外出租，主营业务效益不高，经常性业务持续亏损，可能导致公司持续经营产生重大疑虑的事项或存在重大不确定性情况，公司"摘帽"无望，但没有强制退市风险。

2020 年 4 月，中勤万信会计师事务所（特殊普通合伙）仍然对公司 2019 年年度报告出具了带强调事项段的无保留意见，认为公司目前经常性业务持续亏损，2019 年度扣非净利润亏损约 19382657 元，累计亏损约 533087417 元，流动负债合计金额超过流动资产合计金额约 28281305 元，上述可能导致公司持续经营产生重大疑虑的事项或存在重大不确定性情况，公司又"摘帽"无望，但仍然没有强制退市风险。

随着注册制的推行，强制退市规则发生了重大调整，特别是规定了财务类退市综合指标。2020 年年度财务审计报告虽然同样是带强调事项段的无保留意见，但按照退市新规，ST 昌鱼加星，变成 *ST 昌鱼。

2021 年，公司为规避强制退市，采取了一系列举措，以新型城镇化、全面推进乡村振兴和农业供给侧结构性改革为契机，加快推进走三产融合发展的转型升级之路，强化对自营水面、饲料厂以及传统产业的管理营运，带动主营业务逐步增加，优化资产结构，努力盘活存量资产，回归实体本源，努力实现公司持续经营能力提升。公司更换法定代表人和董事长，修订公司章程，增加公司经营范围，减免参股子公司债务，接受现金赠予，向关联方借款扩大经营等，但仍然无法摆脱业绩亏损的局面。从 2022 年 1 月 29 日起，公司多次发布公司股票可能被终止上市的风险提示公告。在会计师事务所出具非标审计意见后，公司于 2022 年 4 月 29 日收到上交所发来的《关于拟终止湖北武昌鱼股份有限公司股票上市的事先告知书》，基本宣告了被强制退市。

　　这期间，公司股价也是不断变化，最高曾达到每股 20 多元，退市整理期间仅 0.4 元/股，投资者损失惨重。如图 7-2 所示。

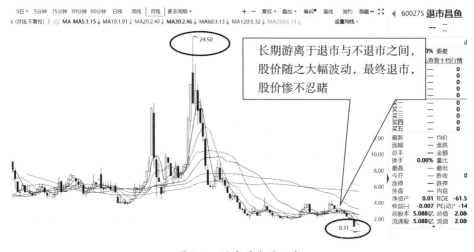

图 7-2　退市昌鱼月 K 线

　　我们可以从 *ST 昌鱼退市中得到以下启示。一是要格外重视长期在 *ST 与 ST 之间转换的股票的退市风险。*ST 昌鱼长期在退市与其他警示间徘徊，公司经营始终没有起色，最终难逃退市。二是控股股东要有实力。控股股东有实力，掌握的资源多，才能更好地进行资产重组，规避退市。*ST 昌鱼控股股东实力弱，虽然想通过重组避免退市，但力不从心，最终退市，使股东和股民产生损失。

# 退市案例分析三
# 财务造假退市，股价惨淡收场
## ——*ST济堂退市案例分析

*ST济堂（600090，已退市，已更名为退市济堂）成立于2000年，主营业务为医药流通。2016年，同济堂成功借壳新疆啤酒花股份有限公司登陆A股市场。同济堂与啤酒花公司签订了业绩对赌协议，同济堂在2016年度、2017年度、2018年度实现的扣非归母净利润不能低于4.6亿元、5.29亿元和5.61亿元，而同济堂采取财务造假的方式完成对赌协议。

根据《中国证监会行政处罚决定书》〔2022〕17号显示，同济堂在2016年、2017年、2018年年度报告中存在虚假记载，虚增营业收入、营业成本、销售及管理费用，导致2016年至2018年虚增利润总额分别为6.8亿元、9.2亿元、8.3亿元；2019年年度报告中存在虚假记载，虚增其他业务收入3.86亿元，虚增利润总额3.86亿元；2016年至2019年连续发生控股股东及其关联方非经营性占用资金的关联交易，且未及时披露；提供关联担保未履行股东大会决策程序，也未及时披露；公司未如实披露募集资金存放及实际使用情况。

证监会决定，对同济堂责令改正，给予警告，并处以300万元罚款；对时任同济堂张某某、李某夫妇给予警告，合并处以500万元罚款；对时任同济堂董事、副总经理、财务总监魏某某给予警告，并处以100万元罚款。对张某某、李某采取终身市场禁入措施；对魏某某采取10年市场禁入措施。

张某某的经历颇为"传奇"。2001年，作为当时单位最年轻的副厅级干部之一，张某某放弃仕途选择"下海"。当年他接手同济堂业务，任职董事长。到2005年年底，不到四年时间，同济堂连锁药店达3425家，居全国连锁药店第二，连锁销售收入14.5亿元，而后同济堂开始进军资本市场，2016年同济堂成功借壳啤酒花登陆 A 股市场。在资本加持下，张某某在 2017 年以 67 亿元的身价进入胡润百富榜，并问鼎湖北荆州首富。

然而，张某某的野心并不止于此，他的目标是"打造全健康产业链"。在上市之前，同济堂就开始多元化拓展，上市后同济堂业务涉及健康产业园、房地产开发、养老服务、医院管理等，并先后收购了海洋国际旅行社有限公司、拥有 87 家药店的兴盛源医药药材公司等。

然而，多元化经营却拖累了同济堂。自 2019 年起，同济堂多家子公司出现内部控制失效的情况。大信会计师事务所指出，同济堂多家子公司在资金活动、采购业务、销售业务、资产管理以及会计核算和财务报告相关内部控制上存在重大缺陷，因此对 2019 年年报出具了无法表示意见的审计报告。

而且，多元化经营还带来了巨大的资金压力。据《中国证监会行政处罚决定书》〔2022〕17 号显示，同济堂控股股东违规占用上市公司资金，多用来归还银行借款、融资本息，支付投资款等。同济堂股份几乎全部质押，资金链断裂，公司经营无法维持。

公告显示，同济堂因为 2020 年年度财务会计报告被出具无法表示意见的审计报告，公司股票自 2021 年 4 月 30 日起被继续实施退市风险警示。截至 2022 年 4 月 30 日，公司未在法定期限内披露最近一年年度报告，触及《上海证券交易所股票上市规则》的股票终止上市情形，经上交所上市委员会审核，决定终止公司股票上市。

2022 年 6 月 10 日，*ST 济堂发布公告称，公司退市整理期为 6 月 10 日至 6 月 30 日，退市整理期结束后，公司股票将于 2022 年 7 月 7 日终止上市。这家有着 20 多年历史的药企，成为退市新规实施后因财务造假触及财务类退市情形被强制退市的公司之一。

由于退市整理期首个交易日无价格涨跌幅限制，2022 年 6 月 10 日当天，该股股价超跌 67%，报收于 0.32 元/股，退市整理期最后一个交易日，公司股价定格在 0.27 元/股，当日同济堂股东有 50192 户。摘牌后的同济堂股票将进入老三板挂牌转让。至此，*ST 济堂因财务造假退市，股价惨淡收场。如图 7-3 所示。

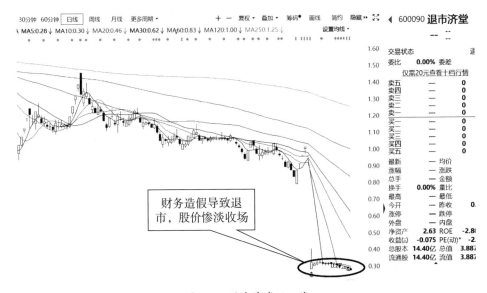

财务造假导致退市，股价惨淡收场

图7-3 退市济堂日K线

然而退市并不是结束，财务造假带来的巨额索赔还在等待着它。

*ST济堂退市给我们带来以下警示。一是必须敬畏法律法规。对于上市公司来说，必须依法依规经营，不得财务造假，欺骗股民。对于股民来说，投资必须要对上市公司进行充分了解，发现上市公司有违规违法行为，要回避。二是要拿起法律武器，积极参与起诉索赔，维护自己正当权益。

# 退市案例分析四
# 财务类退市，组合拳威力不容小觑
## ——*ST海医退市案例分析

*ST海医（600896，已退市，已更名为退市海医）全名为览海医疗产业投资股份有限公司，注册地在海南三亚，董事长为密某某，主营业务为医疗健康服务产业。

2021年5月6日，因公司2020年度经审计的净利润为负值且营业收入低于1亿元，根据《上海证券交易所股票上市规则》第13.3.2条的规定，公司股票被实施退市风险警示，股票简称由览海医疗变更为*ST海医。

2022年4月30日发布2021年年度审计报告，虽然营业收入1.185亿元（大于1亿元），净资产1.9154亿元，但扣非净利润为−3.18亿元。更重要的是年审报告意见为保留意见，属于非标审计报告，按照规定，触及财务类强制退市。公司2022年6月20日发布公告称，公司于同日收到上交所《关于览海医疗产业投资股份有限公司股票终止上市的决定》，上交所决定终止公司股票上市。*ST海医股票将于2022年6月28日进入退市整理期交易，证券简称将由*ST海医变更为退市海医，退市整理期为15个交易日，预计最后交易日为2022年7月18日。

2022年6月20日当天，与*ST海医退市公告一同而来的还有监管机构对其作出的处罚。

中国证券监督管理委员会海南监管局向*ST海医出示的《行政监管措施决定书》显示，*ST海医及公司董事长密某某等管理层，因未按规定披露关联方资金占用、关联方债权未收回等信息，海南证监局决定对公司董事长密某某、时任常务副总裁兼财务总监刘某、财务总监蔡某某、董事会秘书何某某采取出具警示函的行政监管措施，并记入资本市场诚信信息数据库。

经查，*ST 海医存在未按规定披露关联方资金占用、未及时披露关联方债权未收回事项等违规事项。2021 年度公司存在控股股东及其关联方非经营性资金占用情况，累计发生额 5.75 亿元，关联方占用的资金及相应利息已于 2022 年 6 月 7 日归还。对上述关联方资金占用事项，公司并未按照规定履行信息披露义务。

此外，2020 年 11 月，*ST 海医与控股股东上海览海签署协议，将上海禾风医院 51% 股权及 9.52 亿元债权中的 5.12 亿元转让给上海览海。为确认相关债权，公司与禾风医院签署了《借款协议》，约定剩余借款的偿还期限为自交易交割完成后一年。公司于 2021 年 1 月 25 日完成禾风医院 51% 股权的资产过户手续。上述债权已于 2022 年 1 月 24 日到期，公司未能及时收回，也未就该债权未及时收回发布进展公告，信息披露不及时，违反信息披露有关规定。

密某某出生于上海崇明，2003 年创办览海控股（集团）有限公司，为人颇为低调神秘，被称为"上海隐形富豪"。在 2019 年的胡润百富榜上，密某某排名 684 位。2020 年密某某再次上榜，身家超百亿元。2021 年的胡润百富榜显示，密某某的财富超 100 亿元。

2022 年 1 月 29 日，览海医疗发布公告称，收到董事长密某某出具的授权书，授权公司董事倪某某代为履行董事长职责。密某某去向不明，处于失联状态。

根据中国执行信息公开网显示，密某某及览海控股被强制执行标的超 7 亿元。

除此之外，因司法协助，览海控股所持的相关股权遭冻结。

2022 年 7 月 5 日，退市海医发布公告，公司董事、董事长密某某因个人原因授权公司董事倪某某代为履行董事长职责，授权期限于 2022 年 7 月 6 日到期。自 2022 年 7 月 7 日起，密某某正常履行公司董事、董事长职责，不再授权倪某某代为履行董事长职责。

但这时公司股票已经处于退市整理期。

*ST 海医退市有其可惜的一面，也有其必然性。如果董事长密某某不在 2022 年年初突然失联，公司是否还有一线希望？但没有假设，只有现实。我

想，密董事长只能仰天长啸："天长地久有时尽，此恨绵绵无绝期"。

*ST海医退市，我们可以看到财务类强制退市组合拳的强大震慑力。上市公司经审计后利润总额、净利润、扣非净利润为负且营业收入低于3亿元，触及财务类强制退市风险警示情形，次年度哪怕利润总额、净利润、扣非净利润转正，或者营业收入大于3亿元，但审计意见如果为非标，依然要被强制退市。*ST海医2020年因为经审计的净利润为负值且营业收入低于1亿元被冠以ST（旧规），虽然2021年营业收入大于1亿元，但审计意见为非标，因此被强制退市。退市导致股价大幅下跌，投资者损失惨重。如图7-4所示。

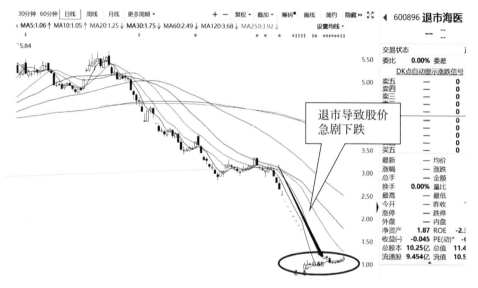

图7-4　退市海医日K线

*ST海医退市有可惜的一面，也给我们以下启示。一是我们投资ST股时，要密切关注公司主要负责人，如董事长、总裁是否有违规违法行为，是否被采取法律手段，被刑拘、留置或者失联，一旦被采取法律手段，对公司影响巨大。这样的ST股，我们还是要从风险防控出发，予以回避。二是要密切关注年报审计意见。特别是触及财务类强制退市的ST股，次年的年报审计意见特别关键，如果是非标意见，就会被终止上市。可以说，次年的年报审计意见是决定该ST股的生死年审意见。

# 退市案例分析五
# 扶不起的阿斗
## ——国资背景下的退市公司案例分析

　　阿斗刘禅是刘备的儿子，刘备去世以后，刘禅继位，他平庸无能，不思进取，整天玩乐。诸葛亮在世的时候，全靠诸葛亮掌管军政大事，他也不敢擅自做主。诸葛亮病逝五丈原后，虽然还有一些老臣辅佐，可他开始自作主张，重用宦官黄皓，蜀汉政治经济军事变得越来越糟，国势衰败。到了蜀汉灭亡，刘禅投降，被俘虏到洛阳，司马昭为了笼络人心，稳住对蜀汉地区的统治，封他为安乐公。有一次，司马昭大摆酒宴，请刘禅和原来蜀汉大臣参加。宴会中间，还特地安排演出蜀地的歌舞，一些蜀汉的大臣看到这些歌舞，想起亡国的痛苦，纷纷伤心掉下眼泪，只有刘禅看得喜笑颜开，没有半点伤感之意。司马昭观察到这个情景，对大臣贾充说："刘禅这个人没有心肝到了这步田地，即使诸葛亮活到现在，恐怕也没法使蜀汉维持下去，何况姜维呢！"过了几天，司马昭在接见刘禅的时候，问刘禅说："您还想念蜀地吗？"刘禅乐哈哈地回答说："这儿挺快活，我不想念蜀地了。"（原话：此间乐，不思蜀。这就是成语乐不思蜀的出处。）

　　郤正在旁边听了，觉得太不像话。回到刘禅的府里对他说："您不该这样回答晋王（司马昭）。"刘禅问："以你的意思该怎么说呢？"郤正说："以后如果晋王再问起您，您应该流着眼泪说：我祖上的坟墓都在蜀地，我心里很难过，没有一天不想那边。这样说，也许晋王还会放我们回去。"刘禅点点头说："你说得对，我记住就是了。"后来，司马昭果然又问起刘禅说："我们这儿待您不错，您还想念蜀地吗？"刘禅想起郤正的话，就把郤正教他的话原原本本背了一遍。他竭力装出一副悲伤的样子，但是挤不出眼泪，只好闭上眼睛。司马昭看了他这个模样，心里早明白了，笑着说："这话好像是郤正说的啊！"刘禅吃惊地睁开眼睛，傻里傻气地望着司马昭说："对、对，正是郤正教我的。"司马昭不由得笑了，左右侍从也忍不住笑出声了。司马昭这才看清楚刘禅的确是个糊涂人，不会对自己造成威胁，就打消了伤害他的想法。后来，人们便用"扶不起的阿斗"来形容一些始终无法扶持成才的人。其实，大家想一想，在那种被俘虏软禁的环境下，刘禅傻里傻气的，正是他的智慧表现。如果他表现得有心计，聪明能干，司马昭会放过他吗？历史上的亡国之君南唐后主李煜，因为写了一些思念故国和发牢骚的诗词引来杀身之祸。其实，我觉得刘禅是大智若愚。但没有办法，成语是约定成俗的典故，"扶不起的阿斗"成了对刘禅的贬义。

在一些退市公司中，不乏国资背景。但这些公司经营持续恶化，一步步陷入困境，最终导致退市，成为"扶不起的阿斗"，不得不令人扼腕叹息。

东方网力（300367，已退市，已更名为网力退）是一家以视频为核心的城市数据平台产品及服务提供商，是曾经的安防巨子。公司位于四川省成都市，控股股东是川投信息产业集团有限公司，实际控制人是四川省国资委。

2020年9月15日，鉴于两笔已结违规担保诉讼和一笔违规担保强制执行案件，除已经支付和被司法划扣的资金外，公司合计明确仍需承担担保责任的金额为2.5亿元，占到2019年经审计的归属于上市公司股东的净资产的34%，被实施其他风险警示，变更为ST网力。2020年11月，证监会对公司实际控制人刘某等人以信息披露违法行为但未触及强制退市情形进行警告和罚款。2021年4月，会计师事务所对该公司出具了非标审计报告，公司继续被实施其他风险警示。2022年4月8日公司披露2020年年末归属上市公司股东的净资产追溯后为负值，2021年年末公司净资产为负值，可能被终止上市，公司股票变更为*ST网力。之后，公司多次发布可能被终止上市的风险提示公告，且公司被证监会因涉嫌信息披露违法违规立案调查和深交所对实际控制人刘某违规减持被司法拍卖的股票2.2亿元进行通报批评。2022年4月29日，会计师事务所对公司出具了无法表示意见的审计报告，部分独立董事发表了无法保证定期报告真实、准确、完整或持有异议的相关说明，以及收到深交所终止上市事先告知书，公司股票从2022

年 4 月 29 日开始停牌。2022 年 5 月 31 日，公司收到深交所股票终止上市的决定，股票进入退市整理期，正式宣告公司退市。

资料显示，东方网力成立于 2000 年，是最早投身安防事业的公司之一，并于 2014 年在创业板上市。上市前，该公司曾被英特尔公司看好，获得大量的战略投资资金。上市后，获得投资者极力追捧，2015 年股价一度上冲至 29.89 元，较上市初上涨了约 10 倍。在公司安防事业蒸蒸日上之际，公司开始转向 AI，试图推动公司业务发展转型，大举对外收购。2015 年至 2017 年，东方网力共投资 14 家不同领域的硬件公司，然而，业绩承诺的蜜月期过后，从 2018 年开始，公司业绩急剧下滑，出现亏损。2019 年亏损高达 32 亿元，2020 年、2021 年公司营收继续大幅下降，继续亏损，2021 年亏损高达 11 亿元。与此同时，公司问题缠身，除被列入失信人名单、经营存在风险，公司还涉及多起诉讼及仲裁。公司及相关人员因信息披露违法违规和违规减持股票被证监会处罚。公司 2020 年净资产追溯调整为负值，2021 年公司经审计的期末净资产为 –15.24 亿元，最终被终止上市，股价也一落千丈，跌到 0.3 元 / 股左右，投资者欲哭无泪。如图 7–5 所示。

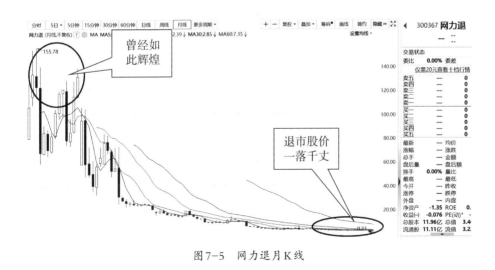

图 7–5　网力退月 K 线

又比如易见股份（600093，已退市，已更名为退市易见），曾被誉为 A 股"区块链第一股"，股价高达 30.33 元。易见股份前身是四川省上市公司，原名

"禾嘉股份"，1997年上市。后来，易见股份借壳上市，开展区块链业务，宣布与IBM公司开展合作，名声大噪。公司实际控制人为云南省国资委。多年来，时任上市公司控股股东九天集团的实际控制人冷某某授意、决策并组织实施财务造假，手段特别恶劣、情节特别严重，被证监会处以终身市场禁入和经济处罚的处分。证监会的告知书显示，2015年至2020年，公司虚增收入和利润，6年时间合计虚增收入562.51亿元，虚增利润82.12亿元。2016年至2020年实际归母净利润为负值，2018年至2020年连续三年亏损。*ST易见因2020年度经审计的期末净资产为负值、财务会计报告被出具无法表示意见的审计报告，公司股票自2021年7月7日起被继续实施退市风险警示。2022年5月27日，公司披露2021年年报，经审计的期末净资产为-49.72亿元，会计师事务所出具了无法表示意见的审计报告。上述情形触及股票终止上市情形，上交所决定终止其股票上市。公司股票从2022年5月26日进入退市整理期，退市整理期为15天，到6月16日为止。公司股价在0.5元以下徘徊，约4.4万名投资者损失惨重、彻夜难眠。如图7-6所示。

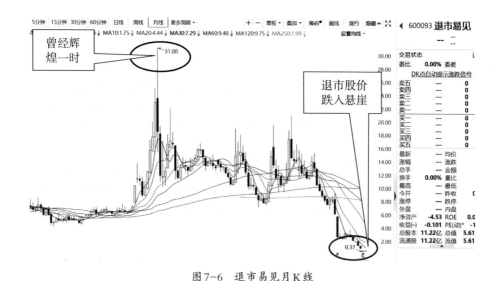

图7-6 退市易见月K线

东方网力昔日号称安防巨子，顶着四川省国资委控股的光环，易见股份曾是A股"区块链第一股"，云南省国资委控股，但在公司董监高的胡乱经营管理和操作下，这么高大上的上市公司如此谢幕退市，其教训十分深刻。这表明，我们在购买股票时，必须对公司的基本面、资金面、财务状况等进行充分的风险了解，而不能被公司所谓的光环和国资委的背景所迷惑。特别是在注册制下，对 ST 类的股票投资必须万分谨慎，切不可盲目投资，否则，可能辛苦一辈子，一夜回到解放前，资产大幅缩水，真的是宝马车进去，自行车出来。

从中我们可以得到以下启示。一是不能盲目迷信国资背景的 *ST 公司，还是要从公司的基本面进行分析，如果国资背景的 *ST 公司触及强制退市情形，同样难逃厄运。二是不要盲目迷信上市公司过去的辉煌，哪怕曾经是行业龙头，一旦行业趋势发生改变，很难扭转。

# 退市案例分析六
# 决定生死的年审报告
## ——*ST天首退市案例分析

　　*ST天首（000611，已退市，已更名为天首退）公司名称为内蒙古天首科技发展股份有限公司。2021年5月6日被实施退市风险警示，原因主要有：① 经利安达会计师事务所审计，公司2020年度营业收入为739.50万元，扣非净利润为-2501.77万元。公司2020年度扣除非经常性损益前后净利润均为负值且全年营业收入低于1亿元。根据规定，公司股票交易实行"退市风险警示"。② 会计师事务所对公司内部控制出具了否定意见的审计报告以及公司最近三个会计年度扣除非经常性损益前后净利润孰低者均为负值，且最近一年审计报告显示公司持续经营能力存在不确定性，根据规定，公司股票交易实行其他风险警示。

　　2020年年度报告披露后，公司股票交易被深交所实施退市风险警示暨叠加其他风险警示的处理。

　　2021年度，公司为了规避退市，做了大量工作。购买资产、出售项目、签订债务和解协议、加强内控管理等，公司2021年实现营业收入1.329亿元，扣非净利润-1961万元，每股净资产1.05元。如果真是这样，公司至少可以"摘星"。

　　然而，2022年4月30日，利安达会计师事务所对公司2021年度年审报告给予了无法表示意见。原因是：① 持续经营：公司连续多年扣非后净利润为负值，2021年新增键合材料业务并未改善该情况；2020年重大诉讼影响仍未消除，钼矿山建设组织、资金、进度的不确定性，大额借款即将到期，管理层制定的各种应对措施是否能够落实具有重大的不确定性。② 键合材料业务：公司2021年度新增键合材料业务，键合材料业务收入金额占天首发展全部营业收入的94.09%。对键合材料业务，利安达会计师事务所认为键合材料业务相关内部控制存在重大缺陷，对公司提供的键合材料业务证据和说明，无法判断其真实性、合理性。

最终，在公司2021年度营业收入扣除专项审核意见中，利安达会计师事务所将公司键合材料项目的12,507.97万元营业收入以"难以形成稳定业务模式"为由在营业收入中予以扣除。

公司的4位董事认为利安达会计师事务所在审计过程中存在不客观、不尽职的情形，不认可审计机构的审计结果。

不过，这并未改变最终结果和公司退市命运。公司2021年度经审计的净利润为–2,490.65万元且扣除后的营业收入为0，公司2021年年度财务会计报告被出具无法表示意见，触及股票终止上市情形，证券交易所决定该股退市摘牌。管理团队为公司所作出的各项努力，因为会计师事务所的年审报告付之东流，致使公司丧失上市地位。

2022年6月27日是天首退市的最后交易日，股价收在1.39元，市值收报4.47亿元，比2015年高位18.82元，跌去了92.6%。如图7-7所示。

从*ST天首退市我们可以得到以下启发。一是要高度重视年审报告意见。特别是触及财务类强制退市情形被*ST的公司，会计师事务所的年审报告往往决定其存与退、生与死。二是ST股掘金者，除了要分析公司的当年年审报告意见外，还有关注其以前年度的年审报告意见，尽量避免那些连续多年非标年审意见以及不能密切配合会计师事务所审计工作的ST公司。

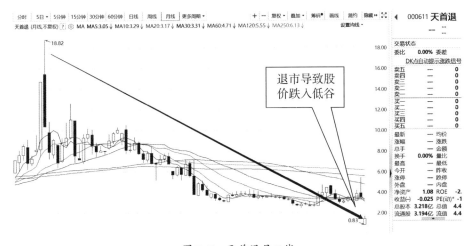

图7-7　天首退月K线

# 退市案例分析七
# 重组重整失败，最终退市
## ——*ST猛狮退市案例分析

　　*ST猛狮（002684，已退市，已更名为猛狮退）全名为猛狮新能源科技（河南）股份有限公司，主要从事各类铅蓄电池产品的研发、生产和销售，属于交运设备汽车零部件行业。公司于2012年在深交所上市，因为集锂电池、充电桩、储能等多个热门概念于一身，上市后被市场热烈追捧，股价从2014年到2015年暴涨6倍。此后大举扩张锂电池板块，公司版图急剧扩张，但最终资金链出现问题引发债务危机。

　　2021年4月30日，因公司2020年度经审计的归属于上市公司股东的期末净资产为负值，被实施退市风险警示；因公司最近三年扣除非经常性损益前后净利润孰低者均为负值，且2020年度审计报告显示公司持续经营能力存在不确定性，叠加其他风险警示。

　　公司被实施退市风险警示和其他风险警示以后，公司董事会为了避免退市，煞费苦心。

　　一是谋划资产重组。2021年公司拟向中建材蚌埠玻璃工业设计研究院有限公司（以下简称"中建材蚌埠"）、中建材浚鑫科技有限公司（以下简称"中建材浚鑫"）及其关联方发行股份购买其拥有的从事绿色能源科技产品的应用研究与生产，以及光伏发电站等相关业务公司的股权及与之相关的全部权益，试图通过资产重组，扭转财务困局。但受公司自身经营、行业波动以及金融政策变化的影响，公司自2018年下半年开始发生债务危机，陆续发生较大金额的金融机构借款及融资租赁款逾期，公司部分银行账户、资产被司法冻结，流动资金极为短缺，各业务板块运营受到不同程度的影响。公司负债较高，诉讼较多，存在严重的债务危机，最终被迫终止，重组失败。

二是进行破产重整。鉴于公司存在严重的债务危机，公司债权人向广东省深圳市中级人民法院提交对公司进行破产重整的申请，于 2021 年 8 月进入预重整程序。2021 年 12 月 3 日，因公司尚未取得中国证券监督管理委员会出具的关于公司重整的无异议函，且已超过预重整期间，深圳中院裁定不予受理公司的破产重整申请，破产重整夭折。

三是推进债务豁免。2022 年 1 月 6 日，公司发布公告称，公司收到"华融投资"等 12 家债权人于 2021 年 12 月 31 日之前（含本日）出具的《豁免债务通知书》《债权豁免函》，上述债权人不可撤销、不可撤回、不可变更地豁免其对公司及子公司的部分 / 全部债权，共计豁免债权金额为 34 亿多元。2022 年 2 月 18 日，深交所向 *ST 猛狮发出关注函，要求公司于 2022 年 2 月 25 日前就社会广泛关注的债务豁免事项作出书面说明并对外披露。但 *ST 猛狮分别于 2022 年 2 月 25 日、3 月 5 日、3 月 12 日、3 月 19 日共 4 次延期并对外披露延期回复公告，存在不配合深交所监管的情形，公司及相关当事人遭到深交所"公开谴责处分"。

2022 年 5 月 6 日，公司收到深交所下发的《事先告知书》，因公司 2020 年度经审计的归属于上市公司股东的期末净资产为负值，公司股票于 2021 年 4 月 30 日被实施退市风险警示。2022 年 4 月 30 日，公司披露 2021 年年度报告显示，公司股票交易被实施退市风险警示后的首个会计年度，公司财务会计报告被出具了无法表示意见的审计报告，触及股票终止上市情形将被终止上市。

之后，公司在规定期限内申请听证，但无济于事。

2022 年 6 月 5 日，公司收到深交所股票终止上市决定。2022 年 6 月 6 日进入退市整理期，退市整理期为十五个交易日，最后交易日期为 2022 年 6 月 24 日。

2022 年 6 月 16 日，公司向深交所申请复核。2022 年 6 月 24 日，深交所作出终局决定，驳回复核，维持原判，公司最终于 2022 年 6 月 27 日摘牌。

*ST 猛狮董事会为了规避退市，费尽心思，不可谓不勤勉；面临退市时，仍然苦苦挣扎，不可谓不尽责。但公司积重难返，重组重整失败，最终退市，股价断崖式跌入低谷，不可谓不痛惜。如图 7-8 所示。

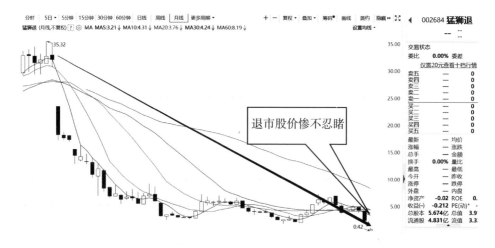

图 7-8　猛狮退月 K 线

从中我们可以得到以下启示。一是我们要尽量回避问题缠身、发生严重债务危机的 ST 公司，避免重组重整失败的风险。二是我们要认真分析 ST 公司采取规避退市措施的可行性。没有可行性，再说得天花乱坠，也于事无补。三是要重视 ST 公司破产重整失败的风险。ST 公司申请进行法律破产重整，要取得中国证监会出具的关于公司重整的无异议函，否则，法院不会受理其破产重整申请。反过来，如果法院裁定受理了 ST 公司的破产重整申请，肯定已经取得了证监会的同意，这样的 ST 股才值得投资。四是我们不能抱有不切实际的想法。对于已经被法院、证监会、交易所裁决、处罚、决定的事情，如果想翻身，希望是渺茫的，我们不能心存侥幸。

# 退市案例分析八
# 触及五大安全领域被强制退市
## ——*ST长生退市案例分析

*ST长生（002680，已退市，已更名为长生退）全称为长生生物科技股份有限公司，是A股首家因触及五大安全领域重大违法情形被强制终止上市的公司。

2016年1月，长生生物通过连云港黄海机械股份有限公司重大资产置换及发行股份购买资产完成重组上市，主营业务为人用疫苗产品的研发、生产和销售。

2018年7月15日，原国家药品监督管理局通报，在组织对长春长生生物科技有限责任公司开展检查中，发现长春长生的产品冻干人用狂犬病疫苗被指存在记录造假等严重违反《药品生产质量管理规范》的行为。

长春长生为A股上市公司长生生物的全资子公司。长春长生彼时在售产品包括冻干水痘减毒活疫苗、冻干人用狂犬疫苗（Vero细胞）等。从批签发数量看，狂犬疫苗和水痘疫苗已经位居国内第二。这两类疫苗为二价疫苗，也是公司的核心盈利点。

长生生物疫苗案对公司发展产生了毁灭性影响。在被调查之后，公司已经相继陷入了停产、退市、破产、市场被瓜分等困境。

2018年10月16日，因疫苗生产造假，原国家药品监督管理局对长生生物主要子公司长春长生生物科技有限责任公司作出撤销狂犬病疫苗药品批准文件、撤销涉案产品批签发合格证并处以1203万元罚款的处罚决定，吉林省食品药品监督管理局对长春长生作出吊销《药品生产许可证》、没收狂犬病疫苗生产材料、罚没款91.04亿元以及相关责任人不得从事药品生产经营活动的处罚决定。

长生生物主要子公司依法被吊销主营业务生产经营许可证。根据深交所当时规定，公司股票触及了重大违法强制退市情形。2019年1月14日，深交所作出对公司股票实施重大违法强制退市的决定。公司股票于1月16日被实施退市风险警示，于2019年3月15日被作出暂停上市的决定，于2019年10月8日被作出终止上市的决定，公司股票于2019年11月26日摘牌。

*ST长生退市给上市公司特别是涉及五大安全领域（国家安全、公共安全、生态安全、生产安全和公众健康安全）的上市公司敲响了警钟。五大安全领域是红线、高压线，绝对禁止触碰，否则，将付出沉重代价。

从中我们可以得到以下启示。一是虽然*ST长生退市属于旧退市制度下的案例，但依然适用新退市制度下的触及五大安全领域和重大违法强制退市情形的ST股票。今后对于这样的股票退市只会更严厉、更坚决、更果断。我们丝毫不用怀疑，今后还会出现像*ST长生这样退市的黑天鹅。二是对于已经事实触及五大安全领域和重大违法强制退市情形的ST股，我们要在第一时间远离，切不可心存侥幸，否则，将遭受重大资金损失。*ST长生2018年7月事实触及五大安全领域，当时股价还在20元，如果及时卖出，股民至少可以减少巨大资金损失。等到退市已成事实，股价连续跌停，股民想全身而退也来不及了，只能眼睁睁地看着资金大幅缩水，惨遭损失。如图7-9所示。

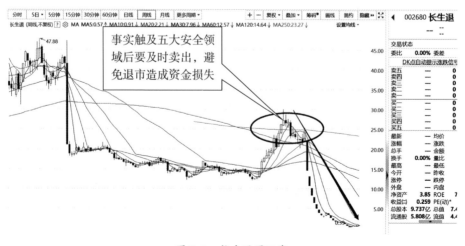

图7-9　长生退周K线

# 退市案例分析九
# 人造钻石与人造财务
## ——*ST金刚退市案例分析

A股不乏妖股横行，豫金刚石就是其中一只。曾经妖气十足，地天板、逆势上涨、股价连续拉升轮番上演，还曾在9天内股价翻番。但潮水退去，终现原形。

2022年5月26日，公司收到深交所《关于郑州华晶金刚石股份有限公司股票终止上市的决定》，决定书载明：因公司2020年年度财务会计报告被出具无法表示意见的审计报告，公司股票交易自2021年4月28日起被实施退市风险警示。

2022年4月30日，公司股票交易被实施退市风险警示后的首个年度报告（即2021年年度报告）显示，公司2021年经审计的期末净资产为–8.17亿元、2021年年度财务会计报告被出具无法表示意见的审计报告。公司触及《深圳证券交易所创业板股票上市规则（2020年12月修订）》第10.3.10条第一款第（二）项、第（三）项规定的股票终止上市情形。

公司股票于2022年6月6日进入退市整理期，退市整理期为十五个交易日，最后交易日为2022年6月24日，将在2022年6月27日被摘牌。

往事不堪回首。

豫金刚石成立于2004年12月，2010年3月在深交所创业板上市，主营业务是研究、生产、销售人造金刚石等超硬材料及人造钻石饰品等，产销规模位居行业前三，一度被称为"人造钻石大王"，曾是中国人造钻石行业的龙头企业。在上市当年，创始人郭某某便以15亿元身家首次进入2010年胡润百富榜，之后更成为胡润百富榜的常客，风光无限。

2019年，公司毫无预兆地巨亏51.97亿元，业绩变脸引发市场哗然。在监管部门追问下，公司虚增业绩、实控人"掏空"上市公司等逐渐败露。

据证监会通报，豫金刚石2016年至2019年，财务信息披露严重不实。一是连续三年累计虚增利润数亿元。二是未依法披露对外担保、关联交易合计40亿余元。调查发现，在上述期间，实际控制人累计占用上市公司资金23亿余元。

*ST金刚（300064，已退市，已更名为金刚退）存在长期系统性财务造假，且涉案金额巨大，违法性质严重。对此，证监会决定责令豫金刚石改正，给予警告，并处以500万元罚款；并同时对公司创始人、时任董事长郭某某采取终身市场禁入措施。2022年2月，郭某某又因涉嫌违规不披露重要信息罪，被采取强制措施。

公司从原来的人造钻石行业的龙头企业到资不抵债退市，董事长郭某某从风光无限的胡润百富榜常客沦为阶下囚，发人深思。

虽然行业龙头已经退市，但人造金刚石行业作为新兴战略产业之一有广阔的前景。正因如此，公司在退市整理期间发布了两则引人遐想的公告。一是公司及董事会持续督促郭某某及相关关联方尽快清偿债务，妥善处理并尽快解决资金占用事项。二是目前公司正常运行仍在生产经营中。因此，各路游资不断进出，金刚退几乎每个交易日都荣登龙虎榜，公司股价连续拉升。

金刚退从0.65元的低位上涨了83%，截至摘牌时，股价收在1.32元/股，成为少有的股价收在1元以上的退市股。如图7-10所示。

尽管如此，这里还是要奉劝股民，最好不要参与退市股的炒作。我们只能赚取自己认知能力内的利润，其他的只能交给别人。

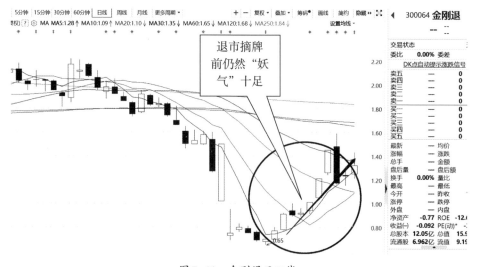

图7-10　金刚退日K线

# 退市案例分析十
# "电子大王"活不到500年
## ——*ST厦华退市案例分析

2022年6月23日，*ST厦华（600870，已退市，已更名为退市厦华）结束了在A股最后一天的交易，最终股价定格在0.6元/股。同时，公司股票于2022年6月30日摘牌，这意味着上市27年的厦华电子彻底告别A股。

厦华电子创立于1985年，不仅是我国第一台等离子电视的制造者，也是我国第一家率先从老式显像管电视转型为平板电视的企业，曾是我国最大的彩电出口企业之一，被外界称为"电子大王"。在显像管电视时代，厦华电子家喻户晓，鼎盛时期厦华聘请知名演员陈某某为公司代言人，"有了厦华等离子，真想再活500年"的经典广告语深入人心。

然而，在20世纪末，厦华电子开启多元化扩张战略，大举进入手机、显示器、计算机等领域，但由于经营不善，2003年、2004年连续两年亏损，让厦华电子痛定思痛，决定回归老本行，向平板电视转型。

但随着行业整体进入平板电视时代，众多品牌崛起，上游屏幕等元器件成本占比增加，对终端企业的供应链构建以及资金实力都提出了更高要求。

2006年至2008年，公司累计亏损近20亿元，2008年厦华一年亏损超10亿元。

厦华更是在2008年5月，开始戴上*ST的帽子，往后几年都是在反复的"戴帽""摘帽"中度过。

在这段时期，厦华一度沦落到靠出售厂房度日。2007年至2013年，厦华电子分别出售厦门市湖里区长虹路33号的主厂房、湖里大道22号的工业房地产、火炬高新区的厦华电子厂房、南非两套房产和成都市两套房产。

2014年4月，厦华电子正式退出电视机生产业务。此后数年，公司瞄准互联网金融、大数据、TMT等热门领域，但最终都铩羽而归，一直游走在退市边缘。2018年至2020年，公司财报连续三年被出具非标审计报告。

在退市前夕，厦华的主营业务早已跟制造业没有太多关系。根据公司2021年年报显示，公司的主要业务是农产品供应链管理业务，主要产品为肉类产品，包括进口冻牛肉、进口冻猪肉和国内鲜牛肉。2021年，退市厦华冻肉业务实现营收约1.35亿元，占公司总营收比例近90%。

公司2020年度经审计的净利润为负值且营业收入低于1亿元，公司股票自2021年5月6日起被实施退市风险警示。2022年4月29日，公司2021年年报显示，公司扣非净利润为−623.77万元，营业收入1.52亿元，扣除后的营业收入金额为0元。由于2020年和2021年公司经审计的净利润为负值且营收不足1亿元，厦华电子触及退市条款。

值得一提的是，此前公司在收到股票终止上市决定后，还曾向上交所申请复核。在收到复核申请文件5个交易日内，上交所需作出是否受理的决定。

此消息一出，似乎也刺激了不少想要"赌一赌"的投资者。

从股价走势来看，在进入退市整理期后，退市厦华股价颇为震荡，其中退市整理期首日一度跌至0.35元/股的低位，最终收报0.37元，跌幅89.58%，随后强劲反弹，并录得7天5板，7个交易日内区间涨幅超72%。如图7-11所示。

不过最终还是以公司撤回复核申请收场，2022年6月23日也成为公司在A股最后一个交易日。45个交易日后在全国中小企业股份转让系统有限责任公司系统挂牌转让。

2022年6月30日公司摘牌以后，厦华电子不服上交所作出的《终止上市决定》，向上海金融法院提起行政诉讼，成为退市新规行政诉讼第一案，尽管公司认为早已转型为主营贸易及水产品，主营业务收入应计入公司营业收入，公司营业收入大于1亿元，而不是扣除后的0。但会计师事务所、上交所以及法院不认可，最终结果是当庭作出一审判决，驳回厦华电子的诉讼请求，一审败诉。

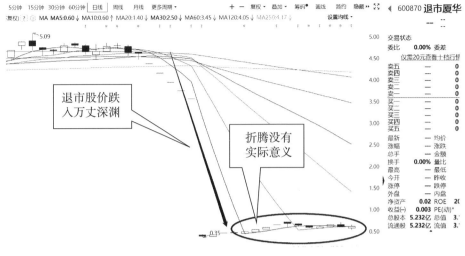

图 7-11　退市厦华日 K 线

因此，在掘金 ST 的过程中，一是要把防止退市放在第一位，因为上市公司退市，其股价将跌入万丈深渊，投资者将遭受巨额资金损失。二是坚持稳中求进。要在保住本金不受损失或少受损失的前提下，博取利润的最大化。要懂得止损的重要性。三是证券交易所已经决定退市的上市公司，我们千万不要参与炒作。无论退市公司如何操作，都很难改变退市的既定事实。

CHAPTER 8

# 掘金 ST 股：
# 上岸案例分析

年年岁岁花相似，岁岁年年人不同。
——唐·刘希夷《代悲白头翁》

# 上岸案例分析一
# 乌鸡变凤凰

## ——*ST 江特成功"摘星""摘帽"案例分析

我们以*ST江特（002176，已更名为江特电机）为例。2020年4月30日该公司发布公告，由于公司2018年度经审计的归属上市公司股东的净利润约为−16.6亿元，2019年度经审计的归属上市公司股东的净利润约为−20.2亿元，连续两年经审计的年度净利润为负值，根据以前的交易所上市规则，公司股票被实施退市风险警示，公司股票名称变更为*ST江特。如果2020年度经审计的归属上市公司股东的净利润仍然为负值，公司将被强制退市。此公告一发，加上负面消息满天飞，许多股民一时被退市阴霾笼罩，情绪处于崩溃边缘，空方完全占据主导地位，股民纷纷卖出手中持有的股票，公司股价连续跌停，2020年6月30日，公司股价创历史最低价，只有1.25元/股。较2015年12月31日的高点20.04元/股，下跌了约十几倍，然后开始企稳整固徘徊。如图8-1所示。

其实，聪明的ST股掘金者只要冷静全面地分析该股，就会觉得该股是被错杀的ST股，非常具有投资价值。

江特电机的全称是江西特种电机股份有限公司，是一家集研发、生产、销售智能机电产品、锂产品及电动汽车为一体的国家高新技术企业，是国家电机行业骨干企业、江西省100强企业，总部位于锂电新能源发展基地、被称为"亚洲锂都"的国家生态文明城市——江西宜春，下属子公司、分公司有30多家，产业分布在江西、上海、天津、浙江和江苏5个省市及德国、日

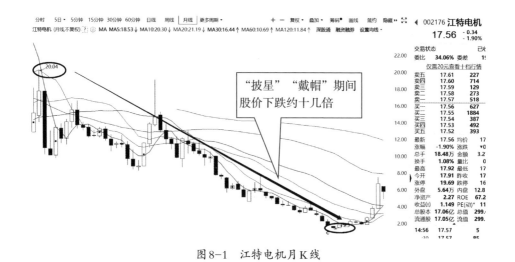

图8-1 江特电机月K线

本等地区，经营业务涵盖智能电机、锂矿采选与深加工、电动汽车等行业。围绕"聚焦·改革"的发展主线，公司确立了"大力发展智能电机产业，持续打造锂产业核心竞争力"的战略方针，聚焦资源，发挥优势，优化集团管控与赋能，全面提升经营质量，朝着建成"国内一流的智能电机集成服务商""国内碳酸锂生产标杆性示范基地"的战略目标努力奋斗。历经几十年的沉淀，公司智能电机生产已经具备行业领先的技术水平和综合竞争力，拥有专利技术多达100余项，并建立了省级企业技术中心，为我国的建筑、矿山、能源、国防等建设事业作出了重要贡献。公司的塔吊电机、起重冶金电机、风电电机、伺服电机、电梯扶梯电机、电动汽车驱动电机等多个产品的市场占有率常年稳居行业前列，并先后荣获"国家重点新产品奖""国家火炬计划项目""国家科技型中小企业科技创新基金项目产品"等多个奖项。依托宜春当地丰富的锂矿资源优势，公司大力发展锂产业，拥有采矿权2处，探矿权5处，资源价值巨大。经过多年的耕耘，公司下属宜春银锂公司已成为利用锂云母制备碳酸锂的国内标准制定者，奠定了国内市场的领先地位，并与我国盐湖科学及其矿业的奠基人——中国工程院院士郑绵平合作成立了"院士工作站"。银锂公司可年产高纯度碳酸锂3万吨、氢氧化锂1万吨，正在朝着国内前三名的目标稳步迈进。

　　公司于2018年度、2019年度出现连续亏损，这是暂时的困难，主要是受国家新能源汽车补贴政策退坡，碳酸锂价格持续下跌，国内外经贸关系影响，公司主要子公司九龙汽车和米格电机业绩出现下滑甚至亏损，造成较大金额的商誉减值，同时公司处置资产、提取资产减值等对利润造成较大影响，导致公司连续两年亏损。

2020年，在地方政府的大力支持下，公司董事会围绕实现扭亏为盈的目标，挖掘潜力、开源节流、严格管理、奋发图强，围绕公司发展战略，公司逐步退出汽车产业，聚焦电机、锂盐行业发展。通过自主研发技术，持续的装备投入和市场开拓，在巩固和扩大建机电机、起重冶金电机、风电电机、伺服电机细分市场龙头地位的基础上，释放军工电机产销量。通过持续的技术创新和成本控制，凸显锂云母提锂及市场竞争优势，扩大产量，成为国内锂云母提锂龙头企业。为实现经营目标，公司采取了以下措施。

（1）大力拓展电机新产品、新市场。积极制定激励政策，促进研发和营销两条线，深入了解市场需求，大力开发新市场、新产品。抓住国家对基础建设投入、老旧小区改造带来公司主导电机订单饱满的机会，通过提高产品交付效率、提升产品质量等措施，继续扩大公司在起重冶金电机、电梯扶梯电机等行业的市场占有率。结合军工电机订单增长，快速提升军工电机产量，并在新材料应用等领域积极寻找机会。

（2）通过释放宜丰矿区的锂资源加工综合利用能力，提高矿石资源的利用率和自给率，同时不断优化工艺，加强精细化管理，降低锂盐加工成本，产业链竞争优势逐渐显现，有效地提升锂盐盈利能力。年产1万吨氢氧化锂生产线进入安装调试期，公司尽快实现了氢氧化锂的投产，丰富锂盐产品，增加盈利来源。

（3）战略聚焦，积极处置不良和呆滞资产。公司通过处置九龙汽车，排除影响公司业绩的重大不确定因素，通过实施聚焦战略，更好地做强做大电机和锂盐产业，同时积极处置不良和呆滞资产，积极推进各类应收款的回收速度，增加经营性现金流，降低资金成本，提高盈利能力。

（4）提升公司经营管理能力，向管理要利润。公司积极推动各个产业的提质降本工作，成立工作小组，专项推进，做深做细，从人、机、料、法、环多个维度大范围大力度的开展提质降本工作，挖掘内部潜力。围绕提升管理效率，优化管理流程，强化执行效果，通过卓越绩效、精细化生产等多种方式，提升公司的经营管理能力，通过管理效率的提升、管理漏洞的查补、管理团队积极性的提高来实现盈利能力的提升。

经过 2020 年的艰苦努力，公司实现营业收入 18.44 亿元，归属上市公司股东的净利润为 1433 万元，每股净资产 0.9198 元，实现了扭亏增盈的目标，会计师事务所出具了标准年度审计报告。公司于 2021 年 3 月 18 日向深交所申请撤销对公司股票交易实施退市风险警示，深交所对公司 2020 年年报进行了问询，公司于 2020 年 4 月 13 日进行了回复，深交所撤销了退市风险警示，股票名称恢复为江特电机，成功"摘星""摘帽"。

公司股价从 2020 年 4 月 30 日"戴帽"开始一路下跌，一直跌到 2020 年 6 月 30 日的最低价 1.25 元/股才开始企稳回升，又经过 5 个多月的震荡抬升，到 2020 年 12 月 4 日，公司经营管理明朗化、扭亏增盈已经明确，在"摘星""摘帽"预期强烈的背景下，公司股价开始了一波主升浪。在"摘星""摘帽"前后，股票达到一个阶段的高点，2021 年 5 月 21 日，公司股价最高达到 9.43 元/股，比最低点 1.25 元/股上涨幅度达到 7.5 倍，潜伏的 ST 股掘金者获得了非常丰厚的收获。更令人吃惊的是，股价在"摘星""摘帽"后，经过短期的调整，2021 年 7 月 2 日，公司股价周线以一根光头大阳线开启公司股价进入主升浪，一直涨到 2021 年 9 月 17 日的最高点 32.56 元/股，比最低点 1.25 元/股上涨幅度高达 26 倍，涨幅令人叹为观止。如图 8-2 所示。

从江特电机"戴帽"到"摘帽"的股价变化中，我们可以看出一些具有投资价值的 ST 股股价走势。在公司发布预报以后，我们就可以根据证券交易所上市规则作出初步的判断，公司是否会被实施退市风险警示或者其他风险警示。如果将被实施退市风险警示或其他风险警示，公司股价就可能开启下跌趋势。待到公司真的"披星""戴帽"，股价将会连续跌停，我们要避开这个雷区。这些利空消息出尽以后，公司股价开始企稳，震荡整固。这时候，聪明的 ST 股掘金者要理性全面地分析，选出既有投资价值又有"摘星""摘帽"预期的股票建仓持有。随着公司采取"摘星""摘帽"措施的逐步落实，公司股价开始回升，一直到公司发布公告，申请和撤销

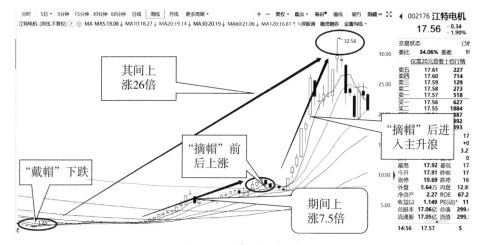

图 8-2 江特电机周 K 线

退市风险警示前后，公司股价达到一个时期的阶段性高点。这时候，ST 股掘金者可以选择卖出，落袋为安。同时，也可以根据公司的发展前景，继续持有。因为一方面，公司能够"摘星""摘帽"，意味着公司的经营管理得到了极大的改善，公司的持续经营能力得到了证券交易所的背书认可。另一方面，公司经过退市风险警示，给大股东们敲响了一次警钟，大股东们可能借公司"摘星""摘帽"后的利好，以及涨跌幅限制的解除之机，拉高公司股价开始减持。聪明的 ST 股掘金者也正好可以跟随大股东的脚步，获取最大的收益。

# 上岸案例分析二
# 稳健投资的回报
## ——ST大有成功"摘帽"案例分析

我们以ST大有（600403，已更名为大有能源）为例。2021年4月28日，会计师事务所对大有能源2020年年报内部控制出具了否定意见的非标准审计报告，主要原因是上市公司与关联方相关的财务报告内部控制存在重大缺陷，也就是大股东占用上市公司资金，2020年12月31日之前没有归还，被实施其他风险警示，股票名称变更为ST大有。同时，公司董事会在《关于争取撤销风险警示的意见和主要措施》中已经明确公告，公司董事会已于2021年4月20日前全部解决了资金占用问题，收回了占用资金本息，并将全面加强内部控制管理，确保不再发生此类情况。这就明白无误地告诉投资者，公司其他风险警示情形已经消除，但基于交易所规则，ST这顶帽子还必须得戴到2021年年报公布之日。

我们再来分析其基本面。大有能源2020年年末的每股净资产为2.84元，不是负值，其营业收入68.23亿元，扣非净利润为 -2.51亿元。该公司虽然扣非净利润为负值，但净资产为正值、营业收入大于1亿元，没有触及交易所规定的财务类强制退市情形。2021年一季度，该公司每股净资产2.69元，仍然为正值，其营业收入17.06亿元，扣非净利润1.3亿元。公司在2020年董事会报告中明确，2021年的营业收入和净利润将比2020年大幅提升。这表明，2021年将是公司"摘帽"之年，公司经营打翻身仗之年，业绩反转之年。

我们再来分析其股本股东情况。大有能源的控股股东是义马煤业集团（国有企业），持股比例高达63.04%。实际控制人是河南省国资委。股东人数3.58万人，人均持股6.68万股，筹码较集中。总股本23.91亿元，前十大股东持股占到88.9%，市场流通的股票不多，不到11.1%，也就不到2.63亿股，按照当时的股价3.2元/股计算，真正市场流通的股票市值仅有8.41亿元。这么小的流通盘，很容易被庄家控盘。间接控股股东河南能源化工集团公司在2019年5月承诺3年内采取资产注入方式实现主要优质煤炭资源整体上市。

从以上分析可以得出，ST大有"戴帽"问题已经全部解决，预计2021年业务经营大幅提升，明确不会触及强制退市风险警示情形，只等2021年年报公布后"摘帽"。像这样的ST股，投资者可以放心买入，相信会有不错的回报。

果然，公司股票在发布"戴帽"公告后，庄家借利空打压股价，连续5个跌停板后股价企稳，利空出尽，股票触底，股票价格从2021年5月7日最低达到3.17元/股开始反弹，一路走高，到2021年10月12日达到一个阶段的高点价位4.84元/股，其间涨幅52.6%。回调整固后，又开启上涨之路，在"摘帽"前后，2022年4月14日有一个阶段的高点价位，涨到6.89元/股，比"戴帽"时前期低点价3.17元/股上涨幅度117.3%，比前期阶段高点4.84元/股上涨幅度42.3%，对前期潜伏于ST大有的投资者来说，不到一年的时间，回报率还是相当可观的。如图8-3所示。

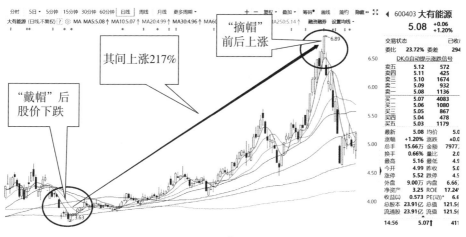

图 8-3　大有能源日 K 线

# 上岸案例分析三
# 大股东觉醒成功"摘星"
## ——*ST广珠成功"摘星"案例分析

ST类股票有其自身的运行走势，往往与大盘不同步。掘金ST股的投资者经过认真的分析后，觉得其退市的概率偏小，投资定有回报时，不要听信托家的唱衰之词，要在利空时，人家恐惧时，逐步建仓，坚定信心，耐心持有，坚守到ST股"摘星""摘帽"措施的出台与落实之时，或"摘星""摘帽"付诸实施之时，卖出股票，也会有不错的回报。

比如*ST广珠（600382，已更名为广东明珠）原是一家从事土地一级开发、开展经营贸易业务、参与实业投资、现有物业对外出租等业务的上市公司。公司实际控制人为张某某、张某某。应该来说该公司总体经营情况还是不错的，财务指标良好。2019年、2020年、2021年每股收益分别为0.47元、1.08元、1.19元，营业收入分别为9.969亿元、16.07亿元、17.43亿元，扣非净利润分别为2.51亿元（归属上市公司净利润3.71亿元）、3.35亿元（归属上市公司净利润8.5亿元）、1.63亿元（归属上市公司净利润9.26亿元），每股净资产分别为9.88元、7.31元、5.24元，货币资金分别为1.15亿元、1.429亿元、4.858亿元。而且每年都高比例分红，2019年每10股转3派0.6元、2020年10派1元、2021年10派9元。

2020年4月，由于存在实际控制人占用公司资金及内部控制管理等问题，会计师事务所出具了非标年度审计报告，被实施退市风险警示，股票价格大幅下跌，连收6个跌停板，股价从5.97元跌到4.12元，虽有反弹，仍一路下跌至3.34元才企稳，跌幅不可为不深。实际控制人大量占用公司资金，通过累借累还，截至2020年12月31日，仍然有13亿元没有归还。会计师事务所在表述中透露金额可能不止13亿元。同时，股吧里托家们纷纷发布退市利空消息和申讨实际控制人的言论，恐吓散户交出筹码。会计师事务所与实际控制人出现矛盾分歧，出具的年度审计报告对公司和实际控制人很不友好，导致公司被错杀。

通过认真分析，该公司在 ST 股中，质地还是良好的。实际控制人占用公司的资金，主要用于收购铁矿、广东珍珠红酒业以及房地产开发，也给公司付利息。"披星""戴帽"之时，公司已经收回 3 亿多元，实际控制人出具承诺函表示：最终占用金额以重新审计为准，积极采取多种方式归还，将采取现金＋资产置换的方式将本息予以归还。公司董事会推出了 2020 年的 10 股派 1 元的分红方案，作出了更换会计师事务所的决定，控股股东开始增持公司股票、上市公司回购股票。在这种情况下，投资者只要认真分析这只股票，就会发现，该 ST 股有一定的投资价值。一是公司质地良好（前面已经分析）。二是证监会对实际控制人立案调查，实际控制人成为众矢之的，肯定会积极还款。三是实际控制人有优质资产和部分资金，还款能力不存在问题。四是在 ST 的情况下，公司进行 10 股派 1 元分红，说明公司资金充裕，实力较强。五是控股股东增持公司股票、上市公司回购股票，这表明公司高管层认为当前股价没有反映公司净资产价值，值得增持和回购股票，增强投资者信心。六是该上市公司是广东省兴宁市唯一一家上市公司，而且该公司主要与该市城投公司一起做土地一级开发，该市财政局也是股东之一，当地政府部门一定会采取得力措施支持公司避免退市。鉴于以上分析，投资者应该在别人恐惧时大胆买入持有。

在 2021 年 6 月、7 月，实际控制人提出的用房地产置换形式归还占用资金的方案遭到股东大会否决，在庄托的危言耸听之下，公司股票又出现了一波下降，不坚定的投资者又交出了手中宝贵的筹码。

到了 2021 年 10 月 16 日，峰回路转，公司发布了重大资产重组暨签署相关意向性协议的提示性公告。主要内容是：公司实际控制人拟转让大顶矿业的 80% 股权用于归还资金占用，公司实际将大顶矿业这一优质资产揽入怀中。同时，兴宁市城投公司以现金方式购买与公司共同持有的一级土地，公司将获得 40 亿元的现金收入，从一级土地开发转为矿业。在这一利好消息刺激下，公司股票连续涨停，一路高歌猛进，2021 年 12 月 6 日最高涨到 6.6 元/股，比最低价 3.17 元/股上涨 108%，坚定信心耐心持有该股票的投资者在短短的几个月内获得不菲的收益。

2022年4月28日，新聘任的会计师事务所对该公司出具了带有强调事项段的无保留意见的年度审计报告，其核心内容是退市风险警示情形已经消除，新拥有的大顶矿业内部控制和内部评价没有纳入审计范围，公司成功规避退市"摘星"，被实施其他风险警示。

该公司能够成功"摘星"，主要原因：一是该公司大股东觉醒，积极履行还款义务，注入优质资产——大顶矿业。二是政府积极支持。当地政府为了支持该公司，主动用现金方式收购其共同投资的一级土地开发公司，给企业带来实实在在的现金流，助力该公司从房地产开发向矿产产业转型。三是该公司本身质地不错，净资产高、现金流充裕。四是采取针对性、可行性的措施，及时更换原来的会计师事务所，重新聘任新的会计师事务所，为获得标准年审报告，打下伏笔。

掘金ST股时，如果是大股东占用资金、会计师事务所出具非标审计报告导致上市公司"披星""戴帽"，我们就要认真分析大股东有没有还款愿望和还款资金实力以及获得次年标准审计报告的可行性。比如，该股大股东虽然占用13亿元被"披星""戴帽"，但大股东积极还款，以前就已经还款3亿元，并出具承诺函，积极履行还款义务。大股东拥有诸多优质资产可以抵偿，还持有公司大量股票可以用于还款，同时聘用新的会计师事务所。这些措施都是具有针对性和可行性的，因此，在别人恐慌时，我们可以选择买入，以获得丰厚收益。如图8-4所示。

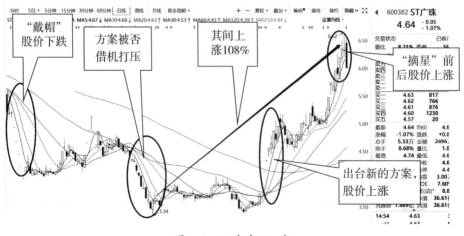

图8-4　ST广珠日K线

# 上岸案例分析四
# 成功"摘星""摘帽"股价大涨
## ——2022年成功"摘星""摘帽"股案例综述

2022年5月27日，根据公司公告，南化股份（600301，已更名为华锡有色）、西域旅游（300859，已更名为\*ST西域）申请"摘帽"获批，成功"摘星""摘帽"，消除了强制退市的危机，股票正常交易。沪深两市2022年1月至5月30日已有33家上市公司成功"摘星""摘帽"，"脱星""脱帽"的公司股票股价绝大部分都实现了上涨。

成功"摘星""摘帽"后，表明上市公司的基本面、资金面、持续经营能力、内部控制管理有了明显改观，市场交易给予了充分肯定，股价大涨。在2022年成功"摘帽""摘星"的公司中，超讯通信（603322）、索菱股份（002766）在1个月内，股价上涨幅度均超过60%。大有能源（600403）涨幅超过30%，德新科技（603032）涨幅超过50%。

在众多的ST股中，大股东违规操作、公司存在内控问题成为上市公司被实施其他风险警示的主要原因。随着上市公司大股东积极归还上市公司欠款、违规担保和内控问题的解决，上市公司强制退市情形的消除，会计师事务所出具标准年报审计报告，上市公司基本上能够成功"摘星""摘帽"，同时股价迎来新一轮上涨。如2022年成功"摘帽"的超讯通信（603322），原来因旗下控股子公司法定代表人兼董事长孟某某在未获得公司任何授权的情况下，私自以子公司名义为其控制的及其关联方控制的公司提供违规担保，公司股票于2022年2月9日起被实施其他风险警示。公司于2022年3月14日披露了《关于违规担保风险解除暨收到民事调解书的公告》，经调兵山市人民法院主持调解，各方当事人自愿达成和解，本次违规担保导致的其他风险警示成功解除，公司及时申请"摘帽"，于2022年3月24日成功"摘帽"，公司股价开启了新一轮上涨，股价从

2022年4月28日的最低7.71元/股一直上涨到2022年6月6日的17.53元/股，上涨幅度高达229.7%。如图8-5所示。

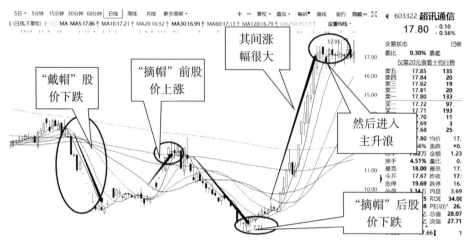

图8-5　超讯通信日K线

又如德新科技（603032），因2020年归母净利润为-861.72万元，扣非后净利润亏损3225.05万元；营业收入低于1亿元，公司股票触及财务类退市风险警示情形，公司股票于2021年4月28日起被实施退市风险警示。而后，公司开启保壳运作，实施并购重组，转战最热门的锂电行业。2021年公司涉足锂电项目收购，2021年5月收购完成东莞致宏精密模具有限公司。致宏精密主要从事高精密度锂电电池自动裁切模具、锂电池自动裁切模具的研发和技术服务，公司承诺在2020年度、2021年度、2022年度实现扣非净利润分别为6410.5万元、6916万元、8173.5万元。2021年度该公司实现归母净利润1.28亿元，扣非净利润为1.47亿元，业绩承诺实现率为210%，这使上市公司营业收入和净利润实现了质的飞跃。2021年度，德新科技（603032）实现营业收入2.71亿元，归母净利润7072.1万元，同比增长近430%、920%，彻底摆脱了财务类退市风险警示情形，于2022年5月10日成功"摘星""摘帽"。公司股价一路高歌猛进，一个月上涨超过50%。如图8-6所示。

破产重整重组是ST上市公司保壳的重要措施之一，而且随着我国法制的规范和完善，ST公司依法破产重整重组，规避强制退市成为现实的有效措

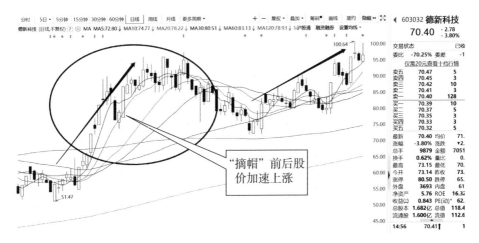

图 8-6　德新科技日 K 线

施。在 2022 年 5 月前成功 "摘星" "摘帽" 的 33 家 ST 上市公司中，就有 8 家公司通过破产重组获得新生，它们是华昌达（300278）、双环科技（000707）、福石控股（300071）、大唐电信（600198）、索菱股份（002766）、东方智造（002175）、中孚实业（600595）、卓朗科技（600225）。

比如，福石控股（300071），该公司是北京本土最大的线下营销服务供应商，是业内少数具有整合各种营销服务手段，为客户提供从营销策略、创意策划到活动执行的 "一站式" 营销服务的领军企业，是第一批创业板上市公司。公司因 2020 年度经审计的期末净资产为负值，触及《深圳证券交易所创业板股票上市规则（2020 年 12 月修订）》第 10.3.1 条规定的退市风险警示情形，公司被深交所实施退市风险警示。同时，由于公司最近三个会计年度审计扣除非经常性损益前后净利润孰低者为负值，且最近一年审计报告显示公司持续经营能力存在不确定性，根据《深圳证券交易所创业板股票上市规则（2020 年 12 月修订）》第九十四条的规定，公司股票自 2021 年 4 月 28 日起被实施退市风险警示，公司股票简称由华谊嘉信变更为 *ST 嘉信。

公司为了保壳，开启了破产重整。2021 年 3 月 24 日，华谊营销顾问公司向北京一中院申请重整及进行预重整。2021 年 3 月 26 日，法院决定启动预重整程序并通过竞争选任方式于 4 月 9 日指定北京大成律师事务所为临时管理人。经过清产核资、债权申报与审查、引进投资人、上市公司重整受理报批、协调商业谈判等各项工作，2021年10月28日，法院裁定受理公司重整申请，并指定管理人。

2021年12月1日，公司重整案第一次债权人会议及出资人组会议分别召开，由债权人对重整计划草案中涉及的出资人权益调整事项表决通过。2021年12月16日，法院裁定公司重整计划并终止重整程序，2021年12月31日，法院裁定确认公司重整计划执行完毕并终结重整程序。

重整为公司引入偿债资源和运营资金8亿多元，成功化解公司债务12亿元，职工债权和税款债权全部获得清偿，净资产由负转正，成为首批经过重整同时撤销退市风险警示和全部其他风险警示的深交所创业板上市公司，成功于2022年5月20日"脱星""脱帽"，"摘帽"前股价也随之一度走高。公司于2022年7月4日将证券简称由华谊嘉信变更为福石控股，证券代码不变，仍为300071，公司从此迈入新的发展时期。如图8-7所示。

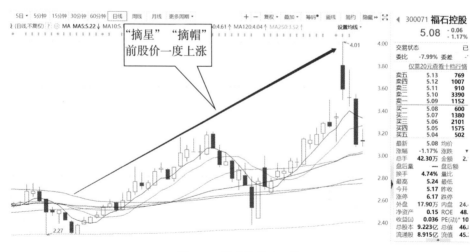

图8-7　福石控股日K线

# 上岸案例分析五
# 死里逃生，股价一飞冲天
## ——*ST 盈方成功"摘星""摘帽"案例分析

在深交所新规发布以后，*ST 盈方（000670，已更名为盈方微）是首只暂停上市后又恢复上市的。在 2020 年 4 月 7 日起暂停上市两年多后，2022 年 8 月 21 日晚，*ST 盈方发布公告称，公司股票从 2022 年 8 月 22 日起恢复上市，而且"摘星""摘帽"，恢复上市首日不设涨跌幅限制。恢复上市当天，盈方微股价从停牌前一交易日（2020 年 3 月 19 日）的收盘价 2.25 元/股，一下子飞涨至 13.25 元/股，一天内虽有起伏，但收盘价只是微跌一分，报收 13.24 元/股，有投资者评论称，作为曾经我国资本市场最便宜的芯片股死里逃生，恢复上市当天最高涨幅达到 488.44%，一跃成为 2022 年内涨幅第一芯片股。大胆的 ST 掘金者坚守如磐，最终拨云见日，两年多时间获利近 500%，不可谓不丰厚。我们把它作为案例进行分析，从中可以得到些许启发。如图 8-8 所示。

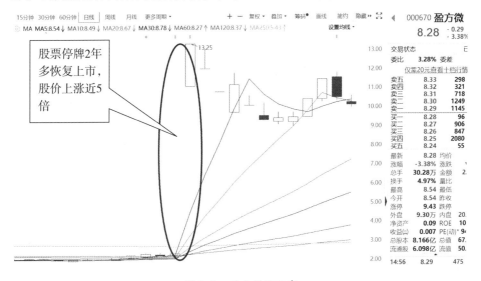

图 8-8　盈方微日 K 线

盈方微是一家主营业务为集成电路芯片研发、设计和销售、电子元器件分销的科技公司，公司以全资子公司上海盈方微、控股子公司绍兴华信科为主体开展芯片的研发设计业务；通过控股子公司华信科及 World Style 开展电子元器件分销业务。该股之所以被暂停上市，直接原因是2017—2019年连续三个会计年度经审计的净利润为负值（旧规）。其间，深圳交易所2022年发布新规，上市公司如果连续亏损，但只要营业收入大于1亿元，净资产为正值，不再被退市风险警示。该股停牌时正好处于政策调整期，且符合新规"摘星""摘帽"条件，打了一个漂亮的擦边球。

我们来分析该股2020年4月停牌时的基本面。2019年年报显示，该公司营业收入413万元，归属净利润−15.84万元，扣非净利润−2.061亿元，每股净资产−0.0291元，审计意见为保留意见（非标）。按照这一组财务数据，放到2022年也是必退无疑。其股价停牌时2.25元/股，属于是高估了。截至2020年3月31日，大股东主要是上海舜元企业投资发展有限公司（1.2亿股，占14.7%）、东方证券（6900万股，占8.45%）、华融证券（3725.96万股，占4.56%）。上海盈方微电子技术公司只有1000.04万股，占1.22%。还有部分个人持股，张某777.76万股，占0.95%（不变），杨某某465万股，占0.57%（新进），陈某某446.56万股，占0.55%（新进），赵某某351.73万股，占0.43%（增加16.49%）。无实际控制人。

我们再来看看该股2022年恢复上市的基本面。2021年年报显示，该公司营业收入28.9亿元（两年期间增长了很多倍），归属净利润323.8万元，扣非净利润271.3万元，每股净资产0.0401元，审计意见为标准无保留意见。按照这一组财务数据，虽然每股净资产只有0.0401元，但为正值。扣非净利润虽然只有271.3万元，但没有亏损。营业收入非常亮眼，高达28.9亿元，说明该公司持续经营能力还是很强，没有触及强制退市情形，符合"摘星""摘帽"条件。截至2022年6月30日，其大股东和个人持股者基本没有发生变化，只有上海盈方微电子技术公司减少了400万股，持有600.04万股，占0.73%。无实际控制人。

盈方微能够死里逃生，除了该股质地不错（属于芯片股）、时机正确，大股东的运作功不可没。该股的大股东除了上海舜元企业投资发展有限公司，还有两家证券公司。这两家证券公司起到了助力作用，因此，ST 股掘金者除了分析公司的质地和发展前景，还要密切关注大股东的构成。如果有国资、社保、中金汇金、证券公司等强劲实力的背景，我们不妨大胆与它们患难与共，一同坚守。

# 上岸案例分析六
# 从 *ST 到 ST 再到正常股价大翻身

——*ST 宜化成功"摘星""摘帽"案例分析

　　*ST宜化（000422，已更名为湖北宜化），该公司位于湖北省宜昌市，主要从事化肥、化工产品的生产与销售，是我国化肥生产龙头企业之一，为国有控股上市公司。

　　2018年4月24日，公司因2016年、2017年连续两个会计年度经审计（标准）的净利润为负值，按照当时的股票上市规则，公司被实施"退市风险警示"，简称"*ST宜化"。2018年，公司通过处置无效、低效资产，进行资产重组、增强盈利能力，加强成本管理、增加财务收益等方法，实现扭亏增盈。

　　2019年4月25日，公司发布公告，经审计（标准），公司2018年度实现营业收入128.12亿元，净利润26877.7万元（政府补助1.67亿元），扣非净利润−56281.3万元，每股净资产0.1055元。按照当时股票上市规则，公司第三年实现净利润为正值，撤销退市风险警示。鉴于公司2018年度扣非净利润为负值，主营业务盈利能力较弱，根据当时股票上市规则，实施其他风险警示，自4月26日起，公司股票简称从*ST宜化变更为ST宜化。

　　2020年4月29日公司发布年度报告（标准），公司实现营业收入146.6亿元，净利润1.64亿元（政府补助2.48亿元），扣非净利润−6.67亿元，每股净资产0.186元。鉴于公司2019年度扣非净利润仍为负值，主营业务盈利能力仍较弱，根据当时股票上市规则，继续实施其他风险警示，公司股票仍为ST宜化。

　　2021年4月29日公司发布关于申请撤销公司股票交易其他风险警示公告。根据年度审计报告（标准），公司2020年实现营业收入138.04亿元，净利润1.16亿元（政府补助1.6亿元），扣非净利润3.27亿元，每股净资产0.3633元。

公司不存在《深圳证券交易所股票上市规则（2020 年修订）》第十四章其他强制退市的情形，且不存在《深圳证券交易所股票上市规则（2020 年修订）》第十三章第 13.3 条所列实施其他风险警示的情形，向深交所申请撤销其他风险警示，公司股票简称由 ST 宜化变更为湖北宜化。

深交所例行对公司 2020 年年报发了问询函，公司于 2021 年 6 月 10 日发布回复公告，同时发布撤销其他风险警示公告，于 2021 年 6 月 11 日正式成功"摘星""摘帽"，股票交易回归正常。

我们再来分析该公司股价是如何随着公司从 *ST 到 ST 再到正常实现大翻身的。

2018 年 1 月 31 日，公司发布业绩预告，预计亏损 48 亿元，可能被实施退市风险警示（"戴星""戴帽"），股价开始一路下跌，甚至暴跌，从 4.51 元/股一直下跌至 2018 年 6 月 22 日的 1.9 元/股（最低价）。

然后，随着公司有"摘星""摘帽"预期，股价企稳回升，震荡向上，一直到 2019 年 4 月 12 日（"摘星"前后）达到一个时期的高点 5.47 元/股。其间，ST 掘金者也有一定收获。

由于公司只能"摘星"不能"摘帽"，仍然"戴帽"，股价又开始暴跌，一直跌到 2020 年 2 月 7 日的又一个低点 2.44 元/股。

从 2020 年 2 月 7 日的低点 2.44 元/股，公司股价开始企稳震荡，一直到 2021 年 1 月 30 日，公司发布业绩预告，可能申请撤销其他风险警示，成功"摘帽"，回归正常，股价开启主升浪行情。

从公司有"摘帽"预期开始一直到"摘帽"以后，公司股价一路飙升，从 2021 年 2 月 1 日的 2.92 元/股一直上涨至 2021 年 11 月 1 日，达到最高点 35 元/股，其间涨幅近 12 倍，实现大翻身。如图 8-9 所示。

从中我们可以得到一些启示。一是国资背景的 ST 股不容易退市，因为政府有强大的资源注入，帮助企业规避风险警示情形。湖北宜化每年政府补助以及谋划资产重组起到了关键作用。二是行业选择很关键。化工、有色金属、科技等 ST 股股价上涨空间大。湖北宜化就是属于化工行业。三是要密切关注 ST 股公司发布的业绩预报（特别是年度业绩预报），根据其发布的预报，作出规避还是介入的决定，下好先手棋。四是质地好的ST股"摘星""摘帽"后可能涨幅更大，值得继续坚守。

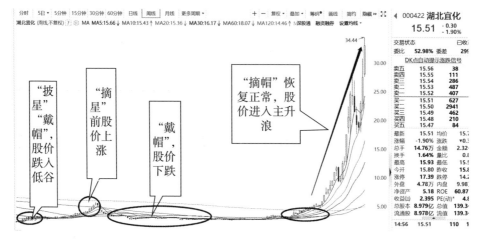

图8-9 湖北宜化周K线

# 上岸案例分析七
# 借壳上市股价一路高歌猛进
## ——三安光电借壳*ST天颐案例分析

"活力二八，沙市日化"，曾经响彻大江南北的第一家在央视投放洗衣粉广告的日化企业ST活力（600703，已更名为三安光电）在2001年不忍谢幕，被天颐科技借壳上市。

不到5年时间，天颐科技因2004年、2005年连续两年亏损，被实施退市风险警示。2006年继续出现亏损，2007年5月25日被暂停上市。2008年7月，三安光电借壳上市。

无论是天颐科技借壳上市，还是后来的三安光电借壳上市，背后都离不开当地政府的主导。如果离开当地政府的支持，ST活力也好，*ST天颐也罢，都可能要被强制退市，不可能有三安光电的借壳上市。

应该说，三安光电借壳上市是一个多赢的选择。三安光电上市以后，公司发展进入快车道，公司股价一路高歌猛进，给股东和股民带来了丰厚回报。三安光电董秘李某某在接受《证券日报》记者采访时介绍："2008年7月，公司在A股借壳上市成功，我们得以利用资本市场做大做强。非公开发行募资用于主业发展，使公司业务和规模得到迅速扩大，技术水平得到进一步提升，增强了持续发展能力，提高了产品市场占有率。"

三安光电借壳上市以来，进行多次直接融资。2009年、2010年、2014年、2015年、2020年、2021年六年分别募资8.19亿元、30.30亿元、33亿元、35.10亿元、70亿元、95亿元，合计募资约271.59亿元用于产业布局，业务发展突飞猛进。2008年实现营业收入2.132亿元，净利润5205万元，每股净资产1.95元。2021年实现营业收入125.7亿元，净利润13.13亿元，每股净资产6.8元，分别增长59倍、25.2倍、3.5倍。其产品广泛应用于电视、电脑、手机等消费电子以及室外显示、车灯和各类照明，是我国LED芯片行业龙头企业。

与此同时，公司股价随着成功借壳上市一路高歌猛进。未借壳之前，原公司股价在2006年4月27日创出历史低位1.5元/股。借壳上市以后，股价企稳回升，并一路上行，2010年1月29日，创历史高位，曾达到78元/股。从"戴帽"股价跌入低谷到借壳上市，股价一路狂飙到历史高位，上涨幅度高达52倍，股东、投资者赚得盆满钵满。如图8-10所示。

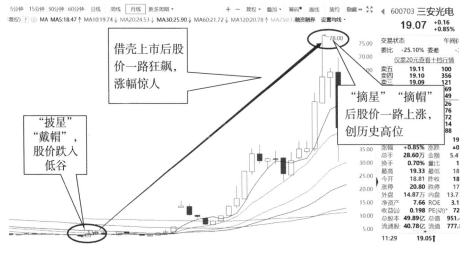

图8-10　三安光电月K线

从中我们可以得到以下启示。一是公司股票被冠以ST后，公司股价进入至暗时期，股价跌到无法想象的程度。这个时候是我们买入持有的好机会。一旦公司借壳、重组成功，股价将一路上涨。二是真正质地好的ST股股价腾飞，进入主升浪行情，往往是在公司股票"摘星""摘帽"以后。三是我们找到优质的ST股后要耐心持有，不要被短期的盈亏所迷惑。

# 上岸案例分析八
# 远航归来仍少年

## ——*ST远洋成功"摘星""摘帽"案例分析

　　*ST远洋（601919，已更名为中远海控）原名中国远洋，是中远海运集团航运及码头经营主业上市旗舰企业和资本平台，控股股东为中国远洋运输公司，实际控制人是国资委，在A股和港交所上市。

　　2013年3月29日，由于公司2011年、2012年连续两年经审计的年度净利润为负值，按照当时的上市规则，公司股票被实施退市风险警示，股票简称为*ST远洋。之后，公司股价一路下跌，到2013年7月创下历史最低价2.68元/股，然后开始横盘震荡，一直到2014年3月27日，公司发布撤销退市风险警示公告，"摘星""摘帽"前后，公司股价出现一波上涨，涨到3.6元/股左右。"摘星""摘帽"以后，公司股价又开启横盘整理，直到2014年10月30日才开始启动，进入主升浪行情，到2015年4月30日达到一个阶段性的高点16.87元/股。短短半年时间，股价上涨4倍左右。之后，又开启震荡向下行情，经过长达5年的震荡，到2020年6月30日，创下一个阶段性新低3.18元/股。然后，进入主升浪行情，到2021年7月30日创下历史高位33.40元/股，比历史最低价2.68元/股上涨12.5倍左右。如图8-11所示。

　　其实，在中国远洋被冠以*ST时，聪明的ST股掘金者只要冷静地分析一下，像中国远洋这样牛的央企，退市的可能性几乎没有。一是企业亏损是由当时国际国内经济环境造成的，只是暂时的。为了避免连续三年亏损被退市，企业和国资委会采取有力措施实现扭亏增盈，确保规避退市。二是公司质地优良，特别是我国对外开放加快，经济总量跃居世界第二，进出口贸易增长迅速，需要中远海控这样的运输集团。三是公司是中远海运集团航运及码头经营主业上市旗舰企业和资本平台，在A股和港交所同时上市，如果这样优质的公司退市，

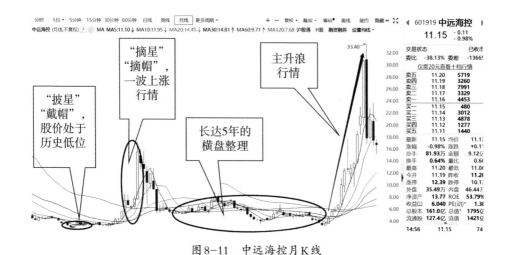

图 8-11　中远海控月 K 线

将在国际国内资本市场产生重大影响，因此，"戴星""戴帽"是暂时的，"摘星""摘帽"是必然的。既然如此，在该股"披星""戴帽"、股价跌入低谷时，是不是我们买入的最佳时机？这样的*ST股，下跌空间已经非常有限，而上涨空间无限，我们买入，风险其实是很低的，今后获得回报是大概率的。

从中远海控"戴星""戴帽"到"摘星""摘帽"以及其后的股价走势中，我们可以领悟到超大盘子的ST公司股价走势的一些端倪。一是股价横盘整理需要一个较长的过程。中远海控被冠名*ST以后，股价一路下跌，创下历史低位2.68元/股以后，仍然没有起色，一直横盘整理，直到"摘星""摘帽"前后才有一波行情。"摘星""摘帽"以后，又是震荡整理，进入主升浪行情之前，经过了长达5年的震荡下跌，这是因为，像中远海控这样大盘的ST股，主力吸筹需要很长的时间，只有经过充分的震荡整理，才能掌控筹码，留下那些与主力同心的股民，以便拉升。二是震荡整理需要经过两个以上的阶段。一个阶段是在"披星""戴帽"时，一个阶段是"摘星""摘帽"以后。其目的是降低筹码成本，规避买入ST股的限制性规定。三是进入主升浪行情也需要一个相对较长的时间。中远海控走完主升浪行情时间有一年多，而小盘ST股走完主升浪行情时间较短，一般3个月到5个月时间就把股价拉升到历史高点。因此，我们掘金大盘子的ST股，不能沿用掘金小盘子的ST股的思路。掘金大盘子的ST股，要保持耐心和定力，好事多磨。

# 上岸案例分析九
# "舍"与"得"在一念之间
## ——ST 舍得成功"摘帽"案例分析

ST舍得（600702，已更名为舍得酒业）原名沱牌舍得，是"中国名酒"企业和川酒"六朵金花"之一，是我国白酒行业第三家上市公司，旗下"沱牌""舍得"两个白酒品牌驰名中外，品牌含义和品牌价值在白酒行业独领风骚。

舍得酒业经营一直正常，无论是营业收入还是净利润以及净资产都非常优秀，年审财报也是标准，为何在2020年年中突然被"戴帽"？这要归咎于其间接控股股东。

经过舍得酒业自查，并且经过信永中和会计师事务所（特殊普通合伙）确认，截至2020年8月19日，舍得酒业间接控股股东天洋控股集团有限公司及其关联方非经营性占用公司资金本金4.4亿元，资金占用利息3486万元，合计47486万元。

2020年9月2日晚，舍得酒业发布公告表示，2019年1月以来，公司控股股东四川沱牌舍得集团有限公司、间接控股股东天洋控股及其关联方因资金紧张、偿还即将到期的贷款，向公司寻求资金拆借帮助。

天洋控股及其关联方占用资金的实际流向是这样的：2019年1月以来，舍得营销通过蓬山酒业、三河玉液转款至天洋控股及其关联方7.03亿元，其中：天洋控股0.40亿元、三河天洋城房地产开发有限公司4.8314亿元、天洋房地产有限公司1.7986亿元。天洋控股及其关联方通过三河玉液、蓬山酒业归还舍得营销0.70亿元。

经核查，蓬山酒业、三河玉液、天洋城房地产、三河天洋房地产、沱牌舍得集团均与天洋控股存在关联关系，在本次资金占用中均由天洋控股统一决策。

2019年1月以来，舍得营销还通过蓬山酒业转款至沱牌舍得集团3.185亿元，沱牌舍得集团通过蓬山酒业归还舍得营销5.115亿元，其中代天洋控股及其关联方归还舍得营销1.93亿元。

此前，天洋控股及其关联方承诺于2020年9月19日前还款，却"爽约"了。因此，导致舍得酒业触发了上市公司股票被实施其他风险警示的相应情形，于2020年9月22日被冠以ST。

舍得酒业表示：公司董事会督促天洋控股及其关联方继续通过多渠道努力筹措资金，并制定切实可行的还款计划，偿还占用的资金及利息；公司董事会督促天洋控股和实际控制人尽快以股权转让等切实可行的方式弥补天洋控股及其关联方占用的资金及利息，切实维护全体投资人的权益。

之后，董事会为"摘帽"持续做了大量工作。2020年12月16日，法院对天洋控股持有的舍得集团70%股权进行司法拍卖，最终，在2020年12月31日上午，经过27轮报价，复星集团旗下上市公司豫园股份击败另外两家对手，以45.3亿元的价格竞得舍得集团70%股权，成为舍得酒业第一大股东。

随后，间接控股股东非经营占用资金问题也顺理成章得以圆满解决。2021年4月28日，公司向上交所申请撤销其他风险警示，2021年5月19日正式"摘帽"。

值得一提的是，公司从2020年9月22日"戴帽"，到2021年5月19日"摘帽"，以及"摘帽"以后的2个月内，历时10个月，ST舍得股价经过短暂的调整后，持续飙升，涨幅惊人。

2020年9月22日舍得酒业被ST时，股价32.57元/股，其后经过短暂调整，到2020年9月30日创下历史新低27.67元/股，然后一路飙升，到2020年12月31日，股价最高达到94.44元/股，到2021年4月30日"摘帽"前，股价已经突破百元，成为我国资本市场有史以来首只百元ST股及最贵ST股。"摘帽"后，股价仍是一路上涨，2021年7月23日，创下历史高位266.01元/股。舍得酒业从"戴帽"到"摘帽"以及"摘帽"以后，历时10个月，股价涨幅8倍多，刷新了我们对ST股的认识。如图8-12所示。

其实，我们理性地去分析，舍得酒业股价从"戴帽"到"摘帽"以及"摘帽"以后股价大幅飙升，还是有一定逻辑道理的。一是间接控股股东非经

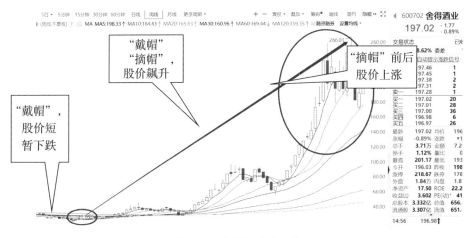

图 8-12 舍得酒业周 K 线

营性占用资金数额不是很大，因为它持有公司股票，有偿还保障能力，不可能因为这一点导致公司股票退市。二是公司董事会在公告中明确说明，将采取股权转让的方式解决资金占用问题，这样一来，公司控股权将发生改变。控股股东、公司高管们不希望这么便宜把公司拱手让人，肯定希望公司股价上涨。同时，接手的复星系豫园股份实力雄厚，高价竞得股权，成为第一大股东，也希望投入的真金白银得到回报，希望股价进一步上涨。大家同在一条船上，股价上涨的逻辑成立。三是公司本身质地优秀，股价有上涨的动力。

经过以上理性分析，聪明的 ST 股掘金者在舍得酒业被冠以 ST 时，趁下跌之际买入持有，待到"摘帽"前后卖出，是不是可以获得巨大收益？

"舍"与"得"在一念之间。通过 ST 舍得成功"摘帽"，股价飙升，我们可以得到以下启示。一是公司触及风险警示情形，是可以在年中"戴帽"的。但"摘帽"，一般是在年报披露以后，因为要经过会计师事务所确认整改到位（当然，也有极个别的公司，在年中"戴帽"，年中"摘帽"）。二是对于大股东、间接控股股东、公司实际控制人等非经营性占用公司资金被 ST 的情况，一般是可以整改到位的，因为到最后，可以采取股权转让的方式解决。质地好的公司，值得我们投资。三是我们要高度关注股权转让的 ST 股。股权转让，公司不希望股价太低拱手让人。接手的股东也希望自己投入的真金白银有所回报，这样的 ST 股，股价容易上涨。

# 上岸案例分析十
# 玉在椟中待时飞
## ——ST华钰成功"摘帽"案例分析

ST华钰（601020，已更名为华钰矿业），该公司位于西藏拉萨，主要从事有色金属采矿、选矿、地质勘查及贸易，是西藏第13家上市公司，是西藏民营企业20强之一，连年被评为西藏纳税大户和安全生产先进企业。公司积极响应国家"一带一路"倡议，相继成功收购塔吉克斯坦国有企业"塔吉金业"50%权益、埃塞俄比亚提格雷资源私人有限公司70%股权和贵州亚太矿业公司40%股权等，拥有国内外锑金属和黄金资产，从一家区域公司发展成为一家跨国集团矿业公司。

2021年4月30日，由于会计师事务所对公司《2020年度内部控制审计报告》出具否定意见，认为公司按照规范和指引建立并实施了企业内部控制，但2019年、2020年度日常关联交易因公司管理层对关联关系缺乏专业准确判断，导致公司未能及时识别关联关系并履行审议程序及披露义务，导致公司的关联交易授权与批准的内部控制存在重大缺陷，触及其他风险警示情形，公司股票简称由"华钰矿业"变更为"ST华钰"。

2022年4月29日，公司认为内部控制存在的问题全部整改到位，会计师事务所出具了专题内部控制审计报告，同时对公司年报出具了标准意见，于是，向上交所提出撤销其他风险警示的申请，并于2022年5月26日成功"摘帽"。

从有"戴帽"预期及"戴帽"以后，公司股价连续下跌，从2021年2月26日的高点10.68元/股，跌到2021年5月21日的低点5.97元/股，然后开始企稳回升，到"摘帽"前，2022年4月15日股价达到高点19.35元/股。从低点到高点，时间不到一年，股价上涨3倍多。如图8-13所示。

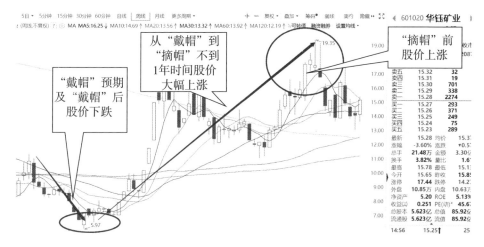

图 8-13 华钰矿业周 K 线

其实，当公司有"戴帽"预期及"戴帽"以后，我们掘金 ST 股的投资者就可以密切关注和理性分析，ST 华钰退市的可能性几乎没有。一是公司地理位置特殊，是西藏欠发达地区的优质企业，是地方纳税大户，有地方政府的倾力支持。二是公司质地非常优秀，背靠西藏，有矿业资源，而且响应国家"一带一路"倡议，成为跨国集团矿业公司，公司发展潜力大，股价上涨空间大。三是公司存在的问题容易整改到位。因此，在公司正式"戴帽"以后，股价进一步下跌的时候，我们可以积极买入持有，等待"摘帽"行情，必定会有所回报。

从中我们可以得到以下启示。一是一般来说，一家上市公司存在"披星""戴帽"预期时，股价就会开启下跌走势，这个时候，并不是我们介入买进的最佳时机。而是要等它正式被冠以 ST 后，股价进一步下跌企稳，同时结合技术分析，真正企稳回升时再买入。二是我们选择 ST 股，一定选择质地优质的公司，这样的公司，股价上涨空间比较大。三是我们选择 ST 股，要选择问题容易整改到位的公司，这样的 ST 股，容易成功"摘星""摘帽"。四是 ST 股在"摘帽""摘星"前后，股价会有一波上涨，我们要把握机遇，选择最佳时机卖出股票，锁住利润后，再见机而行。

# 免责声明

　　本书只是作者对ST股票研究分析的一己之言，仅供学习参考，不构成任何投资建议，据此买卖ST股票，不承担任何法律责任。股市有风险，投资需谨慎。